Diana Schwarz | Frauke Ludwig

Baby Basics

Diana Schwarz | Frauke Ludwig

BABY BASICS

Alles, was ihr über euer Baby wissen solltet

Ein Einfach Eltern®-Buch

Kösel

FSC www.fsc.org MIX Papier aus verantwortungsvollen Quellen FSC® C010328

Klimaneutral Druckprodukt ClimatePartner.com/14044-1912-1001

Penguin Random House Verlagsgruppe FSC® N001967

4. Auflage 2022

in der Penguin Random House Verlagsgruppe GmbH
Neumarkter Straße 28, 81673 München
Redaktion: Imke Oldenburg
Illustrationen: Bettina Kammerer
Comics: Sören Jahnke, © EinfachEltern®
Herstellung und Gestaltung: Heidi Nübling
Umschlag: Weiss Werkstatt München
Umschlagmotiv: DONOT6_STUDIO/shutterstock
Druck und Bindung: Alföldi Druckerei AG, Debrecen
Printed in Hungary
ISBN 978-3-466-31107-1
www.koesel.de

Inhalt

Vorwort von Susanne Mierau

Als Eltern haben wir es manchmal nicht leicht: Wir wollen das Beste für unsere Kinder, aber wie wir das schaffen, ist am Anfang des Familienlebens oft nicht so klar. Denn neben dem Wunsch, unsere Kinder so gut wie nur möglich zu umsorgen, spielen noch viele andere Faktoren in die Elternschaft hinein.

Natürlich gibt es die individuellen Rahmenbedingungen einer jeden Familie. Dazu aber wirken auch gesellschaftliche Vorgaben und Erziehungsmethoden, die wir in der eigenen Kindheit erlebt haben und die hier und da in unseren Gedanken wieder auftauchen oder uns ganz konkret durch Empfehlungen von Familienangehörigen begegnen. Ammenmärchen, die heute noch verbreitet werden und auf die wir auch an modernen Orten wie in Facebook-Gruppen stoßen, verunsichern auf dem ohnehin noch ungewissen Weg.

Selbst die wissenschaftlichen Studien, die wir vorgelegt bekommen, weisen nicht selten in ganz verschiedene Richtungen: Familienbett ist gut – Familienbett ist schlecht; lange Stillen ist gut – lange Stillen ist schlecht. Die Liste dieser gegenläufigen Meinungen lässt sich nahezu unendlich fortsetzen, vom Babyschlaf über Ernährung bis hin zum allgemeinen Erziehungsansatz.

Eltern tut es aber gerade gut, in der so unbeständigen und unübersichtlichen Anfangszeit an die Hand genommen zu werden und in dem scheinbar grenzenlosen neuen Themenfeld des Familienlebens Orientierung zu bekommen. Sie brauchen Menschen, die sie begleiten, anstatt starr zu führen, und die die Bereitschaft mitbringen, offen zu sein und Informationen zu vermitteln – und nicht eigene Ideen und Erfahrungen durchsetzen zu wollen. So gelingt es den Eltern, für ihre Familie passende Entscheidungen zu treffen.

Um eine gute Bindung zwischen Eltern und Kind herzustellen, braucht es gar keine bestimmten Patentrezepte, sondern Verständnis: Eltern müssen lernen, die Bedürfnisse ihrer Kinder zu verstehen und für die jeweilige Familie gute Lösungsstrategien zu finden. Die Bedürfnisse von Kindern, die erfüllt werden wollen, sind dabei immer wieder gleich, auch wenn unsere Antworten in jeder Familie anders aussehen können: Das Bedürfnis nach sicherem Schlaf für die Kleinsten kann im Familienbett ebenso gestillt werden wie im Beistellbett oder in einem Kinderbett im Elternschlafzimmer – drei verschiedene Antworten auf ein Bedürfnis, das alle Babys gleichermaßen mitbringen.

Was Eltern also wirklich brauchen für einen guten Start mit ihrem Kind, ist das Wissen um die Basis der Bedürfnisse unserer Babys: Baby Basics. Haben Eltern verstanden, nach welchen Bedürfnissen sich alle Babys ausrichten, lassen sich diese Informationen auf das gesamte Familienleben und die vielen zukünftigen Jahre der Elternschaft übertragen. Eltern müssen keine Babyflüsterer werden, sondern Babyversteher und -versteherinnen: Mit Verständnis lässt sich der gesamte Familienalltag organisieren und harmonisch für alle Beteiligten gestalten. Und darum ist Baby Basics ist wie ein Crashkurs für das Babyverstehen: Aktuelle Fakten werden alten Ammenmärchen gegenübergestellt, »Experten«-Bullshit wird enttarnt und der Weg dafür bereitet, Babys von Anfang an in ihren Bedürfnissen zu sehen und anzunehmen. Denn die Basis für den richtigen Umgang mit Babys ist eigentlich ganz einfach – wenn wir sie kennen.

Wie alles begann

Diana Schwarz

Kaum ist das Baby da, ist die Welt voller Fragen! Nun, eigentlich ist das ja schon in der Schwangerschaft so, wenn man es genau nimmt. Ich jedenfalls habe jeden Zwick und jeden Zwack gegoogelt und all diese Größenvergleiche – jetzt ist das Baby so groß wie ein Reiskorn, wenig später dann wie ein Gummibärchen – mit meinem Bauchzwerg geliebt. Ich habe geshoppt! Und was ich nicht alles für das Baby brauchte. Ich war perfekt vorbereitet auf das, was da kommen mag. Ich hatte eine Wickelkommode und ein Babybett. Ich hatte einen teuren Kinderwagen und so ein »Trageding«. Ich hatte eine Badewanne mit einem Thermometer und unzählige Babyklamotten vom Flohmarkt. Natürlich habe ich die alle gewaschen und zusammengelegt. Das erste Mal in meinem Leben habe ich die Wäsche mit Liebe gemacht. Wie gesagt, ich war perfekt vorbereitet.

Dann kam Kind eins ...

... und irgendwie hatte ich mir das anders vorgestellt. Die Geburt startete NICHT mit einem Blasensprung, so wie man das immer im Kino sieht. Im Krankenhaus wurden wir ständig in verschiedenen Zimmern allein gelassen. Unter Presswehen mit wehendem Flügelhemdchen ging es in einer Wehenpause endlich in den Kreißsaal, und dann hielt ich das verknitterte kleine Bündel in meinen Händen. Meine Güte, war ich stolz! Mir war nicht klar, dass es ab jetzt erst so richtig kompliziert werden würde.

Ist mein Kind kaputt?

All meine Errungenschaften wurden von der kleinen Maus verschmäht! Nucki? Fehlanzeige! Kinderwagen? Nicht dran zu denken. Auf Toilette gehen? Nicht ohne meine Tochter! Duschen? Utopisch. Wo war meine Autonomie plötzlich hin? Warum ließ sich dieses Baby nicht mit einem Schnulli beruhigen? Warum, verdammt noch mal, ließ es sich nicht ablegen, ohne nach spätestens zwanzig Minuten aufzuschrecken und nach mir »zu rufen«? Wie sollte ich denn so bitte schön meinen Alltag schaffen? Das hatte mir so keiner erzählt. Ich überlegte schon, ob mein Baby kaputt ist!

Doch dann fing ich an zu lesen. Bücher über Bücher habe ich verschlungen, und mir wurde immer klarer, dass mein Baby perfekt und unglaublich kompetent ist! Meine Erwartungen allerdings waren so unrealistisch, weil sie von dem geprägt waren, was ich immer wieder in irgendwelchen Filmen und Serien gesehen hatte. Um diese Erwartungen zu erfüllen, hätte meine Tochter Batman zum Vater haben müssen. Und das war ja nun mal nicht der Fall … Nein, liebe Hollywood-Produzenten, das dürft ihr mir glauben: weder als Beziehungs- noch als Elternratgeber sind eure Werke zu gebrauchen.

Frauke Ludwig

Während meiner Schwangerschaft mit Marlene hatte ich keinen Schimmer, wie es wirklich werden würde. Wie Diana hatte auch ich alles gekauft, was ich eventuell brauchen würde. Der Stubenwagen, in dem schon mein Bruder und auch der Rest der Familie gelegen hatte, wurde umständlich Hunderte von Kilometern quer durch Deutschland gefahren. Ich stellte es mir doch so romantisch vor, wie mein Baby selig darin schlummern würde. Unzählige Kliniken sah ich mir an und besuchte Info-Abende mit Kreißsaalführungen. Während der Schwangerschaft machte ich alles mit, was mir empfohlen wurde, inklusive 3D-Ultraschall und Akupunktur. Die Untersuchungen bei der Hebamme empfand ich als wenig interessant, da ich mein Baby ja gar nicht auf dem Monitor sehen konnte. Ich werde auch nie vergessen, dass ich meine damalige Arbeitskollegin als völlig schräg und fast verantwortungslos abtat, als sie mir von ihrer Hausgeburt vorschwärmte. Wie konnte man nur ohne direkt angeschlossene Kinderklinik-Notfall-Option sein Baby bekommen?

Dann kam Marlene

Die Geburt war leider nicht schön. Ich weiß, dass es unzählige Frauen noch schlimmer getroffen hat und jeden Tag trifft, dennoch bin ich traurig, denn es hätte eine schöne Geburt sein können. Wäre ich zu Hause geblieben oder hätte ich mich um eine Beleghebamme oder Doula gekümmert – hätte ich mich besser vorbereitet und hätte ich mehr gewusst, müsste ich jetzt nicht traurig sein über diese verpasste Chance einer schönen Geburt. Das weiß ich heute, denn mein zweites Baby – Pauline – kam zu Hause zur Welt. Aber zurück zu meiner Marlene. Sie war endlich da und mit ihr wurde alles anders als vorher gedacht. Mir war nicht klar, dass man ein Baby nur ein Mal am Tag stillen würde – dafür aber ohne Pause. Ich glaube immer noch, dass ich die ersten drei Monate durchgehend das kleine Baby an der Brust hatte. Sie weinen zu lassen, war für mich nie eine Option, also wuchs ich in mein unerwartetes Leben mit einem Steinzeitbaby hinein. Und auch ich begann zu lesen – und zwar alles, was mir in die Hände kam und sich gut anfühlte. Im Endeffekt waren es die gleichen Bücher, die auch Diana las. Das sollten wir aber erst ein Jahr später herausfinden.

Du bist nicht allein! Oder: Wie EinfachEltern® entstand

Was hat das alles mit diesem Buch zu tun? Die Erfahrungen, die wir in unserer Arbeit als Still- und Trageberaterinnen mit den Eltern machen, haben gezeigt, dass wir mit unseren Erlebnissen nicht allein sind. Fast alle Eltern haben vor der Geburt ihres ersten Kindes andere Erwartungen, und die Realität trifft sie ziemlich hart. Empfohlene Stillabstände, die Angst vor dem Verwöhnen, die Sorge, dass das Baby zum Tragen noch zu klein ist, der Rat der Schwiegermutter, das Baby solle besser lernen, sich selbst zu beruhigen und auf jeden Fall alleine schlafen – Empfehlungen und Ratschläge dieser Art, die von allen Seiten auf die frischgebackenen Eltern einprasseln, tun ihr Übriges. Deutlich wird dabei, dass nicht unsere Babys das Problem sind. Wir wissen nur zu wenig über sie und verstehen sie daher oft nicht richtig. Wir interpretieren so vieles ganz anders, als unsere Kinder es meinen, und unterstellen ihnen manchmal sogar kleine Gemeinheiten, während sie eigentlich nur unsere Hilfe brauchen. Doch woher kommt das?

Erziehung im Wandel

Erziehung hat sich im Laufe der Jahrhunderte immer wieder verändert. Besonders das letzte Jahrhundert, in dem wir in diesem Land zwei Kriege überstehen mussten, hat unsere Eltern und Großeltern stark geprägt. Erziehung war eine ernste Angelegenheit, und die meisten von uns haben ein kleines oder großes Päckchen davon mitgenommen, das uns heute noch weise Ratschläge für unsere Kinder vermitteln möchte. Doch dieses »Päckchen« tarnt sich leider gern als unser Bauchgefühl und ist im Grunde doch nichts anderes als die eigene Erziehung.

So, und nun endlich zum Buch.

So vieles, das in diesem Buch steht, ist den meisten Menschen in unserer Gesellschaft gar nicht klar, da Hollywood uns ein völlig anderes Bild vermittelt. Die Sippe, bei der wir uns normalerweise hätten abgucken können, wie das Leben mit Kind(ern) funktioniert, gibt es nicht mehr, und wir verlassen uns auf das, was uns die Medien suggerieren. Wir möchten dich mitnehmen auf eine spannende Reise, denn die Säuglings-, Bindungs- und Hirnforschung war in den letzten Jahrzehnten fleißig, und es gibt bahnbrechende Erkenntnisse über diese kleinen Menschenkinder, die uns den Alltag oft so chaotisch gestalten. All diese Dinge findet ihr hier in diesem Buch. Wir klären viele Ammenmärchen auf, gegen die wir uns selbst so oft wehren mussten. Wir versuchen so einfach wie möglich – aber stets wissenschaftlich belegt – zu erklären, warum hinter vielen Erziehungsmythen mehr Aberglaube als Wissen steckt. Wir versuchen, dir den Alltag mit dem Baby zu vereinfachen, so wie wir es in den BabySteps®-Kursen von Einfach Eltern® tun. Die eine oder andere Information wird dich vielleicht hart treffen oder gar empören, aber keine Sorge, du musst nichts verändern, was du nicht ändern möchtest. Wir möchten dich lediglich informieren und alternative Wege aufzeigen. Niemand muss diese gehen, du hast immer die Wahl. Aber wir sind uns sicher, dass dieses Buch einige Aha-Effekte enthält, die dir helfen können, dein Baby besser zu verstehen und gleichzeitig deinen Alltag entspannter zu gestalten.

Lies bedürfnisorientiert

Das Kapitel über Erziehung und Bindung ist die Grundlage, auf der alles, aber wirklich alles andere aufbaut, daher steht es auch am Anfang dieses Buches. Es empfiehlt sich, dieses Kapitel zuerst zu lesen, denn es ist eine Orientierungshilfe für das Betriebssystem deines Babys. Danach kannst du ganz nach Belieben switchen und überall dort lesen, wo du etwas findest, was gerade interessant für dich ist.

Bindung, Beziehung und Erziehung

Kaum ist das Baby auf der Welt, prasseln sie auf uns ein, die »guten« und vor allem alten Ammenmärchen rund um die Kindererziehung.
Wie Menschenbabys wirklich funktionieren, ist uns in der Regel nicht bekannt, und doch haben wir instinktiv eine Ahnung davon, was unser Baby braucht. Wir möchten auf sein Weinen reagieren, es hochnehmen und trösten. Leider verunsichern uns die Medien und die »ultimativen« Tipps unserer Mitmenschen bezüglich der Erziehung unseres Kindes enorm und wir werden unsicher. Schwiegermütter, Nachbarn, Freunde mit Kindern – und gerne auch die ohne Kinder – sparen nicht mit sehr eindringlichen Ratschlägen für uns. Viele Menschen mischen sich ein, und oft passen diese Hinweise so gar nicht zu dem, wie wir gerne mit unserem Baby umgehen möchten.

Das Verwöhngespenst

»Schreien stärkt die Lungen«, »Lass es ruhig mal weinen, das meckert ja nur«, »Wenn du jetzt springst, dann merkt es sich das!«, »Der hat dich aber ganz schön im Griff«, »Neue Milch auf alte Milch macht Bauchweh«, »Der braucht aber auch mal was Richtiges zu essen«, »Trag ihn nicht so viel, da gewöhnt er sich noch dran«, »Ist ja auch kein Wunder, dass euer Kind immer noch nicht durchschläft, wenn es nachts immer noch gestillt wird«. Nicht selten hört man Sätze wie diese sogar von »Experten« wie beispielsweise Kinderärzten.

Die Angst vor dem Verwöhngespenst ist groß und zieht sich durch alle Bereiche der Entwicklung. Doch diese Sorge ist ungefähr so zeitgemäß wie die Behauptung, dass die Erde eine Scheibe ist und die Sonne sich um die Erde dreht. All diese Mythen wurden längst erforscht, aufgeklärt und widerlegt. Und genau diese neuen wissenschaftlichen Erkenntnisse sind leider noch nicht bei all den Schwiegermüttern und Nachbarn angekommen. Daher sind sie auch immer so verdutzt, wenn wir es so ganz anders machen als früher und unser Baby einfach auf den Arm nehmen, wenn es weint.

Keine Absicht

Die allermeisten Eltern vergangener Generationen haben ihre Form der Erziehung so gewählt, wie es zu der jeweiligen Zeit üblich war. Und dabei hatten sie sicherlich immer die besten Absichten, nicht die schlimmsten. Dies ist ein ganz wichtiger Punkt, da sich auch unser Blick auf die (Schwieger-)Eltern verändern kann, wenn wir das berücksichtigen. Sie selbst sind vermutlich nicht wirklich in einer wertschätzenden oder liebevollen Umgebung groß geworden! In all den besorgten Erwachsenen, die sich heute in die Erziehung unserer Kinder einmischen wollen, stecken so viele traurige innere Kinder, die man besser viel öfter gekuschelt und getröstet hätte. Seid daher nachsichtig mit denen, die es anders machen, auch sie wollen eigentlich nur das Beste für die Kinder.

Von Ammenmärchen und Nazipropaganda

Den Ursprung haben fast alle Erziehungsmythen in einer Zeit, in der die Wissenschaft sich noch nicht so intensiv mit Babys und Kindern beschäftigt hat. Lange behandelte man sie wie kleine Erwachsene, die sich dann aber leider nicht entsprechend benahmen.

Im Dritten Reich war Erziehung nicht mehr nur Privatsache, sondern Staatsangelegenheit. Faschismus, Härte und Führerkult waren an der Tagesordnung, und Erziehungsratgeber wie *Die deutsche Mutter und ihr erstes Kind* von Johanna Haarer sorgten schon zu Beginn des kleinen Lebens für den Verlust der Bindungsqualität. Angepriesen wurde diese Erziehung natürlich als die beste, und die Angst vor dem Tyrannen machte die Manipulation der Eltern zum Kinderspiel.

Aber diese Zeiten sind doch schon lange vorbei

Der Bestseller von Johanna Haarer wurde 1945, nach Beendigung des Krieges, nicht automatisch vom Markt genommen. Lediglich die faschistoiden Inhalte wurden gestrichen, aber der Rest blieb unverändert und wurde bis in die 1980er-Jahre unter dem Namen *Die Mutter und ihr erstes Kind* erfolgreich verlegt. Man darf nicht vergessen, dass es zu dieser Zeit für Eltern nicht viele Möglichkeiten gab, sich zu informieren. Diese Art der Ratgeber-Literatur und auch dieser spezielle Blick auf Kinder hält sich bis heute hartnäckig in allen Schichten der Gesellschaft, dabei wissen wir längst so viel mehr über Kinderentwicklung. Da aber all diese Propaganda-Ammenmärchen uns auch heute noch stark beeinflussen und immer noch Angst und Unsicherheit in uns hervorrufen, möchten wir in diesem Buch aufzeigen, was die Wissenschaft mittlerweile alles über uns Menschen herausgefunden hat. Die Erde ist keine Scheibe, das wissen wir heute – doch wie lange wurde genau dies geglaubt und unerbittlich als Wahrheit verfochten? Nicht anders sieht es auch bei den Mythen rund um die Kindererziehung aus. Es sind Erklärungsversuche und Propaganda, welche wir in den meisten Diktaturen finden, die als einziges Ziel den gehorsamen Soldaten hatten und haben. Auszüge aus Ratgebern dieser vergangenen Zeit findest du am Ende eines jeden Kapitels in unserem »Experten«-Bullshit.

Die beste Waffe gegen Angst und Sorgen ist das Wissen!

Warum sind Babys so, wie sie sind, und warum ist das auch genau richtig? Wir haben uns vorgenommen, in diesem Buch aufzuzeigen, wie Babys funktionieren. Wann es Kindern beispielsweise im Hinblick auf ihre Hirnreife überhaupt möglich ist, uns bewusst auf die Palme zu bringen und wie lange wir vergeblich darauf warten können, dass Kinder es schaffen, sich allein wieder zu beruhigen. Wir möchten dir die Angst nehmen, dein Baby zu verwöhnen und dich in die Lage versetzen, eine informierte Entscheidung für euch treffen zu können. Welchen Weg ihr als Eltern auch gehen wollt, er muss zur Familiensituation passen, aber im besten Falle auch die Bedürfnisse des Kindes einbeziehen.

Sorry – not sorry!

Möglicherweise geben wir dir immer mal wieder die ein oder andere Information an die Hand, die neu und anders ist als alles, was du bislang über Babys und Erziehung gehört hast. Diese Informationen werden dich möglicherweise dazu bringen, Dinge zu überdenken und eventuell Entscheidungen zu treffen, die dir im ersten Moment sehr anstrengend erscheinen, die aber für das spätere Glück deines Kindes von sehr großer Bedeutung sein können. Wir wünschen uns, dass du später keine deiner Entscheidungen bereuen musst, weil dir wichtige Informationen fehlten. Wir möchten dir helfen, Sätze wie »Hätte ich das mal vorher gewusst« zu vermeiden. Welche Entscheidung du mit deinem Wissen triffst, ist deine ganz individuelle Angelegenheit.

Burger oder Obst?

Niemand wird sauer, wenn wir ihm sagen, dass Obst gesünder ist als Chips. Die meisten Menschen wissen das und greifen trotzdem zu Burger, Pommes und Co. – sie tun dies aber informiert, bewusst und reflektiert. Bei der Erziehung oder Begleitung unserer Kinder hingegen sind wir oft und schnell beleidigt, sauer oder sogar wütend, wenn uns jemand mitteilt, dass es vermutlich nicht ganz der goldene Weg ist, den wir gerade gehen. Wir hoffen daher, dass alle Informationen in diesem Buch dir dabei helfen, deinen bzw. euren Weg als Familie ganz bewusst mit allen Abbiegungen und Umwegen – aber eben informiert – zu finden.

Erziehungsziele

Tatsächlich kann man nicht früh genug damit beginnen, sich die Frage zu stellen, was man sich für das spätere Leben seines Kindes wünscht. Denn die ersten Jahre sind diejenigen, die für unsere späteren Beziehungsmuster prägend sind. Da geht es also um Fragen wie:

- Gestalter oder Mitläufer?
- Selbstbewusst oder gehorsam?
- Selbstständig oder ängstlich?

Ist es uns wichtig, dass unser Kind ein gutes Selbstwertgefühl hat und in der Lage ist, gesunde Beziehungen und Freundschaften zu führen? Oder möchten wir unsere Ruhe und dass unser Kind sich »benimmt«, »gehorcht« und »schön pflegeleicht« ist?

Schauen wir unser Baby an, können wir gar nicht glauben, dass wir uns jetzt schon Gedanken über solche Fragen machen müssen. Für dieses kleine Wesen soll man jetzt schon so tiefgreifende Entscheidungen treffen? Tatsächlich ja – denn in den ersten drei Jahren unserer Kindheit machen wir prägendste Erfahrungen. Ein Fingerabdruck auf unserer Seele, der uns durch unser Leben navigieren wird. Hier werden wichtige Weichen gestellt, und zwar – entgegen einer weitverbreiteten Annahme – nicht in Form von Erziehung, sondern in Form von Beziehung!

Beziehungsgabelung

Entscheiden wir uns für den einen Weg, wird es immer schwieriger und langwieriger, auf den anderen Weg zurückzukommen. Entdecken wir hingegen frühzeitig, dass wir doch den anderen Weg nehmen wollen, müssen wir keinen großen Umweg auf uns nehmen, um dann doch den anderen Weg einschlagen zu können.

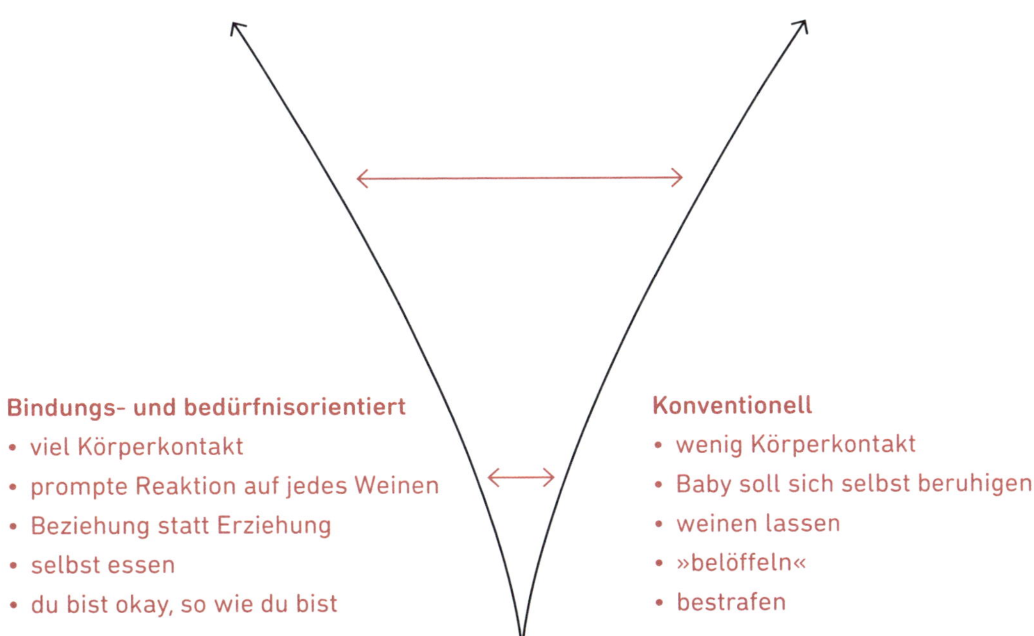

Beziehung ist der Schlüssel zur Bindung

Egal, wie alt wir sind, wir bauen immer Bindungen auf. Als kleines Baby beginnen wir damit und hören nie wieder auf. Selbst wenn wir noch so einsam sind, sind es oft unsere Haustiere, zu denen wir eine tiefe Bindung eingehen, und wenn alle Stricke reißen, dann kann auch der Volleyball als Gesprächspartner namens Wilson herhalten, wie Tom Hanks alias Chuck Noland in seiner Robinsonade *Cast Away – Verschollen* zeigt.

Menschen ohne Bindung werden krank oder gehen ein wie ein vertrocknetes Pflänzchen. Und genau jetzt, in den ersten Jahren der Kindheit, legen wir die Bindungsfähigkeit unserer Kinder und damit der nächsten Generationen fest. Es lohnt sich absolut, über den Tellerrand zu schauen und die Wissenschaft dazu einzuladen, bei der Entscheidungsfindung, welchen Weg wir gehen wollen, zu helfen. Es ist so wichtig, dass wir die kleinen Lebewesen verstehen, die nun oder schon bald ein Teil unserer Familie sind und für die wir uns ein Leben lang verantwortlich fühlen.

Wie gut, dass wir damit dann auch ein Stück weit Verständnis für uns selbst aufbauen können. Denn auch du warst einmal klein, und auch deine Beziehungs- und Bindungsfähigkeit wurde in dieser Zeit geprägt. Wie spannend!

Erziehung mit Herz und Hirn

Wir können heute hinsichtlich der Entwicklung unserer Babys auf viele wichtige, neue Erkenntnisse aus der Säuglings- und Hirnforschung zurückgreifen, die uns helfen, unsere Kinder besser zu verstehen.[1] Und auch hier fügen sich viele Puzzleteile zusammen, was unseren Alltag mit dem Baby durchaus erleichtern kann. Wenn wir wissen, warum unsere Babys reagieren, wie sie reagieren, können wir unsere Umgebung und unsere Lebenssituation daran anpassen und informierte Entscheidungen treffen.

Alle Menschenbabys sind Frühgeburten

Physiologisch gesehen sind unsere Babys im Vergleich mit anderen Säugetieren Frühgeburten, was erklärt, warum Menschenbabys so unglaublich pflegebedürftig sind.

Ihre Gehirne haben lediglich ein Viertel des Gewichtes eines ausgewachsenen Gehirns, was wir unter anderem dem aufrechten Gang zu verdanken haben. Als sich unsere Vorfahren noch auf allen Vieren fortbewegt haben, waren ihre Becken breiter, die Köpfe (bzw. das Gehirn) kleiner und die Babys unserer Urahnen wurden reifer geboren. Eigentlich müssten wir – gemäß Adolf Portmann, einem Schweizer Biologen, der sich in seinen anthropologischen Studien mit der Sonderstellung des Menschen befasste – unsere Babys zwölf bis 13 Monate lang austragen, damit sie bei ihrer Geburt physiologisch reifer sind. Aber keine von uns Frauen möchte auch nur eine Sekunde lang darüber nachdenken, wie es wäre, ein zwölf Monate altes Baby zu gebären.

Wie und wann entwickelt sich der Rest des Gehirns?

Im Grunde ist bei der Geburt das meiste schon angelegt. Unser Baby hat sowohl ein Stammhirn als auch ein Klein-, Zwischen- und Großhirn. Und auch die wichtigen Nervenzellen, die mittels elektrischer Impulse miteinander kommunizieren, sind bereits vorhanden. Das kann man sich vorstellen wie in einer großen Firma: Die Zellen sind kleine Mitarbeiter, die mit vielen anderen Mitarbeitern (etwa 6– bis 10.000) vernetzt sind und Informationen austauschen. Doch während unser erwachsenes Gehirn quasi auf modernste Technik zurückgreifen kann und via E-Mail über Glasfaserleitungen auf schnellstem Wege kommuniziert, stecken unsere Babys noch im Mittelalter fest. Es gibt kein Internet und keine schnellen Leitungen, dafür gibt es Postkutschen; viele Wege sind noch gar nicht vorhanden oder gleichen einem Trampelpfad. Um im Bild zu bleiben: Ein Großteil des Gehirns ist noch nicht »online« und braucht hierfür auch noch viele Jahre. Appellieren wir zum Beispiel an die Vernunft des Babys, sind wir leider noch mindestens fünf bis sechs Jahre zu früh dran.

Potenziale

Wenn Babys auf die Welt kommen, stehen ihnen nahezu alle Möglichkeiten offen. Dies ist enorm wichtig, da sie keinerlei Idee davon haben, wohin sie geboren werden. Ob Köln oder Kongo, ob Celle oder Ceylon, Babys müssen mit all den Widrigkeiten und Begebenheiten zurechtkommen, die auf sie warten. Sie sind daher anfangs sogar noch in der Lage, Affengesichter zu unterscheiden, was sie – falls sie nicht im Dschungel aufwachsen – als unwichtige Fähigkeit schnell wieder verwerfen. Dieser Trampelpfad wird im Gehirn nicht gegangen und verfestigt sich daher nicht. Wir als Europäer kennen das Phänomen, weil es uns in der Regel schwer fällt, Asiaten auseinanderzuhalten, denen es wiederum mit uns nicht anders geht. Ihre Gehirne mussten in den ersten Lebensjahren keine Europäer unterscheiden, sondern Asiaten. Dieser Weg hat sich gefestigt – durch wiederkehrende Wiederholung und Begegnungen mit anderen asiatischen Menschen.
Im Hinblick auf die Entfaltung ihrer Potenziale haben Babys in den ersten Lebensjah-

ren die perfekten Ausgangsvoraussetzungen für alle Eventualitäten. In ihren Gehirnen nimmt die Anzahl der Nervenzellenverbindungen während der ersten drei Lebensjahre enorm zu. Ungefähr mit drei Jahren besitzen Kinder doppelt so viele Synapsen (Nervenzellenverbindungen) wie Erwachsene. Diese Anzahl hält sich bis etwa zum zehnten Geburtstag und nimmt bis zum Ende der Pubertät hin wieder ab. Unser Nervensystem ist für sämtliche Vorgänge in unserem Körper zuständig, ob physischer oder psychischer Natur. Je mehr Nervenzellen wir besitzen, desto mehr Potenziale schlummern in uns. Als Erwachsene sind wir in unseren Strukturen bereits festgelegter und die meisten Synapsen gehen verloren, weil sie nicht genutzt werden.

Unser Gehirn, der Computer

Ähnlich wie bei einem Computer, ist unser Gehirn in verschiedene Bereiche aufgeteilt. Während es bei einem Computer beispielsweise eine Grafikkarte, einen Prozessor und einen Arbeitsspeicher gibt, haben wir, sehr vereinfacht dargestellt, ein Stammhirn, ein Zwischenhirn und ein Großhirn, die für ganz verschiedene Bereiche verantwortlich sind. Alles ist zwar miteinander verbunden, aber während der Zeit im Bauch und der ersten Lebensjahre unserer Kinder ist ihr »Computer« noch nicht vollständig zusammengebaut. Das Grundgerüst steht, aber das Gehirn der Babys ist eben nur zu 25 Prozent entwickelt. Mit zwei Jahren sind es bereits etwa 75 Prozent (aber doppelt so viele neuronale Verbindungen wie bei uns Erwachsenen), und mit etwa fünf Jahren ist das Gehirn fast ausgewachsen. Das heißt nicht, dass fünfjährige Kinder nun denken und analysieren können wie Erwachsene, aber die Gehirnstrukturen sind bereits entstanden. Unser Computer ist also fertig konfiguriert; jetzt geht es darum, die Software immer weiter zu verbessern. Die Verbindungen zwischen den Nervenzellen nehmen zu und die Nervenfasern an sich werden dicker. Sie werden immer mehr von einer Fettschicht ummantelt, die unsere Postkutschen in eine schnelle Internetleitung verwandelt. Vermutlich kommt daher auch der Ausdruck »Hirnschmalz«. Stück für Stück werden Verbindungen geschlossen, die in der Hierarchie immer weiter ansteigen. Während die Kinder am Anfang gerade mal einfache Zusammenhänge begreifen können, sind sie viele Jahre später dazu in der Lage, analytisch zu denken. Und trotzdem müssen die Kleinen mehr lernen als das. Denn nicht nur die Psyche, sondern auch der gesamte Bewegungsapparat, welcher beispielsweise im Kleinhirn gesteuert wird, muss sich entwickeln. Babys lernen sich zu drehen, zu krabbeln und zu laufen. Diese Schritte laufen nach und nach parallel zur Gehirnentwicklung. Das Gehirn hat noch einiges an Entwicklung vor sich, und wie sagt man so schön: Das Gras wächst nicht schneller, wenn man daran zieht.

Das Steinzeitgehirn

Betrachten wir nun den Aufbau unseres Gehirns inklusive seiner Funktionen! Dabei beginnen wir mit dem kleinsten und ältesten Teil, dem Stammhirn. Es wird umgangssprachlich auch Reptilien- oder Steinzeitgehirn genannt, weil es nicht für sein logisches Denken bekannt ist, sondern, durch die Fortführung in das Rückenmark, für die Regulation unserer wichtigsten Körperfunktionen und Alarmsysteme. Funktionen wie Herzfrequenz, Atmung und Blutkreislauf sowie Reflexe wie Saugen, Schlucken, Niesen, Husten und Erbrechen werden hier kontrolliert und können nicht bewusst von uns gesteuert werden.

Reflexe und Instinkte

Unsere Babys werden nach der Geburt durch das Stammhirn, also durch Instinkte und Reflexe, gesteuert. Von analytischem Denken sind wir hier noch weit entfernt. Was in dieser Phase zählt, ist das nackte Überleben – und diesen Überlebenswillen zeigen unsere Babys uns auch sehr deutlich. Legen wir unser Baby beispielsweise ab, sagen ihm seine Instinkte: Achtung, dein Mensch ist weg, du könntest vergessen werden! Schrei besser direkt los und mach auf dich aufmerksam! Wenn dein Baby Hunger oder Durst hat und das bemerkt, sagen ihm seine Instinkte: Alarm, du brauchst sofort Nahrung, sonst wirst du nicht überleben! Da es für Babys in den ersten Lebensmonaten aufgrund ihres noch wenig entwickelten Gehirns keine Nuancen, sondern eigentlich nur Leben oder Tod gibt, ist Hunger für ein Baby essenziell dramatisch und sein Weinen drückt in letzter Konsequenz quasi Todesängste aus.

Gebärmutterheimweh

Im Bauch bei Mama war alles gut. Kein Hunger, kein Durst, es war warm, weich und kuschelig. Die Geräusche waren bekannt, es gab Bewegungen und gedämpftes Licht. Mit der Geburt ist alles plötzlich anders. Das Neugeborene muss atmen, mit der Schwerkraft zurechtkommen, es ist plötzlich kalt, es fühlt das erste Mal Hunger und der Weg in das Leben außerhalb von Mama beginnt. Bevor unsere Babys auf die Welt kommen, kennen sie es nicht, allein zu sein. Aus genau diesem Grunde beruhigen sich unsere Babys so fantastisch, wenn wir sie nah bei uns tragen, sie in unserer Nähe schlafen und sie nach ihrem Bedarf Milch bekommen. Nahezu jedes Baby hört sofort auf zu weinen, wenn der Föhn angestellt wird, der Staubsauger plötzlich startet oder wir die Dunstabzugshaube nutzen. Diese lauten, monotonen Geräusche erinnern an die Zeit im Bauch. An das Rauschen unserer Blutgefäße. Es ist nicht leise bei Mama im Bauch, und für die Babys wirkt diese Geräuschkulisse so, als seien sie endlich wieder da, wo alles gut war.

Entwicklung zum Superhirn

Man hat vor einigen Jahren herausgefunden, dass sich bereits während der Schwangerschaft und auch nach der Geburt nicht nur das Gehirn des Babys noch weiter entwickelt, sondern auch das der Mutter. In der Zeit der Schwangerschaft nimmt das mütterliche Gehirn zwar zunächst geringfügig an Volumen ab, was aber ihre kognitiven Fähigkeiten nicht negativ beeinflusst – die Wissenschaftler beschreiben diesen Vorgang ähnlich dem Beschneiden von Bäumen, dem sogenannten Pruning. Zudem fanden sie heraus, dass das Wachstum des mütterlichen Gehirns in den Bereichen für Gefühle, Motivation, positive Zuwendung und Hormonausschüttungen, aber auch für die Fähigkeit, negative Emotionen zu erkennen, davon abhängt, wie sehr sie nach der Geburt verliebt in ihre Kinder waren.

Wenn du also dein Baby wundervoll findest und liebevoll mit ihm umgehst, wird sich dies durchaus in dem Wachstum derjenigen deiner Gehirnareale zeigen können, die zuständig sind für die Verarbeitung von positiven Emotionen. Und hier schlagen wir die Brücke zum Thema Bindung!

Der Bindungstanz

Bindung entsteht und intensiviert sich unter anderem durch die wiederkehrende prompte Reaktion auf die Bedürfnisse des Babys. Unser Baby weint, wir reagieren mit Trost auf das Weinen, unser Baby macht die Erfahrung, dass es sich auf uns verlassen kann, hört auf zu weinen und wir sind glücklich, dass wir unser Baby trösten konnten. Dieses Glücksgefühl sorgt dafür, dass wir beim nächsten Weinen wieder sofort reagieren, unser Baby trösten, es wieder eine positive Erfahrung macht und wir uns immer kompetenter fühlen.

Gehirnscans zeigen, dass die Mama immer bessere Fähigkeiten entwickelt, ihr Baby zu verstehen, je fürsorglicher sie ist. Je fürsorglicher sie ist, desto besser versteht sie ihr Kind. Bei manchen Eltern geht das ganz schnell, und bei manchen dauert es möglicherweise aber auch Monate oder vielleicht ein Jahr. Aber dranbleiben, denn es lohnt sich! Es ist eine Aufwärtsspirale, bei der viel Nähe für beide Parteien unerlässlich ist. Lassen wir uns auf das Kind ein und reagieren prompt auf seine Bedürfnisse, werden sowohl wir Eltern als auch unser Baby mit einer Art Gehirnoptimierung belohnt. Unser Gehirn wird quasi von einem Kleinwagen zu einem Rennwagen aufgerüstet.

Vorsicht bei Mama-Ersatzprodukten

Die Babyindustrie entwickelt vor allem Produkte, die uns Eltern simulieren, also quasi die Zuwendung der Eltern ersetzen sollen, was in den meisten Fällen auch fantastisch funktioniert, wenn wir ausschließlich die dadurch entstehende Beruhigung beim Baby betrachten. Was aber passiert mit uns, wenn wir zu oft auf die fabelhaft erleichternden Ersatzprodukte zurückgreifen? Denn selbst wenn das Baby sich mit diesen »Abkürzungen« zufrieden gibt, kümmern wir Mütter uns möglicherweise weniger um die Kleinen und lernen unser Baby somit vielleicht weniger gut kennen. Je weniger wir uns unserem Baby liebevoll zuwenden, desto weniger werden wichtige Bindungshormone ausgeschüttet, und der für uns vorgesehene Rennwagen bleibt vielleicht doch nur ein Kleinwagen. Wie viel schneller und optimaler unser »Wagen« hätte sein können, werden wir dann nie erfahren. Unser Bindungstanz wird kaum oder nur kurz getanzt, und uns fehlen dadurch möglicherweise Fähigkeiten, die uns den Alltag als Eltern so sehr erleichtern könnten. Natürlich können, dürfen und sollten wir auch zu diesen »Beruhigungsmitteln« greifen, die die Industrie entwickelt hat. Ein Schnuller, eine Federwiege und dergleichen mehr können so unglaublich wertvoll im anstrengenden Alltag mit dem Baby sein, denn es war nie gedacht, dass wir diesen Job allein bewältigen müssen. Früher hatten wir das berühmte Dorf, um ein Kind großzuziehen. Da es heute aber nicht ungewöhnlich ist, in einer weit von allen Verwandten entfernten Stadt sein erstes Baby zu bekommen, ist es nur gut, dass es die Unterstützung in Form von wackelnden Wippen, weißem Rauschen (White Noise) oder Schnullern gibt. Wie bei so vielen Dingen im Leben, macht auch hier die Dosis das Gift. Wenn wir kaum noch Körperkontakt haben und unser Baby nur noch durch Mama-Alternativen beruhigen lassen, dann könnte das für die Bindung an unser Baby und die Entwicklung unserer Antennen kontraproduktiv sein.

Oxytocin – ein kleiner Exkurs

Eines der wichtigsten Hormone für den Menschen ist das sogenannte Liebes- oder Glückshormon Oxytocin. Die Bezeichnung stammt aus dem Griechischen und bedeutet in etwa »leicht gebärend«. Das weist schon darauf hin, dass dieses Hormon eine große Rolle für die Geburt spielt, doch darüber hinaus wirkt es auch auf die Beziehungen zwischen Mutter und Kind und Menschen im Allgemeinen. Es wird auch bei Orgasmen ausgeschüttet und sorgt für diesen verklärten, angenehmen Zustand danach. Aber auch beim Stillen, ja sogar bei dem Gedanken daran, schüttet die Mutter erhöhte Dosen dieses wundervollen Hormons aus, das dafür sorgt, dass die Milch fließt und ganz nebenbei auch noch das Stresshormon Adrenalin abgebaut wird. Wie überaus praktisch in dieser anstrengenden Babyzeit!

Das Säugetiergehirn – es wird emotional

Die nächste Stufe unseres Gehirns, das Zwischenhirn, wird maßgeblich durch unsere Umwelt und Erfahrungen geprägt. Logischerweise nimmt die Art der Begleitung unseres Babys besonders viel Einfluss auf die Entwicklung dieses Teils seines Gehirns.

Das Zwischenhirn hat unterschiedliche Aufgaben:

- Es leitet Gefühle weiter.
- Es entscheidet, welche Sinneseindrücke in unser Bewusstsein rücken dürfen.
- Es steuert die emotionalen Funktionen sowie die Einschätzung von sozialen Beziehungen und Rangordnungen.
- Es leitet uns, wenn es um Sympathie und Antipathie oder um unsere Abgrenzung geht.
- Es steuert Über- und Unterordnung, Unsicherheit, Schüchternheit, Provokation, Angeberei.
- Es steuert große Teile des autonomen (vegetativen) Nervensystems und hat dadurch einen größeren Einfluss auf unseren Gesamtzustand als das Denken, dem wir in der Regel ja die größte Bedeutung zuschreiben.

Wenn es um die Selbstberuhigung unserer Kleinen geht, ist es eine zentrale Entwicklungsaufgabe, ein Gleichgewicht im vegetativen Nervensystem herzustellen, also eine gute Zusammenarbeit zwischen Sympathikus und Parasympathikus (den Nervenschaltkreisen für Aufregung und Beruhigung) – das ist ebenfalls ein wichtiges Thema in diesem Kapitel. Hier im Zwischenhirn sitzt auch der Thalamus, der für uns Informationen quasi vorfiltert und nur noch die wichtigsten Infos an das Großhirn weitergibt. Dadurch wird das Hirn nicht mit unnötigen Informationen überlastet. Der Thalamus wird daher auch häufig als »das Tor zum Bewusstsein« bezeichnet. Im Zwischenhirn wird darüber entschieden, was uns emotional berührt, was wichtig ist und was in unser Langzeitgedächtnis darf, welches aber beim Baby noch nicht komplett entwickelt ist. Auch die Ausschüttung wichtiger Hormone, etwa Oxytocin, wird hier gesteuert. Für erste Bindungserfahrungen ist dieser Bereich unseres Gehirns also elementar, was auch erklärt, wie extrem bindungsfähig Säugetiere im Verhältnis zu Reptilien sind, denen dieser Hirnbereich schlichtweg fehlt.

Erfahrungen und Bindungshormone

Da im Zwischenhirn entschieden wird, welche Erinnerungen ins Langzeitgedächtnis gelangen, sitzt hier auch der Speicher für unsere ersten Beziehungserfahrungen, auf die wir dann ein Leben lang zugreifen. Je positiver die Erfahrungen des Kindes in der Eltern-Kind-Beziehung sind, desto besser wird das Kind auch Freundschaften und Liebesbeziehungen führen können. Prompte Reaktionen auf die vom Stammhirn gemeldeten Bedürfnisse werden hier quasi »bewertet« und als zufriedenstellend oder alarmierend »eingeordnet«. Da in diesem Teil des Gehirns auch die Schaltzentrale für die meisten Hormone sitzt, wird hier auch das Belohnungssystem aktiviert, was dadurch ebenfalls einen Einfluss auf die Bindung hat. Wird das Baby von der Mutter beruhigt, schüttet der Körper Oxytocin aus – und das in der Regel bei Mutter und Kind. Beide fühlen sich geliebt

und gestärkt. Das Baby macht die Erfahrung, dass es sich auf die Mama verlassen kann und fühlt sich sicher und geborgen. Selbiges gilt natürlich auch für den Vater.
Das Zwischenhirn und das limbische System mit seinen sieben angeborenen primären Reaktionsmechanismen – Wut, Trauer, Freude, Ekel, Überraschung, Angst, Verachtung – sind unter anderem für unsere Gefühle und unser Triebverhalten zuständig. Aber was ist mit dem Verstand oder der Vernunft, an die wir so gern appellieren?

Das Großhirn (Cortex) – Die Vernunft in uns

Wenn wir an das Gehirn denken, denken wir eigentlich immer an das Großhirn. Es ist das, was dem Gehirn seine charakteristische Form gibt und uns aufgrund seiner Größe von den Tieren unterscheidet. Das Großhirn ist sozusagen unsere Schaltzentrale und macht achtzig Prozent unseres Gehirnvolumens aus. Ein Balken verbindet die zwei Teile (Hemisphären) des Großhirns miteinander; die linke Hälfte steht für Sprache und Logik, die rechte Hälfte für Orientierungssinn und Kreativität. Da 90 Prozent des Cortexes entwicklungsgeschichtlich noch sehr jung sind, werden sie als Neocortex bezeichnet.

Entwicklung braucht Zeit

Wir neigen dazu, schon ganz kleinen Kindern Fähigkeiten zu unterstellen, wie beispielsweise die des Manipulierens, wenn wir etwa meinen, von einem Kind »um den Finger gewickelt« zu werden. Aber auf die Fähigkeit, strategisch zu denken und Pläne zu schmieden, kann ein Kind frühestens mit etwa fünf bis sieben Jahren zurückgreifen, was im Übrigen auch der Grund dafür ist, warum Kinder noch nicht früher eingeschult werden. Auch die wichtige Fähigkeit der Stressresistenz nimmt mit fortschreitender Cortexentwicklung zu, denn die Vernunft hilft uns, wenn wir uns beruhigen wollen; wir sind unseren Gefühlen weniger hilflos ausgeliefert.

Unser Verstand setzt aus

Da das Stammhirn viel schneller arbeiten kann als der Cortex, sitzen in ihm auch unsere Instinkte und Reflexe. Wenn Gefahr in Verzug ist, reagiert unser Körper sofort – viel schneller als unser Verstand. In Gefahrensituation haben wir einfach keine Zeit, groß abzuwägen. Deshalb sind die Teile des Gehirns, die für das Überleben wichtig sind, auch als erstes entwickelt[2]. Vielleicht kennst du das selbst auch: Wenn du alleine in der Dunkelheit unterwegs bist, bist du instinktiv hellhöriger, beobachtest deine Umgebung aufmerksamer und bist wacher. Dein Verstand gibt dir die Rückmeldung, dass sicherlich alles okay ist und hilft dir dabei, auf vergangene, ähnliche Situationen zurückzugreifen, um dich zu beruhigen. Wenn jetzt aber plötzlich eine schwarz gekleidete Person hinter einer Ecke hervorkommen sollte, würde der Verstand in den Hintergrund treten und das Stammhirn übernehmen lassen. In Bruchteilen von Sekunden schüttet unser Körper das Stresshormon Adrenalin aus und lässt uns auf Ressourcen zurückgreifen, von denen wir gar nicht gedacht hätten, dass wir sie besitzen. Wir sind von Kopf bis Fuß in Alarmbereitschaft, denn möglicherweise geht es ja ums Überleben. Zum Nachdenken ist jetzt keine Zeit. Kindern geht es hier ganz genau so. Sobald ihr Stresssystem startet, ist es manchmal gar nicht möglich, zu ihnen durchzudringen. Es kann sogar vorkommen, dass sie uns hauen oder treten möchten, weil sich ihr Nervensystem gerade in einer Art »Kampf-oder-Flucht«-Modus befindet. Hier benötigen sie ein ruhiges Gegenüber mit einem entspannten Nervenkostüm, um sich einzuklinken und – unterstützt eventuell durch ausgiebige Kuscheleinheiten – wieder in einen nervlichen Normalzustand zurückzukehren.

Bindung – Was ist das überhaupt?

Eines der modernen Schlagwörter in der Diskussion um Kindererziehung ist der Begriff Bindung. Jeder hat irgendwann schon einmal etwas darüber gehört oder einen einschlägigen Artikel gelesen. Manche Menschen sind der Meinung, Bindung passiere ganz von selbst, andere assoziieren damit ein spezielles Konzept der Kindererziehung – das Attachment Parenting (AP). Und wieder andere warnen vor »zu viel Bindung«, die entstehen könnte, wenn Eltern »zu stark« auf die Bedürfnisse ihrer Kinder eingehen. Selten gibt es so widersprüchliche Meinungen wie auf diesem Gebiet. Sie reichen von Aussagen wie »eine starke Bindung zu den Eltern ist das Fundament für ein glückliches Leben« bis hin zu gegensätzlichen Positionen wie »eine starke Bindung zu den Eltern behindert die Kinder beim Selbstständig-Werden«.

Der Versorgungspakt

Unser Baby kommt auf die Welt und bindet sich innerhalb der ersten Monate an die Person(en), die am konstantesten verfügbar ist (sind) und sich am treffendsten um seine Bedürfnisse kümmert (kümmern). Dafür setzt es all seinen biologischen Charme ein und sagt sozusagen: »Schau her, wie süß ich bin, versorge mich.« Wenn keine unnatürlich langen Trennungen vorkommen, gelingt die Bindung zwischen Kind und Erwachsenen in der Regel immer, selbst wenn es nicht die natürlichen Eltern sind. Das liegt daran, dass das Neugeborene instinktiv weiß, dass es allein nicht überleben kann und mit einer großen Portion Urvertrauen geboren wird. Die ersten Stunden nach der Geburt sind für diesen Prozess immens wichtig, denn dieses erste Kennenlernen, das Bonding, ist noch sehr instinktgesteuert und wie eine Art Prägung zu verstehen. Die emotionale Verknüpfung von Mutter und Kind findet statt.

Bindung und Bindung

Eigentlich gibt es in dem Zusammenhang zwischen Eltern und Kindern zwei Arten von Bindung. Die eine ist die Bindung der Kinder an die Eltern, die in der Regel fantastisch funktioniert, weil das hilflose Baby seine Eltern dringend braucht. Die andere Bindung ist die von den Eltern an ihr Baby. Im Zeitalter von Rooming-In und Familienzimmern in den Kliniken ist schon nahezu überall angekommen, wie wichtig die ersten Stunden nach der Geburt für Mutter und Baby sind. In den meisten Büchern und Zeitschriften rund um das Thema Geburt liest man, dass es magische, prägende 24 Stunden sind, die für das sogenannte Bonding eine tragende Rolle spielen. Was kaum jemand weiß, ist, dass diese ersten Stunden nicht nur für das Baby, sondern auch für die Mama so wichtig sind. Wir Mütter müssen uns in unser Baby verlieben und wir benötigen diesen Oxytocinflash, der bei der Geburt automatisch geschieht, um dieses kleine Wesen versorgen und lieben zu wollen. Je mehr wir in dieser ersten zarten Kennenlernphase gestört werden, etwa durch unnötige Untersuchungen oder Pflege des Babys direkt nach der Geburt, desto schwerer kann unser Bindungsstart sein. Auch Stress im Wochenbett ist nicht förderlich.

Papas und der Kaiserschnitt

Häufig wird davon berichtet, dass Kaiserschnitt-Kinder eine sehr starke Bindung an ihre Väter haben. Wir stellen uns die Frage, ob es nicht eher umgekehrt ist: Kann es sein, dass hier der Vater durch diese ersten, exklusiven Momente eine sehr starke Bindung zu seinem Baby aufbaut? Denn er ist es, der sein frischgeborenes Baby auf die Brust bekommt. Ihm gehören die Hormonausschüttungen, die ersten, intensiven Blicke des kleinen Wesens. Der Papa wird sich vermutlich so sehr in sein Baby verlieben, dass er ab diesem Moment liebevoller mit ihm agiert. Das Baby wird ihm zeigen, dass ihm genau dieses liebevolle Verhalten guttut, was den Papa noch verliebter macht. Der Bindungstanz beginnt.

Die Mama und der Kaiserschnitt

Viele Mamas haben die große Sorge, dass die Bindung zu ihrem Baby unter dem Kaiserschnitt leiden könnte. Aber hier gibt es Entwarnung durch Studien, die zeigen, dass natürlich auch Kaiserschnittmütter eine fantastische Bindung zu ihrem Kind aufbauen können. Es ist durch den ein oder anderen fehlenden Hormoncocktail vielleicht nicht ganz so leicht, aber es gibt hier viele hilfreiche Tipps: Ausgiebig und am besten Haut-auf-Haut mit dem Baby ins Bett legen, die Wochenbettzeit bewusst mit viel Körperkontakt gestalten. Zu Hause bleiben und auf Besuche in den ersten Tagen verzichten. Das Baby anschauen, das Handy aus der Hand legen und einfach genießen. Tragen, Kuscheln, Stillen, Nah-beieinander-Schlafen – das sind die Dinge, die die Natur sich für uns überlegt hat und die gerade jetzt bewusst genutzt werden können. Wenn du traurig, unglücklich oder gar traumatisiert wegen deiner Kaiserschnitterfahrung bist, möchten wir dir das Babyheilbad nach Brigitte Meissner empfehlen. Frage deine Hebamme, ob sie dieses kennt, oder schau im Internet unter »Babyheilbad« nach, ob es jemanden in deiner Nähe gibt, der dieses mit euch durchführen kann. Unzählige Frauen haben damit ihr Trauma auflösen und viel heilen können.

Das erste Lebensjahr ist so wichtig

Gerade das erste Jahr ist für die emotionale Entwicklung unserer Kinder von entscheidender Bedeutung. Es gleicht einem Fingerabdruck, den wir im Nachhinein nicht wieder ändern können – nur abmildern. Babys, die im ersten Lebensjahr keine oder wenig Nähe und liebevollen, bedürfnisorientierten Umgang erleben durften, sind später nicht in der Lage, die gleichen Mengen an Glückshormonen freizusetzen wie andere Babys, die im ersten Jahr mit Lachen und Liebe begleitet wurden. Doch die gute Nachricht ist, dass wir durch kontinuierliche liebevolle Erfahrungen auch immer wieder offene Wunden heilen können. Manche Menschen brauchen nur liebevolle und verständnisvolle Partner oder Freunde, die ihren Weg weiter begleiten, bei anderen sind eventuell therapeutische Maßnahmen nötig, um wieder zu einer inneren Stärke zu finden.

Es dreht sich also alles um die Bindung

Sowohl für die ganz Kleinen als auch für die Großen dreht sich bei unseren Freundschaften und Beziehungen alles um Bindung. Ein kleines Kind kann ohne Bindungen nicht existieren, weil ursprünglich allein die Bindung zu einem Erwachsenen sein Leben garantiert hat. Je tiefer und inniger die Eltern-Kind-Bindung, desto feiner werden die Antennen des Elternteils für die Bedürfnisse und Kommunikationsversuche des Babys. Wenn die Eltern feinfühlig auf ihr Baby reagieren, fühlt sich das Kind gut aufgehoben und sicher. Diese Sicherheit baut sich aus, tritt sich im Hirn fest und sorgt für ein starkes Selbstvertrauen. So können sich gute, gesunde Beziehungsmuster entwickeln, auf die wir dann ein Leben lang zurückgreifen!

Zusammengefasst ist eine sichere Bindung ein unerschütterliches Vertrauen in die Fürsorglichkeit und Zuverlässigkeit der anderen Person. Das erklärt auch, warum dieses Vertrauen erschüttert werden kann, wenn der Versorgungspakt aufgrund von Erziehungsmythen und Folklore zu Ungunsten des Babys unterbrochen wird. Es ist elementar wichtig zu verstehen, wie Babys funktionieren, damit dieses Vertrauen erhalten bleibt und gestärkt wird.

Körperkontakt und Liebe

Gerade die emotionale Bedürfnisbefriedigung, die deinem Baby Wärme und Sicherheit gibt, ist fast noch wichtiger als die bloße Nahrungsaufnahme. In der Vergangenheit gab es dazu grausame Versuche, etwa von Kaiser Friedrich II., der die Ursprache oder die »Sprache Gottes« herausfinden wollte. Die Babys wurden lediglich mechanisch mit Nahrung, Bettchen und Körperpflege versorgt – es wurde nicht mit ihnen gesprochen, sie bekamen keinerlei körperliche oder emotionale Zuwendung. Keines der Kinder hat diese Versuche überlebt. Das zeigt uns, wie elementar wichtig es ist, dass Babys Nähe, Zuwendung, Vertrauen und Liebe erfahren.

Macht eine starke Bindung unselbstständig?

Allen Vorurteilen zum Trotz ist Bindung kein Klebstoff, der das Kind für immer an seine Eltern fixiert und es damit unselbstständig macht. Im Gegenteil, es verhält sich genau andersherum: Nur wer eine gute Bindung – und somit ein gutes Fundament – hat, kann wachsen, selbstständig werden und die Welt entdecken. Ein Zuviel an Bindung gibt es nicht, und doch fürchten viele Eltern, dass eine zu starke Bindung ihr Kind daran hindern könnte, selbstständig zu werden. Weit verbreitet ist die Meinung, ein Kind müsse möglichst früh lernen, alleine klar zu kommen, weil das Leben später bekanntlich kein Ponyhof ist. Aber ziehen wir uns auch im Sommer warm an, weil es im Winter mal kalt werden könnte? Wohl kaum!

Erziehungsziele versus Realität

Die meisten Eltern wünschen sich für ihre Kinder, dass sie eigenständig, lebenstüchtig und erfinderisch werden, sich gegen Widrigkeiten durchsetzen können und sich darüber hinaus zivilisiert und rücksichtsvoll verhalten. Außerdem wünschen sie sich, dass ihre Kinder selbstbewusste, neugierige, eigenständig denkende und vor allem glückliche Menschen werden, die in der Lage sind, gute und intensive Freund- und Partnerschaften zu führen.

Doch dies wird unseren Kindern extrem erschwert, wenn nicht sogar unmöglich gemacht, wenn wir sie nicht ernstnehmen, ihren eigenen Willen nicht akzeptieren oder gar belächeln, wenn wir nicht auf ihr Nein hören und sie durch Machtkämpfe in ihrer Entwicklung behindern.

Das gilt nicht nur für das Babyalter, sondern auch für Kleinkinder oder Schulkinder bis hin zum pubertierenden Jugendlichen. Kinder lernen durch Vorleben. Wenn wir unsere Kinder liebevoll behandeln, sie ernstnehmen, ihr Nein akzeptieren und verstehen, dann wird dies später ihr Muster, mit dem sie durch die Welt gehen. Sie werden andere Menschen liebevoll behandeln, weil sie es selbst so kennengelernt haben. Sie werden ein Nein von anderen akzeptieren und ihr eigenes behaupten.

Wir brauchen einen Heimathafen

Um in die Welt aufzubrechen, braucht es für uns Menschen einen sicheren Hafen, den Fels in der Brandung, so wie wir auch ein starkes Fundament benötigen, wenn wir ein Haus bauen, das bei Erschütterungen stehen bleiben und nicht zusammenfallen soll.

Wir Menschen können erst dann selbstständig werden, wenn das Fundament ausreichend dimensioniert und stabil gelegt ist – erst wenn das Bedürfnis nach Geborgenheit gestillt ist, erwacht das Bedürfnis nach Autonomie und Selbstwirksamkeit …

Fraukes Fundament

Meine Mama hat unglaublich große Flugangst. Sie ist in ihrem ganzen Leben nicht ein Mal geflogen, obwohl es unzählige Reiseziele gibt, die sie faszinieren und die sie gerne besucht hätte.

Ich weiß trotzdem ganz genau, was passieren würde, wenn ich in Australien wäre und mir etwas zustoßen würde: Meine Mama würde sofort ins nächste Flugzeug steigen und dort vermutlich den Piloten zur Eile antreiben.

Ich kann mich schon mein ganzes Leben lang auf meine Eltern verlassen. In allen Belangen. Meine Eltern waren und sind mein Fundament. Durch dieses Wissen kann ich mich alles trauen. Ich habe keine Angst, denn ich weiß, dass sie mein Sicherheitsnetz sind, mein doppelter Boden und immer für mich da. Ich wünsche mir, dass auch meine Kinder – was auch immer ihnen passiert – mich immer als ihren sicheren Hafen ansehen, auf den sie sich verlassen können. Denn dann habe ich meinen persönlichen »Erziehungs«-Auftrag erfüllt.

Hilflos, aber selbstständig?

Bedenkt man, dass unsere Kinder ohne uns gar nicht überlebensfähig sind, sollte uns schnell deutlich werden, dass sie gar nicht darauf ausgelegt sein können, früh selbstständig zu werden. Alleine zu schlafen zum Beispiel bedeutete – nicht nur in der Frühzeit der Menschheit – für ein kleines Kind Lebensgefahr. Dies gilt übrigens auch für alle anderen Säugetiere. Unsere Kinder sollten im besten Falle nicht einfach losgehen und sich mit irgendwelchen fremden Menschen außerhalb des vertrauten Stammes abgeben. Unsere Kinder sind so designt, dass sie zunächst einige Jahre bei ihren Hauptbezugspersonen das Vertrauen in die Welt entwickeln. Erst wenn die Kinder »satt« und vollgefüllt mit Liebe und Bindung und somit stabile Persönlichkeiten sind, können sie allein hinaus ins Leben gehen.

Zu viel gute Bindung gibt es nicht!

Mit einer Bindung verhält es sich wie mit der Gesundheit – zu gesund kann man nicht sein. Wenn eine Bindung stark und belastbar ist, fühlen wir uns sicher. Wenn man gesund ist, ist man voller Tatendrang und hat viel Energie. Und genau so fühlt sich ein sicher gebundenes Kind: Es lebt in einer starken Bindung zu den Eltern oder anderen vertrauten Erwachsenen und hat den Mut, in die Welt aufzubrechen. Denn je sicherer der Heimathafen, desto leichter fällt der Aufbruch. Wenn ein sicher gebundenes Kind dafür bereit ist, wird es sich zu seinem ganz eigenen Zeitpunkt problemlos von den Eltern lösen können, um in die Welt hinauszugehen.

Das gilt für Klein und Groß

Auch bei uns Erwachsenen kann eine sichere Bindung ins Wanken geraten. Liebeskummer! Unser geliebter Partner kommt plötzlich abends immer ohne Erklärung zu spät oder gar nicht nach Hause, wir können ihn nicht erreichen, wenn wir ihn brauchen. Sofort tritt eine enorme Verunsicherung auf den Plan. Wir können kaum noch essen, wir schlafen schlecht, wir denken und reden meist von nichts anderem mehr als von der Sorge, den Partner zu verlieren. Wir fühlen uns ohnmächtig und wir sind vor allem nicht offen für Neues. Niemand würde bei Liebeskummer auf die Idee kommen, eine Fortbildung zu buchen. Eigentlich sollte uns der Arzt dann krankschreiben, weil wir in solchen Momenten wirklich nicht gut arbeiten können. Das Stresssystem ist so sehr hochgefahren, dass wir uns keinesfalls nebenbei mit dem Studium, der Arbeit oder einfach neuer Lektüre beschäftigen können. Unser Bindungssystem ist in Alarmbereitschaft, und das hat oberste Priorität. Auch wir Erwachsenen glänzen in einer solchen Phase nicht gerade durch Neugierde und Entdeckungsdrang. Wir wünschen uns nichts sehnlicher als die Wiederherstellung des sicheren Heimathafens – und genau so muss es unseren Kindern gehen, wenn wir auf ihr Weinen nicht reagieren. Die Sozialpädagogin Dami Charf beschreibt dies folgendermaßen:

»… Und damit schließt sich der Kreis zu frühen Verletzungen und Entwicklungstraumata. Traumata und unsichere Bindungen führen meist dazu, dass das Kind nicht mehr freudig die Welt entdecken kann. Es traut sich nicht, da ihm der sichere Boden, der Schutz durch die Bezugsperson fehlt oder diese ausstrahlt oder sagt, dass die Welt nicht sicher ist und es am besten ist, dort zu bleiben, wo man alles kennt.«[3]

Welche Rolle spielt unsere eigene Kindheit?

Unsere eigenen Bindungserfahrungen, die wir in unserer Kindheit gemacht haben, sind von großer Bedeutung für unsere späteren Partner- oder Freundschaften. Wenn wir als Kind unzuverlässige Bindungen erlebt haben, fällt es uns als Erwachsenen oft sogar schwer, den Bindungen zu vertrauen, an denen es gar nichts zu zweifeln gibt. Wir können kaum glauben, dass wir es wert sind, dass jemand wirklich zuverlässig und konstant für uns da ist. Dass jemand es gut mit uns meint und uns mit allen Fasern seines Herzens liebt. Denn dieses Muster haben viele von uns nicht erfahren. Der eigene Kritiker ist größer, Selbstzweifel stehen an der Tagesordnung, wir werden schneller nervös und gehen lieber keine Risiken ein. Nicht von ungefähr stehen seit geraumer Zeit Ratgeber, die sich mit dem Thema »inneres Kind« beschäftigen, auf den Bestsellerlisten, und auch wir können nur empfehlen, den ein oder anderen zu lesen. Setzt man sich mit diesem Thema auseinander, wird ganz deutlich, dass wir es durch den liebevollen und wertschätzenden Umgang mit unseren Kindern verhindern können, dass sie als Erwachsene ebenfalls diese Ratgeber kaufen müssen.

Die Schnecke

Eine Schnecke ist dann mutig und neugierig, wenn sie sich sicher fühlt. Fühlt sie sich unsicher, zieht sie sich schnell in ihr schützendes Haus zurück. Dann allerdings ist eine Erkundung der Welt nicht möglich.

Es geht immer nur eines von beidem: Erkundung oder Rückzug in die Sicherheit.
Möchten wir selbstbewusste, mutige, neugierige Kinder und spätere Erwachsene, sollten wir ihnen immer wieder die notwendige Sicherheit geben, sich in die Welt hinauszutrauen mit der Gewissheit, dass wir immer für sie da sind, wenn es stürmisch wird.

Wollen Babys mit ihrem Weinen uns Eltern manipulieren?

Wer kennt diese Sätze nicht: »Das will dich nur testen!«, »Gibst du ihm jetzt den kleinen Finger, will er irgendwann die ganze Hand.«, »Es ist jetzt schon ein kleiner Tyrann!«, »Das macht sie doch mit Absicht!?« Wo kommen diese Phrasen eigentlich her und warum halten sie sich so hartnäckig?

Und da ist es wieder – das Verwöhngespenst

Der vermutlich am weitesten verbreitete Irrglaube im Bereich der Erziehung ist der, dass wir denken, unsere Kinder wollten uns manipulieren: »Reicht man dir den kleinen Finger, willst du gleich die ganze Hand.« Bei vielen liebevollen Gesten, die Eltern ihrem Kind angedeihen lassen, lauert im Hintergrund die Angst, das Baby könne diese für immer für sich beanspruchen und zukünftig vehement einfordern. Das eindringliche Schreien des Babys wird dabei als Beweis für diese Theorie ausgelegt. Dabei sind Babys in den ersten Jahren, betrachtet man den Prozess der Hirnreifung, überhaupt nicht in der Lage zu solch planvollem Handeln. Es wirkt nur so, als würden sie versuchen, uns zu manipulieren, und das macht es für uns so schwer, zu verstehen, dass sie es wirklich nicht können. Kinder können lange keine Pläne schmieden.

Das Brot auf dem Boden

Vermutlich schmeißt jedes Baby irgendwann sein Essen auf den Boden. Anfangs vielleicht noch zufällig, dann gezielt und immer wieder. Wir Eltern heben die Gurken oder das Brot dann in der Regel wieder auf und reagieren dabei – immer wieder. Zunächst meist noch mit einem Lächeln, dann mit begleitenden Worten, zum Beispiel: »Mein Schatz, lass das bitte!«, dann irgendwann mit einem eindrücklichen »Nein!«. Was passiert? Unser Kind schaut uns belustigt in die Augen und schmeißt das Brot oder die Gurke wieder runter. Dieses Spiel kann sich nahezu endlos wiederholen.

Wie bewerten wir diese Interaktion? Vermutlich denken wir im ersten Moment: »Das macht mein Kind ganz bewusst, damit ich das Brot wieder aufhebe.« Diese Bewertung fußt auf der Annahme, dass unser Kind absichtlich etwas tut, damit wir reagieren. Was aber tatsächlich passiert, ist ein Lernprozess: Unser Kind macht die Erfahrung, dass es selbstwirksam ist. Dass Dinge herunterfallen, wenn man sie loslässt. Dass Mama sie wieder aufhebt. Dass Mama das genau so lustig findet, wie man selbst und: Oh, wie spannend, jetzt ist Mama ja gar nicht mehr so lustig. Jetzt guckt sie aber seltsam, oh … »Nein« scheint kein gutes Wort zu sein! Kinder lernen durch immer und immer wiederkehrende Wiederholungen. Wenn wir uns das vor Augen halten, dann ist es vielleicht immer noch nervig, dass wir ständig Dinge aufheben müssen. Aber wir sehen unser Kind aus einem anderen Blickwinkel. Einem wertschätzenderen, denn unser Kind entdeckt die Welt und lernt uns kennen, mit all unseren Facetten.

Wenn man weiß, warum

Welchen bodenlosen Unterstellungen Babys heute noch ausgeliefert sind, ist ein guter Hinweis auf die fehlende Aufklärung und vorherrschende Angst – Angst vor dem oft zitierten Tyrannen. Wer möchte schon einen »Satansbraten« im Hause haben? Und wer möchte nach irgendeiner »Pfeife tanzen«? So viele der kindlichen Verhaltensweisen scheinen zu diesen Thesen zu passen. Und genau daher droht die Gefahr, denn so glauben wir diesen immer wieder auftauchenden Ammenmärchen. Weil sie so zutreffend zu sein scheinen und wir uns gar nicht vorstellen können, dass keinerlei Absicht hinter dem Verhalten unserer Kinder steckt. Es wirkt wie eine logische Schlussfolgerung, dass Kinder sich unsere Verhaltensweisen merken und unsere Gutmütigkeit schamlos ausnutzen. Aber diese Denkweise ist eben einfach eine Theorie, die sich so nicht bestätigt hat.

Wir wissen heute zum Glück so viel über die Hirnentwicklung, dass wir uns während der ersten Jahre wunderbar zurücklehnen können, da unsere Kinder schlicht und einfach nicht in der Lage sind, uns zu manipulieren. Daher kann man sie auch mit Liebe und Aufmerksamkeit und Kuscheln und »Springen, wenn das Baby ruft« nicht verwöhnen, sondern nur stark machen.

Verlässlichkeit statt Misstrauen

Ein Baby bindet sich – wie bereits beschrieben – an die Personen, die sich am zuverlässigsten um seine Bedürfnisse kümmern. Gerade am Anfang ihres noch so kurzen Lebens ist jedes einzelne Bedürfnis unseres Babys überlebenswichtig – und das teilt es uns lauthals mit.

Auf viele Dinge weist es uns aber schon lange vor dem ersten Weinen hin. So gibt es eine Reihe von frühen Hungerzeichen, etwa dieses Schmatzen, Am-Fäustchen-Lutschen, das Wenden des Kopfes und die »Neh-Laute« (siehe den Abschnitt zu Dunstan Baby Language im Kapitel »Kommunikation«), die sich dann rasch in ein Weinen verwandeln. Reagiert die Bezugsperson zuverlässig auf die Signale des Babys, so macht dieses die Erfahrung, dass es sich auf sein Umfeld verlassen kann. Eine Erfahrung, die vielen Menschen in unserer Gesellschaft fehlt, was zu sehr viel Misstrauen führt. Es gibt kaum etwas Wundervolleres, als eine Beziehung mit jemandem zu führen, auf den man sich verlassen kann. Jemandem, der immer da ist, der einen immer liebt und der uns Sicherheit gibt.

Denn was ist unser Erziehungsziel? Das Vertrauen in die Bindungspersonen ist eine Spirale, die aufwärts gehen kann, wenn wir immer wieder gute Erfahrungen mit unseren Eltern machen, was uns zu selbstständigen, selbstwirksamen, beziehungsfähigen Erwachsenen werden lässt. Oder aber die Spirale führt abwärts, weil wir uns nie sicher sein können, dass unsere Eltern für uns da sind. Darum ist es so wichtig, dass wir schon jetzt, wenn das Baby ganz klein ist, ihm immer wieder mitgeben: Ich bin immer für dich da. Ich bin dein Fels in der Brandung, du bist wertvoll und du darfst dein ganzes Leben lang mit deinen Sorgen und Nöten zu mir kommen.

Ist Körperkontakt wichtiger als Nahrung?

Babys weinen immer und ausschließlich aus einem für sie wichtigen Grund. Sie fühlen sich unwohl, ihnen ist zu heiß, zu kalt, sie müssen mal Pipi oder ein größeres Geschäft machen; aber vor allem weinen Babys, weil sie Nahrung und insbesondere auch Körperkontakt brauchen.

Das elementare Bedürfnis nach Körperkontakt wurde über einige Jahrhunderte hinweg nicht gesehen oder bedient und auf das Kontaktweinen so oft falsch oder gar nicht reagiert. Heute wissen wir, dass körperliche Nähe eines der wichtigsten Grundbedürfnisse ist. Der US-Psychologe Harry Harlow führte in den 1950er-Jahren eine Reihe von Experimenten mit Rhesusäffchen durch.[4] Die neugeborenen Äffchen wurden direkt nach der Geburt von ihrer Mutter getrennt. Die eine Gruppe bekam eine Drahtmutter mit einer Milchflasche und zusätzlich eine Handtuchmutter, eine mit Frottee-Stoff überzogene Drahtmutter mit einem gesichtsähnlichen Kopf. Eine andere Gruppe von Affen bekam lediglich eine der milchgebenden Drahtmütter. Der Wissenschaftler fand heraus, dass die Äffchen ohne Handtuchmutter »schon als Baby schwere Verhaltensstörungen entwickelten«. Sie reagierten schon nach kurzer Zeit nicht mehr auf Kommunikationsversuche oder Außenreize und saßen apathisch in einer Ecke. Im Umgang mit anderen Affen zeigten sich folgende Verhaltensmuster: »Entweder reagieren sie mit Aggressionen oder mit starken sozialen Rückzugstendenzen, wenn sie mit anderen Affen zusammenkommen. Außerdem zeigen sie Störungen im Paarungsverhalten. Am dramatischsten aber ist, dass weibliche Rhesus-Affen, wenn sie selber Mütter geworden sind, ihre eigenen Babys nicht versorgen und dass sie ihnen mit Aggressivität und Gewalt begegnen.«[5]

Die Affen, die sich zwischen der Handtuch- und der Draht-Milch-Mutter entscheiden konnten, hielten sich fast ausschließlich bei der Handtuchmutter auf, suchten Schutz und zeigten, wenn sie sich wieder beschützt und sicher fühlten, durchaus Neugierde und Explorationsverhalten.

Dies ist zwar nur ein Tierversuch, der vor mehr als fünfzig Jahren durchgeführt wurde, dennoch deuten auch alle aktuellen neurowissenschaflichen Forschungen darauf hin, dass diese Erkenntnisse sich auf uns Menschen übertragen lassen. Körperkontakt ist essenziell! Daher kuschelt eure Kinder, überschüttet sie mit Nähe, denn davon kann man quasi fast nicht genug bekommen (siehe auch das Kapitel »Wie lernen Kinder, sich selbst zu beruhigen?«).

Ein kleiner Ausblick in die Quengelzone im Supermarkt

Es ist kaum zu glauben, aber Kinder, die sich schreiend vor der Kasse auf den Boden werfen, weil es keinen Lolli gibt, wollen uns nicht manipulieren. Sie sind in diesem Moment überhaupt gar nicht bei uns, sondern vollkommen bei sich, bei ihrem Bedürfnis und vor allem gefangen in ihrem Gefühlschaos. Denn auch die Gefühlswelt unserer Kinder entwickelt sich in den ersten Jahren – gemeinsam mit dem Nervensystem. Es mag daher sein, dass das Weinen unserer Kinder unsere Entscheidungen beeinflusst, aber absichtlich herbeigeführt haben sie sie nicht. Kinder, die durchdrehen, weil sie etwas so wichtiges wie ein Eis oder einen Lolli nicht bekommen, werden in dem Moment schlicht und einfach von ihrem eigenen Nervensystem überrollt. Der Frust, den unser Nein hervorruft, ist für sie ganz schwer oder gar nicht zu bewältigen, denn er steht in Konflikt zu ihrem Wunsch nach etwas Süßem. Hier sprechen wir bewusst nicht mehr von Bedürfnissen, sondern von einem Wunsch. Wir müssen also auf keinen Fall unseren Kindern jeden Lolli kaufen, damit sein Nervensystem sich wieder beruhigt. Wenn wir es für richtig halten, dass das Kind keinen Lolli bekommt, dann ist das so, und wenn unser Kind deshalb frustriert ist, dann ist das ebenfalls total in Ordnung.

Doch wie gehen wir damit um?

Bitte immer wertschätzend, denn auch wenn es für uns nur ein Lolli oder ein Eis ist, so ist es für unser Kind in dem Moment die Welt. Dein Kind steht für sich ein, es kämpft für sich, und das ist ein ganz wichtiger Prozess, den wir begleiten. Wir beschreiben das Gefühl, damit unser Kind dieses ein- und zuordnen kann. »Du bist aber sehr wütend, du möchtest den Lolli wirklich haben, oder? Aber es gibt heute keinen Lolli und es ist ganz verständlich, dass dich das traurig macht. Ich verstehe dich.« Je nachdem, ob das Kind nun Körperkontakt zulassen kann oder noch um sich schlägt, fällt auch die Begleitung aus. In jedem Fall zeigen wir, dass wir da sind und bieten den Körperkontakt immer wieder an, auch wenn das Kind noch nicht kann. Es ist für die Entwicklung und das Selbstwertgefühl unserer Kinder elementar, ob sie spüren, dass sie okay sind, wie sie sind, oder ob sie immer wieder spüren müssen, dass ihre Gefühle falsch und sie nicht richtig sind.

Frust darf sein, aber nicht allein

Kinder dürfen Frust durchaus erleben und die Erfahrung machen, ihn auszuhalten – aber eben bitte nicht allein, sondern durch uns begleitet. Auch hilft es den Kindern sehr, wenn sie über diese neuen, sie überrollenden Gefühle sprechen können, nachdem etwas Ruhe eingekehrt ist. Ein »Geh auf dein Zimmer, bis du wieder lieb bist« ist eine Maßnahme, die weitreichende Konsequenzen für den Erwachsenen haben kann, der das Kind später sein wird.

»Time-in« statt »Time-out«!

Bei der Erziehungsvariante, um die es hier geht – Time-out – wird mit Isolation als Strafe gearbeitet. Das Kind soll über sein »Fehlverhalten« nachdenken und darf erst wieder zu seinen Bezugspersonen, wenn es wieder »lieb« ist. Das sowieso schon frustrierte Kind, welches sich in seiner Wut gerade ausschließlich in dem Reptilienteil seines Gehirns befindet, ist in diesem Zustand aber gar nicht dazu in der Lage, über sein Handeln nachzudenken. Diese Maßnahme ist daher absolut kontraproduktiv und schürt nur Ohnmachtsgefühle. Das Stresssystem des Körpers bleibt weiter in Aufruhr und unreguliert. Anstatt Strategien zur Problembewältigung zu finden und zu erproben, entwickelt das Stresssystem keine sinnvollen Muster, um später mit derartigen Konflikten erwachsener umgehen zu können. Besser wäre es, das Kind zu begleiten, wieder in Verbindung zu gehen, sodass der Verstand des Kindes wieder aktiviert werden kann. Denn erst, wenn das Kind sich durch unsere Hilfe beruhigen konnte, ist es möglich, über die Situation zu sprechen. So darf das Kind lernen und sich gleichzeitig seiner Beziehung zu den Eltern sicher fühlen.

Aber das Leben ist kein Ponyhof!

Ja, das stimmt vermutlich. Aber zu Hause wäre es toll, wenn es eben doch so wäre. Mach also euer Zuhause zu eurem Ponyhof! Es sollte einen Bereich in unserem Leben geben, in dem wir angenommen werden, in dem wir mit all unseren Launen und Eigenarten geliebt und gewollt sind. Wo wir die emotionale Jogginghose anhaben dürfen. Das gilt für unsere Kinder, aber auch für uns Erwachsenen. Das Leben an sich bringt schon eine Härte mit, die wir zu Hause nicht noch trainieren müssen. Der Ponyhof hilft uns abzuschalten. Er ist wichtig für unser Seelenheil.

Der Ponyhof

Was für ein Tag! Ein Ticket am Auto, der Chef war wieder furchtbar gelaunt und hatte an allem etwas auszusetzen. Die Kollegin hat die ganze Zeit über ihre beste Freundin gemeckert und die Rushhour auf dem Heimweg hat dir den Rest gegeben. Wie sieht das Zuhause aus, das jetzt deine Zufluchtsstätte sein soll?

- A. Möchtest du zu deinem Partner, der Verständnis für deine schlechte Laune hat, der dich in die Badewanne schickt, damit du dich entspannen kannst und der dir bei einer Tasse Tee sein offenes Ohr und eine dicke Umarmung schenkt?
- B. Oder möchtest du nach Hause kommen und dir anhören, wie unmöglich deine Laune ist und dass du dich bitte mal zusammenreißen sollst, du wohnst schließlich nicht allein hier?

Wir Menschen brauchen ganz unbedingt zu Hause einen Ponyhof, am besten sogar überall – im Job, bei der Familie und bei Freunden!

Wie lernen Kinder, sich selbst zu beruhigen?

»Spring doch nicht immer gleich, wenn das Baby weint, es muss auch mal lernen, sich selbst zu beruhigen!« – Wie alle Tipps dieser Art, so ist auch dieser Glaubenssatz zunächst gut gemeint, und irgendwie klingt er ja auch gar nicht so unlogisch. Wie soll ein Kind denn auch üben, sich zu beruhigen, wenn man immer gleich springt. Doch auch dieses Ammenmärchen fußt auf einem Irrglaube, der sich mithilfe der Wissenschaft ganz einfach entkräften lässt.

Es geht nicht allein!

Babys und Kleinkinder können sich in den ersten zwei bis vier Lebensjahren schlicht und einfach nicht alleine beruhigen, wenn ihr Stresssystem erst einmal angesprungen ist, egal, wie sehr wir Eltern uns das auch wünschen – es funktioniert nicht. Das Nervenkostüm unserer Kinder ist noch unausgereift, und dieser Entwicklungsprozess ist nur mithilfe von außen zu bewältigen. Im besten Falle kommt diese Hilfe von Mama und Papa oder einer anderen Hauptbezugsperson, denn kaum etwas wirkt so beruhigend auf unser Nervensystem wie die tröstende Begleitung durch einen vertrauten, lieben Menschen.

Das Nervensystem

Grob vereinfacht sitzen in unserem Nervensystem zwei verschiedene Kollegen, die sich um uns kümmern. Der eine, Sympathikus genannt, ist von Beginn unseres Lebens an hochkompetent, der andere – Parasympathikus – steckt zunächst noch in den Kinderschuhen. Stehen wir unter Stress oder droht Gefahr, gibt es für unseren Körper drei Möglichkeiten: Kampf, Flucht oder Starre. Für eine dieser Alternativen entscheidet sich unser Körper dann instinktiv und intuitiv. Bei dieser Entscheidung spielen die beiden Teile des Nervensystems eine entscheidende Rolle – schauen wir sie uns also mal genauer an!

Der kompetente Kollege Sympathikus

Menschenkinder kommen mit einem sehr gut funktionierenden Stresssystem, ihrer ersten Alarmanlage, auf die Welt – dem Sympathikus.

Ein Baby, das abgelegt wird, bewertet diese Situation instinktiv als Lebensgefahr. Es könnte verlassen und vergessen werden. Nicht vergessen: Unser Nachwuchs kommt zu uns mit den Instinkten eines kleinen Steinzeitbabys, dem nicht klar ist, dass es bei uns in Sicherheit lebt. Alle Notfallprogramme laufen auf Hochtouren. Die Stresshormone Adrenalin, Kortisol und Noradrenalin durchfließen den Körper und setzen ihn in Alarmbereitschaft, der Blutdruck steigt, der Atem beschleunigt sich, das Herz schlägt schneller. Müdigkeit, Hungergefühl, Verdauung und die Immunabwehr sind jetzt nebensächlich und werden heruntergefahren. Der Körper macht sich bereit für den Kampf ums Überleben. Doch wenn der Kampf, also das Weinen, nicht erhört wird, und einem so hilflosen Geschöpf wie einem Säugling die Flucht als Reaktion nun mal nicht zur Verfügung steht, bleibt in letzter Konsequenz nur noch die Starre, die mit Resignation einhergeht.

Resignation ist keine Selbstberuhigung!

Resignation, wie sie gerade beschrieben wurde, wird oft fälschlicherweise mit Selbstregulation verwechselt. Hier liegt daher der Grundstein für den »Allein-Beruhigen-Mythos«. Aber der Schein trügt. Genauso wenig, wie die Sonnenfinsternis der Beginn des Weltuntergangs ist, kann ein Baby oder Kleinkind sich allein beruhigen. Vielmehr hat sein Körper mit einem Notfallprogramm reagiert, um Ressourcen zu schonen und um durch sein lautes Weinen keine wilden Tiere anzulocken. Für ein Baby ist es instinktiv glasklar, dass es in Lebensgefahr schwebt, wenn es abgelegt wird, denn es war über die Jahrtausende hinweg absolut unnatürlich, sein Baby nicht konstant bei sich zu tragen.

Der noch unreife Kollege Parasympathikus

Für die Selbstberuhigung benötigen wir Menschen den Herrn Parasympathikus. Er sorgt für Entspannung und wird auch Ruhenerv genannt. Der Parasympathikus ist der Teil des Nervensystems, der unseren Babys zur Stressregulierung noch nicht vollständig zur Verfügung steht. Er muss für diese Funktion quasi ausgebildet und wie ein Muskel trainiert werden. Dies funktioniert nur auf eine Art und Weise: Co-Regulation – also die Beruhigung des Kindes durch uns! Wird das Baby getröstet, werden Hormone ausgeschüttet, die das Baby beruhigen. Hierzu zählt unter anderem das Liebeshormon Oxytocin. Diese Hormone »trainieren« den Parasympathikus und sorgen so dafür, dass das Baby eine immer bessere Resilienz[6] (psychische Widerstandskraft, um mögliche Krisen bewältigen zu können) entwickeln kann. In der Tat besteht ein Zusammenhang zwischen einem schlecht ausgebildeten Nervensystem und Krankheiten wie etwa Burn-out und Depressionen.

Unser Nervensystem, das Auto

Wir können uns die zwei Protagonisten unseres autonomen Nervensystems vereinfacht wie Gas (Sympathikus) und Bremse (Parasympathikus) bei einem Auto vorstellen.[7]

Direkt von Geburt an können unsere Babys fabelhaft Gas geben, aber ihre Bremse funktioniert nicht. Daher benötigen sie dringend einen Fahrlehrer, der auf dem Beifahrersitz sitzt und ihnen dabei hilft, ihr Auto einzufahren. Er tritt für sie auf die Bremse, bis sie selbst ein Gefühl dafür bekommen, wie das System funktioniert. Dies ist nicht wie bei einem PKW-Führerschein in wenigen Wochen erledigt, sondern braucht Jahre. Der Fahrlehrer sind wir Eltern, aber wir sitzen natürlich nicht auf dem Beifahrersitz und treten auch kein Bremspedal; nein, wir nehmen unser Gas gebendes Baby auf den Arm, schaukeln es, sprechen beruhigende, liebevolle Worte und kuscheln so lange, bis das kleine Auto wieder ruhig und gemäßigt vor sich hin fährt.

Vollgas und seine Konsequenzen

Damit unser Baby sein Auto auch wirklich perfekt zu beherrschen lernen kann, benötigt es von außen konstante Regulation durch uns. Helfen wir unserem Kind nicht, steht es möglicherweise die ganze Zeit auf dem Gaspedal, der Tank ist schnell leer und es hat keinerlei Kraft mehr, um weiterzufahren. Macht unser Baby immer und immer wieder diese Erfahrung, dann speichert sein Nervensystem ab, dass es erst nach völliger Verausgabung zur Ruhe kommen kann. Das kann bei Erwachsenen dafür sorgen, dass sie Burn-out-Patienten werden. Ihr Nervensystem hat eine fahruntüchtige Bremse. Burn-out ist typisch für Menschen, die immer wieder so lange Vollgas geben, bis der Tank leer ist. Anders hat es ihr Nervensystem nicht gelernt. Sie können erst nach maximaler Verausgabung entspannen. Wie sich das auf ihren Körper auswirkt, können wir uns vorstellen. Die Resilienz- und Burn-out-Therapien arbeiten daher mit häufigen, bewussten Pausen, um den Menschen zu helfen, die es seit der Kindheit gewohnt sind, erst nach völliger Erschöpfung zur Ruhe kommen zu können.

Andocken bei anderen

Wir Erwachsenen haben irgendwann ein Gespür für die Nervensysteme unserer Mitmenschen entwickelt. Wenn wir einen Raum betreten und es herrscht eine angespannte Stimmung, dann bekommen wir das mit – wir können dieses Gefühl einordnen. Um diese Fähigkeit zu erlangen, benötigen wir ein jahrelanges Training und Rückmeldungen unserer Mitmenschen. Anfangs sind Kinder daher aus gutem Grund ständig damit beschäftigt, ihre eigenen Gefühlswelten verstehen zu lernen, und dafür brauchen sie uns: Äußerungen wie »Du siehst aber traurig aus!«, »Ja, das verstehe ich, dass du wütend bist« erleichtern es ihnen, sich selbst einzuordnen. Später können sie ihre Gefühle dann benennen und sich damit identifizieren.

Kinder spiegeln uns

»Bis zum dritten Lebensjahr übernimmt das unfertige Nervensystem ungefiltert die Modelle seiner Bezugspersonen«, berichtete die Psychotherapeutin Christiane Puscas bei ihrem Vortrag auf dem Attachment Parenting Kongress 2016. »Dies erklärt Ähnlichkeiten in den Gemütern einer Familie. In unserer Basis sind wir Kopien der Nervensysteme unserer Eltern.« Es ist erwiesen, dass sich das Nervensystem nicht wieder regulieren kann, wenn es in den ersten Jahren nicht gut eingefahren wurde. Die späteren Erwachsenen leben dann ihr Leben lang immer am Limit oder in totaler Erschöpfung. Daher ist es so immens wichtig, dass wir unsere Kinder immer wieder sofort trösten und ihnen unser Nervensystem anbieten, um wieder runter vom Gas zu kommen, um sich zu entspannen.

Das muss es lernen!

Ein Baby wird nicht laufen, indem wir es immer wieder hinstellen! Es muss Schritt für Schritt lernen zu laufen, durch immer wiederkehrende Wiederholungen und Übungen. Mit der Selbstregulation verhält es sich ähnlich: Der Körper muss wieder und wieder Beruhigung von außen erfahren, um selbst irgendwann die Beruhigung von innen auslösen zu können.

Grenzen, Regeln, Strafen oder Konsequenzen?

Dein Baby ist noch ganz klein und du fragst dich sicherlich, warum wir hier über Grenzen, Regeln, Strafen und Konsequenzen berichten.

Wir möchten Ausblicke auf die Momente geben, die möglicherweise auf dich zukommen werden. Denn auch wenn du dich nicht selbst fragst, ab wann der Zeitpunkt für Erziehung eigentlich gekommen ist, werden es dich die anderen fragen. Aus genau diesem Grund haben wir uns entschieden, dieses schwere und vielleicht auch manchmal bedrückende Thema in einem Buch aufzunehmen, in dem es um Babys geht. Aus Erfahrung können wir sagen, dass die Kinder, je älter sie werden, umso heftiger oft auch unsere alten Wunden aus der Kindheit treffen. Während wir als Baby meist noch ganz liebevoll behandelt wurden, ging der Ernst des Lebens in der »Trotzphase« los. Viele von uns wurden gemaßregelt und bestraft, und genau diese Wunden platzen möglicherweise wieder ein wenig auf, wenn unsere Babys älter werden. Deshalb ist uns dieses Thema so wichtig, denn unsere eigene Erziehung schlummert sehr lange sehr tief, bis unsere Kinder diese verdrängten Erfahrungen möglicherweise wieder aufleben lassen.

Brauchen Kinder Grenzen?

Im Grunde umgeben uns im Alltag überall Grenzen, an die wir uns anpassen müssen – Grenzen, die je nach Situation sehr unterschiedlich aussehen können. Die meisten Menschen werden sich darin einig sein, dass man sich bei einem Imbiss-Besuch anders benehmen kann als in einem Sterne-Restaurant. Was in unserem eigenen Auto erlaubt ist, dürfen wir in öffentlichen Verkehrsmitteln vielleicht nicht, und während wir zu Hause einfach mit dem Essen beginnen, wird bei Tante Hilde vorab immer gebetet. Jeder Mensch bringt eigene Grenzen mit und auch diese sind sehr, sehr individuell. Wir sollten also unbedingt beginnen, das gute alte »Das macht man nicht« zu hinterfragen. Denn: Wer ist eigentlich dieser Mann, der alles immer nicht macht? Und sind diese Regeln wirklich sinnvoll oder dienen sie nur der Unterordnung?

Abgrenzung oder begrenzt werden?

Wenn wir angesichts einer Handlung unseres Kindes ganz spontan »Nein!« rufen wollen, dürfen wir gern kurz innehalten und reflektieren. Spiegelt diese Grenze wirklich mich und mein Bedürfnis wider oder handelt es sich vielleicht doch um das »Nein« meiner Mutter oder gar das der Gesellschaft? Die Erziehungsmethoden neuer Generationen sind immer auch eine Befreiung von alten Werten und Ausdruck der Entwicklung zum eigenen erwachsenen Ich. Dieses Hinterfragen der eigenen Grenzen kann eine kleine, innere Abrechnung mit unserer eigenen Erziehung sein, eine Abrechnung mit dem, was uns als ultimative Wahrheit einprogrammiert wurde. Welche alten Denkmuster kommen aus meiner eigenen Kindheit hoch und welche Vorstellungen hat mein(e) Partner(in)? Wie spannend, wenn wir durch die Auseinandersetzung mit solchen Fragen jetzt damit beginnen, unsere eigenen Grenzen wahrzunehmen. Denn vielleicht macht es dir ja doch gar nichts aus, wenn dein Kind auf der Couch herumspringt und laut dabei singt? Dein erster Impuls mag ein »Nein« sein – doch dann darfst du kurz in dich reinhören, nachdenken und überlegen, ob es für dich vielleicht doch völlig in Ordnung ist, dass dein Kind gerade hüpft und singt. Falls es das nicht ist, dann überschreitet dein Kind gerade deine Grenze und du kannst ganz authentisch sagen, dass du das nicht möchtest.

Persönliche Grenzen

Schon oft haben wir den Satz gehört, dass Kinder Grenzen brauchen. Aber doch bitte keine künstlichen, sondern echte. Jeder Mensch hat eigene Grenzen und unsere Kinder dürfen sich in diesem Zusammenhang gerne in Flexibilität üben. Bei Oma und Opa gelten andere Regelungen als bei Mama und Papa. Während das Kind bei den Eltern wenig nascht und sonst viel darf, hat es bei Oma und Opa vielleicht weniger Freiheiten, be-

kommt aber mehr Süßigkeiten. Menschen sind verschieden, und das ist die eigentliche Lektion.
Die meisten Menschen denken, dass sie ihre Kinder fit für die Gesellschaft machen, indem sie ihnen Grenzen setzen, die vermeintlich dafür wichtig sind. Dass man folgsam, angepasst, leise und ordentlich sein sollte beispielsweise. Aber wie wir selbst immer wieder erfahren, ändert sich »die Gesellschaft« laufend und wir brauchen viel mehr Menschen, die die Welt, in der wir leben, hinterfragen und mitgestalten, als solche mit angepasstem Gehorsam. Es geht also in der sogenannten Erziehung zunächst viel mehr darum, dass wir uns als Familie neu entdecken. Das gesellschaftliche System der schwarzen Pädagogik ist alt und überkommen, es bereitet unsere Kinder auf Jobs vor, die vermutlich bald nur noch Maschinen machen. Was unsere Kinder von uns brauchen, sind innere Werte und Skills, die Maschinen hoffentlich nie nachahmen können. Dazu zählen vor allem Kreativität und Empathie.

Erwachsenwerden fängt bei uns an

Dass wir uns als Familie finden müssen, führt auch in der Partnerschaft zu viel Aufregung, denn jeder Mensch kommt mit seinem ganz eigenen Rucksack in eine Paarbeziehung. Wird aus einem Liebespaar eine Familie mit Kind, spielen ganz andere Dinge in unsere Verhaltensmuster mit hinein. Jetzt prallen möglicherweise zwei verschiedene innere Kinder aufeinander. Wurde der eine Partner beispielsweise liebevoll und behütet groß, gab es in dem Elternhaus des anderen Partners eventuell Demütigungen, Zimmerarrest und Strafen. Wenn dann ein Baby in diese Paarkonstellation geboren wird, kann es schwierig werden. Der in einer liebevollen Umgebung aufgewachsene Partner wird vermutlich auch sein Baby mit Liebe überschütten wollen, wohingegen der bestrafte Partner voraussichtlich eher auch den Weg der konventionellen Erziehung einschlagen möchte. Die eigenen Eltern und die Schwiegereltern müssen wir hier gar nicht mehr erwähnen, denn wir können uns vorstellen, dass ihre gut gemeinten Tipps nicht unterschiedlicher sein können. In einer solchen Situation müssen wir uns von dem Kind unserer Eltern lösen, uns hinterfragen und anhand unserer Bedürfnisse eigene Werte definieren. Wer als Kind mit seinen Bedürfnissen nie erhört wurde, hat es hier vermutlich besonders schwer. Umso wichtiger ist es, unseren Kindern schon jetzt einen selbstwirksameren Weg zu bereiten, als wir ihn vielleicht gegangen sind. Erziehung bedeutet im Grunde, dass wir unseren Kindern eine Balance zwischen Bindung und Autonomie ermöglichen und dass wir sie liebevoll begleiten, wenn sie dabei an die eine oder andere »Grenze« stoßen. Wir sind der Guide, der sie beschützt, ihnen das Leben erklärt und gleichzeitig für viel Entwicklungsspielraum sorgt. Das ganze Leben ist voller Grenzen und Regeln, zu Hause sollte das Leben aber, wie schon geschrieben, so viel Ponyhof wie nur möglich sein.

Wie ist es für unsere Eltern, wenn wir es so ganz anders machen?

Das ist sicherlich nicht leicht, und wir haben immer wieder die Erfahrung gemacht, dass es grundsätzlich zwei Herangehensweisen an die Frage gibt, wie Eltern und Schwiegereltern damit umgehen, wenn wir zu unseren Kindern so viel bedürfnisorientierter und liebevoller sind, als wir selbst es in unserer Kindheit erlebt haben. Die eine Gruppe von Großeltern öffnet sich und ist ganz traurig, dass sie die Informationen, über die wir heute verfügen, zu ihrer Zeit nicht selbst hatte; sie hätten es doch auch viel lieber so gemacht wie wir heute. Die anderen verschließen sich fast noch mehr und lassen ihre Gefühle, ihre Scham darüber, möglicherweise falsch gehandelt zu haben, gar nicht an sich heran. Zu groß ist vermutlich der innere Schmerz, sodass es leichter fällt, »dichtzumachen« als sich der Auseinandersetzung zu stellen.

Innerhalb dieser zweiten Gruppe können wir abermals unterscheiden zwischen denen, die dann lieber gar nicht erst über diesen ganzen »neumodischen Quatsch« reden wollen, und denen, die aus Selbstschutz erst recht den althergebrachten Erziehungsstil als das Nonplusultra propagieren. Dann ist es wichtig, sich immer wieder vor Augen zu führen, dass alle Eltern im Normalfall immer das Beste für ihre Kinder wollten. Dass sie sich nach dem jeweils neuesten Stand der Erkenntnisse verhielten und sicherlich mit unserem heutigen Wissen auch anders gehandelt hätten.

Warum wir strafen – der Apfel fällt nicht weit vom Stamm!

Im Grunde ist es ganz simpel: Die Verhaltensweisen unserer Eltern haben wir in den ersten Jahren unserer Kindheit nicht hinterfragt, da wir uns als kleine Kinder in einem Zustand der Abhängigkeit und unbedingten Loyalität zu unseren Eltern befanden. Wurden wir liebevoll behandelt, war das für uns ein ganz verständliches und normales Verhalten unserer Eltern. Wurden wir aber schlecht behandelt, war das offenbar nötig und wir hatten es, so unsere Vermutung, vermutlich verdient. Kinder können noch nicht abschätzen, welche Verhaltensweisen ihrer Eltern normal sind und welche nicht.

Leider sind sehr viele Kindheitserinnerungen durchzogen von Demütigungen und Schamgefühlen, weil der Umgang von alten Erziehungsmythen dominiert wurde. Was man dieser Elterngeneration nachsehen muss, ist die Tatsache, dass auch ihr eigenes Nervenkostüm höchstwahrscheinlich nicht durch liebevollen Trost ausgebildet wurde, sondern durch vermeintliche »Selbstberuhigung« und »meckern lassen«.

Die nervlichen Grenzen vieler Eltern waren daher schnell erreicht und ihre willensstarken Kinder gleichzeitig sehr kompromisslos. Kinder kämpfen für ihre Bedürfnisse und treffen alte, wunde Punkte in ihren Eltern.

Wenn wir es bewusst besser machen wollen als unsere Eltern, wenn unsere eigenen Kinder unser Nervenkostüm strapazieren, dann sind wir anfangs vielleicht noch ruhig und versuchen all die angelesenen Ratschläge zu befolgen, aber irgendwann springt unser Reptiliengehirn an. Unser Neocortex, der rational abwägt und einschätzt, fällt aus, und wir agieren aus den ganz alten Mustern unserer Kindheit heraus. Wurden wir bestraft und unterdrückt, dann ist dies das Beziehungsmuster, welches wir aus unserer Kindheit als Wahrheit mitgenommen haben. Doch durch dieses Verhalten führen wir möglicherweise unbewusst eine Familientradition fort, von der wir uns doch eigentlich distanziert haben.

Die Konsequenzen der »Konsequenzen«

Kinder lernen durch Strafen nicht, wie man sich richtig verhält. Kinder machen lediglich die Erfahrung, dass sie falsch sind und werden zusätzlich zu ihren eigenen Schamgefühlen auch noch von ihren Eltern gedemütigt. Diese Verletzungen sitzen tief und prägen das Selbstwertgefühl möglicherweise nachhaltig.

Schmeißt ein Kind zum Beispiel eine teure Vase um, nachdem wir ihm schon mehrfach gesagt haben, dass es bitte nicht in der Nähe der Vase toben soll, bringt uns dieses Verhalten auf die Palme. Wir können nun wütend reagieren, das Kind ausschimpfen, erklären, wie recht wir doch hatten, es auf sein Zimmer schicken, damit es über seine Tat nachdenkt, und wütend die Scherben beseitigen. Das Kind sitzt dann voller Scham und Demut allein mit seinen Gefühlen in seinem Zimmer und wünscht sich nichts sehnlicher als Trost und das Gefühl, dass es weiterhin geliebt wird.

Was auch immer ein Kind aus Schimpfen oder Konsequenzen lernen soll, es macht vor allem die Erfahrung, dass es nicht okay ist, wie es ist. Und jedes Mal, wenn ein Kind auf diese Weise bestraft wird, stirbt ein wenig Mut und Lebensenergie in diesem Kind.

Die Alternative: In Beziehung

Natürlich dürfen wir wütend und traurig sein, wenn die Vase kaputt ist, und wir dürfen auch unsere Gefühle authentisch zeigen. Wir können beispielsweise sagen: »Max, ich habe dich gebeten, nicht in der Nähe der Vase zu toben! Sie bedeutet mir so viel und jetzt ist sie kaputt. Das macht mich traurig. Verstehst du, warum ich dich gebeten habe, dort vorsichtig zu spielen?«

Ein Kind darf ruhig mitbekommen, dass es uns traurig macht, wenn ein wertvoller Gegenstand kaputt geht. In der Regel wird sich das Kind auch schämen und mit uns traurig sein, denn es hat sicher nichts absichtlich kaputt gemacht. Wir können dann gemeinsam die Scherben beseitigen, und vielleicht können wir die Vase sogar gemeinsam kleben. Hier findet ein völlig anderer Austausch statt. Der Appell richtet sich an die Empathie des Kindes und gleichzeitig findet kein Beziehungsabbruch statt. Tobt der kleine Max das nächste Mal in der Nähe der Vase, reicht vermutlich schon eine kurze Erinnerung, verbunden mit einem liebevollen Augenzwinkern, um zu erreichen, dass er weiter entfernt spielt.

Was machen Bestrafungen mit uns?

Bestrafungen frustrieren, lähmen und machen ohnmächtig. Daraus resultieren bei uns Menschen ganz vereinfacht gesehen verschiedene Muster: Die einen ziehen sich in sich zurück, werden im schlimmsten Falle aggressiv gegen sich selbst (Essstörungen, Ritzen, Drogen etc.). Oder aber, das ist die andere Variante, sie tragen die Aggressivität nach außen, wo die ganze Gesellschaft sie zu spüren bekommt. Nicht selten hören wir Forderungen der älteren Generationen nach mehr Strafen und Konsequenzen gegen die »rohen, aggressiven Jugendlichen«, oft verbunden mit der Anmerkung, dass man denen auch besser mal »den Hintern versohlt« hätte, dann würden sie sich jetzt anders benehmen. Die wenigsten durchschauen und durchbrechen diese furchtbare Spirale, die meist mit einem harmlosen Klaps begonnen hat. Kaum jemand versteht, dass genau die Jugendlichen, die heute Gewalttaten verüben, zum größten Teil in einer wenig liebevollen Umgebung groß wurden. Und dass sie, wenn man ihnen wertschätzend, auf Augenhöhe und mit viel Liebe begegnet wäre, sicherlich keine Gewalttäter geworden wären. Gemäß einer Studie des kriminologischen Forschungsinstitut Niedersachsen ging die Jugendkriminalität in Deutschland von 2007 bis 2015 um die Hälfte zurück.[8] Als Grund wurde genannt, dass die Gewalt innerhalb der Familien abgenommen habe. Diese Entwicklung zeigt deutlich, wie wichtig liebevolles Vorleben ist.

Wer nicht hören will, muss fühlen?

Auch ein kleiner Klaps auf die Finger schadet. Eine neuere Studie aus den USA hat Daten ausgewertet, die innerhalb eines Zeitraums von fünf Jahrzehnten anhand von rund 160.000 Kindern gesammelt wurden, und kommt dabei zu der Erkenntnis, dass körperliche Strafen massive psychische Schäden verursachen können, aber keinerlei Lernerfolg bringen. Diese Studie belegt zudem, dass es irrelevant ist, ob es sich um einen kleinen Klaps oder um harte Schläge handelt. Beides hat »dieselben negativen Auswirkungen auf Kinder, in nur etwas geringerem Maße«, so einer der Wissenschaftler. Als Schäden werden Verhaltensstörungen und psychische Probleme, wie Aggressionen und antisoziales Verhalten bereits im Alter von sechs bis acht Jahren, genannt.[9]

Wir agieren ein Leben lang aus den Verhaltensmustern, die unsere Eltern uns vorleben. Und ein Klaps auf die Finger schadet immer!

Abwärtsspirale

Körperliche Gewalt ist in der Regel eine Abwärtsspirale. Sie drückt die Hilflosigkeit der Eltern aus, mit einem Konflikt umzugehen. Diese Hilf- und ganz oft auch Machtlosigkeit ist verständlich, denn in der Regel wurden auch die Konflikte dieser Eltern in deren Kindheit nicht respekt- und würdevoll gelöst. Wir rutschen also in die gleichen Muster unserer Eltern, und es ist an uns, diese Handlungen zu hinterfragen, uns zu reflektieren – gegebenenfalls auch mit therapeutischer Hilfe – und unseren Kindern einen liebevollen und gleichwürdigen Weg zu ebnen. Gewalt ist keine Lösung.

Beziehung statt Erziehung

Die Alternative zur Strafe setzt voraus, dass wir mit unserem Kind in Beziehung gehen und dass wir Interesse an den Beweggründen unserer Kinder haben. Meist erziehen wir dann durch Strafen, wenn der autonome Teil unserer Kinder sich ausbildet. Autonomie und die Erkenntnis, dass sie Einfluss auf ihr Leben ausüben können, sind für die zukünftigen Erwachsenen, die unsere Kinder werden, genauso elementar wie Bindung. Dieses Streben nach Autonomie ist also ebenfalls ein Grundbedürfnis und wichtig für eine gesunde Entwicklung. Oft hilft es schon, wenn wir verstehen, warum unsere Kinder auf diese oder jene Weise gehandelt haben. Was Fakt ist: Sie tun nichts, um die Beziehung zwischen uns zu gefährden. Bei dem »Nein« unserer Kinder steht immer nur das »Ja« zu sich selbst im Vordergrund, nicht aber das »Nein« zu uns – wie wir es ja oft auffassen. Kinder wollen uns nichts Böses. Sie wollen Verbindung und brauchen viel Liebe und Verständnis. Aber sie möchten erforschen und die Welt entdecken, und dazu gehört immer wieder auch das versehentliche Anecken an unsere Grenzen.

»Experten«-Bullshit:

Woher kommt's?

Auszüge aus alten Erziehungsratgebern[10]

»Das Kind hat sich mit seinen Wünschen unterzuordnen. Es bietet oft Schwierigkeiten, eine Mutter von dieser Grundregel zu überzeugen. Selbst ein junger Säugling empfindet sehr bald, ob er seinen Willen durchsetzen kann oder nicht.«
Dr. Otto Köhler, 1921

»Das Hinzutreten der besorgten Mutter oder einer anderen Pflegeperson löst dann sofort ein befriedigtes Lächeln aus. Der beste Beweis dafür, daß er es nur darauf abgesehen hatte, seinen kleinen Willen durchzusetzen und unterhalten zu werden. Aus diesem Benehmen geht deutlich hervor, daß sich die Mutter nicht mehr als nötig mit ihrem Kleinsten beschäftigen und keine allzugroße Willfährigkeit seinen Wünschen gegenüber aufkommen lassen soll. Und wenn es ihr auch manchmal schwer fallen sollte, dem oft recht gebieterischen Geschrei des kleinen Tyrannen nicht nachzugeben, wird sie sich bald davon überzeugen können, daß ihr Verhalten richtig war. Das Kind sieht schließlich das Erfolglose seiner Bemühungen ein, wird ruhig und gibt sich dann auch zufrieden, ohne daß man ihm Gesellschaft leistet.«
Dr. med. Luise von Seht (Fachärztin für Kinderkrankheiten): Kinder – Glück und Sorge der Mutter, 1939

Ein Hinweis: Es gibt natürlich auch wirklich wundervolles Fachpersonal, welches sich weiterbildet und derartige Tipps nicht mehr gibt. Uns ist nur wichtig, dass ihr euch traut, das Fachpersonal zu hinterfragen. Geht mit ihnen in ein Gespräch, besonders, nachdem ihr dieses Buch gelesen habt, und holt euch lieber eine weitere Meinung ein.

Was wir uns heute noch anhören dürfen

Weil uns all diese Ammenmärchen so stark geprägt haben und sie immer noch Angst und Unsicherheit in uns hervorrufen, möchten wir in jedem Kapitel verdeutlichen, welcher Gehirnwäsche unsere Vorfahren ausgesetzt wurden. Sogar moderne Fachleute werden mitunter noch von solchen Mythen beeinflusst!

Denn nicht nur unsere Eltern und Schwiegereltern verunsichern uns, sondern gerade auch diejenigen, die wir um Rat fragen, wenn wir Hilfe suchen – etwa Kinderärzte, Hebammen, Krankenschwestern, Gynäkologen oder Erzieherinnen.

Was wir oft vergessen oder ausblenden, ist die Tatsache, dass es sich hier auch nur um Menschen mit ihren ganz eigenen Rucksäcken und Erziehungsmustern handelt. Menschen, die in ihrer eigenen, speziellen Disziplin meist wundervoll arbeiten, aber viel zu oft auch Tipps zu Themen geben, zu denen es ihnen an Fortbildungen fehlt. Sie geben ihre Meinung und ihre Erziehungsmuster weiter, und wir gehen davon aus, dass diese richtig sind, weil wir es ja schließlich mit Experten zu tun haben.

Uns ist wichtig, aufzuzeigen, dass wir Eltern unbedingt Dinge hinterfragen dürfen, die sich nicht gut anfühlen. Dass wir auch bei Ärzten darüber nachdenken sollten, ob es sich wirklich um ihr Kerngebiet handelt oder ob es vielleicht auch Grenzen in ihrem Wissen gibt.

Denn wie könnte es ansonsten dazu kommen, dass sich Eltern noch heute von diesem Fachpersonal Hinweise und Tipps anhören müssen wie die folgenden:

Kinderärztin: »Bis zu zehn Minuten können Sie ihn schon mal brüllen lassen.«

Krankenschwester, wenige Tage nach der Geburt: »Kuscheln Sie nicht so viel mit ihm, er gewöhnt sich sonst dran.«

Erzieherin in der Krippe (Kind 18 Monate alt): »Bitte nehmen Sie das Kind nicht immer hoch, wenn es weint, sonst verlangt es das auch von uns!«

Kinderarzt: »So ein Kind kann auch ruhig nachts mal schreien. Da muss es durch.«

Hebamme: »Den hast du schön verwöhnt, da bist du selber schuld. Zeig ihm, wer der Chef ist. Heb den nicht immer hoch, du brauchst schließlich auch mal Zeit für dich.«

Hebamme: »Bloß nicht jedes Mal hochnehmen, wenn sie schreit, sonst erziehst du dir einen Tyrannen.« (Das Baby, um das es geht, ist elf Tage alt.)

Baby Basics

- Das Gehirn des Babys ist anfangs nur zu etwa 25 Prozent seiner späteren Größe entwickelt.
- Weinen ist kein Druckmittel, sondern ein Hilferuf!
- Dein Baby kann sich in den ersten zwei bis vier Lebensjahren nicht selbst beruhigen – nur resignieren!
- Erst ab der sogenannten Schulreife, also mit ungefähr sechs Jahren, können Kinder gemischte Gefühle empfinden – also so etwas wie: »Das finde ich echt doof, Mama, aber ich liebe dich trotzdem!«
- Auch manipulatives, analytisches Denken entwickelt sich erst ab einem Alter von etwa fünf Jahren.
- Im ersten Lebensjahr entsteht Bindung über Körperkontakt und Kommunikation.
- Es ist normal, dass Babys sich nicht einfach abgeben lassen und fremdeln.
- Auch ein kleiner Klaps auf die Finger schadet.
- Wenn du immer für dein Baby da bist, stärkst du es für das ganze Leben.
- Jedes Kind ist anders.
- Liebe verwöhnt nicht, Liebe und Bindung sind Grundbedürfnisse.

Tja, ... und nun?

- Wenn dein Baby weint, nimm es auf den Arm und versuche herauszufinden, was es braucht. Darin wirst du schnell immer kompetenter werden.
- Nimm dir in den ersten Monaten Dunstan Baby Language zur Hilfe (siehe dazu auch das Kapitel »Kommunikation«).
- Babys lernen durch Wiederholungen. Hab Geduld, wenn du Dinge immer wieder machen oder sagen musst.
- Schaffe eine »Ja-Umgebung«, sodass du das Wort »Nein« nur selten sagen musst.
- Sperr daher nicht das Baby in den Laufstall, sondern die Stereoanlage!
- Die unteren Küchenschränke sind am besten beispielsweise mit Aufbewahrungsboxen und Rührschüsseln bestückt, statt mit Putzmitteln oder dem teuren Porzellan.
- Beobachte deine Erziehungsimpulse: Wie viel davon ist anerzogen und was entspricht wirklich deiner heutigen Haltung?
- Bereite dich vor Familienfeiern vor, lies dir die Baby Basics noch mal durch.
- Lass auch mal »Fünfe gerade« sein, im Haushalt, beim Styling und generell im Alltag.
- Mach dich nicht fertig, wenn du nicht alles immer schaffst! Fokussiere dich auf all die kleinen Dinge, die du geschafft hast oder die dir guttaten. Schreibe sie auf!
- Besuche einen BabySteps-Kurs, tausche dich mit anderen Eltern aus und lasse dir Tipps von deiner Kursleiterin geben

Verschaffe dir Zeit zum Nachdenken

Wenn dein Kleinkind etwas fordert und drängelt, dann gibt es vor dem Nein eine schöne Möglichkeit, dir Zeit zu verschaffen: »Lass mich kurz darüber nachdenken …« So einfach, und trotzdem kommt man oft nicht selbst drauf. In der Regel nehmen die Kinder das gut an, was nicht heißt, dass sie nicht auch immer wieder nachfragen, ob man sich denn nun entschieden hat. Wir sollten die Zeit also tatsächlich zum Nachdenken nutzen. Aber wir werden ja besser und schneller in unseren Entscheidungen, denn gefühlt wiederholt sich alles etwa 80.000-mal in den ersten Jahren, ob es nun Wut- oder Kicherausbrüche sind.

Erziehung – was für ein Wort

Im Alltag ist es hilfreich, wenn wir uns als Eltern immer wieder kurz sammeln und reflektieren. Was bedeutet eigentlich Erziehung? Sollten wir uns nicht eher als Begleiter sehen und uns auf eine spannende, gemeinsame Zeit freuen? »Das Gras wächst nicht schneller, wenn man daran zieht« – dieses alte afrikanische Sprichwort trifft es sehr gut. Wir wissen heute, dass unsere Kinder durch unser Vorleben und unser Verhalten ihnen gegenüber geprägt werden. Sind wir liebevoll und wertschätzend im Umgang mit unseren Kindern, trauen wir ihnen Dinge zu und stehen hinter ihnen und ihren Entscheidungen, dann werden sie ziemlich sicher später selbstständige, wertschätzende Menschen.

Schaffe eine Ja-Umgebung

Mit kleinen Kindern ist immer viel los. Sie brauchen viel Bindung, aber sie wollen auch die Welt entdecken und stoßen dann an (unsere) Grenzen. Die Stereoanlage ist tabu, genauso wie die Steckdose oder die Schublade mit den wichtigen Dokumenten. Wenn man Kinder hat, hilft es ungemein, eine Ja-Umgebung zu schaffen. Eine Umgebung, in der wir so wenig wie möglich dazu gezwungen sind, »Nein« zu sagen. Kinder lernen nämlich durch Wiederholungen, viele Wiederholungen, und unsere Nerven halten diese oft gar nicht gut aus. Eine Nein-Umgebung greift also nur unnötig unsere Ressourcen an und geht durch unsere vielleicht dann heftigen Reaktionen auch zulasten der Eltern-Kind-Beziehung.

Tragen – »Auf den Arm!«

Geschichte vom Tragen und Nichttragen

Glaubt man der Werbung und den Hollywoodfilmen, könnte man meinen, dass Menschenkinder kleine Hundewelpen sind. Dass sie brav im Bettchen liegen – sogar über mehrere Stunden – und mucksmäuschenstill warten, bis die Mama mit der Milch wiederkommt. Dass dies nicht so ist, merken wir spätestens, wenn unser eigenes Baby geboren wird und es zu den 60 Prozent aller Babys gehört, deren Instinkte »leider« perfekt funktionieren. Es lässt sich nicht ablegen, möchte am liebsten nur auf der Mama oder dem Papa schlafen, wacht nachts ständig auf und verlangt vehement nach Nähe und Milch. Man kommt gefühlt zu nichts mehr. Wo ist der Mensch, der man vor kurzem noch war? Wo ist plötzlich die Eigenständigkeit, die Entscheidungsfreiheit? Nicht selten läuft die ehemalige Geschäftsfrau abends mit ungewaschenem Haar an dem angebissenen Brot vom Frühstück vorbei, an dem sich bereits die Rinde aufstellt.

Es gibt jetzt zwei Möglichkeiten – wir arbeiten mit der Natur Hand in Hand und machen uns unser Wissen zunutze, oder wir versuchen sie zu täuschen!

Täuschung des Babys durch Industrieprodukte

Die Babyindustrie hat mittlerweile begriffen, dass Menschenkinder dringender als alles andere die Mama brauchen, keine Laufställchen. Auf diese Erkenntnis reagiert sie mit allerlei Produkten, um uns das Leben zu erleichtern und um uns wieder mehr Ruhe zu verschaffen. Rüttelnde oder federnde Wippen mit oder ohne Ipad-Halterungen, mit oder ohne integriertem Pucksack. Nuckis, Kissen, die die Geräuschkulisse der Gebärmutter imitieren, Fön-Apps, Federwiegen und viele andere Produkte warten darauf, von uns gekauft zu werden. Und wir tun es! Wir würden nach einigen Wochen Schlafentzug vermutlich alles kaufen, was uns mehr Ruhe verspricht. Denn Schlafentzug ist für uns Menschen so schlimm, dass er früher als gängige Foltermethode genutzt wurde.

Aber all diese Dinge funktionieren doch!

Die Produkte funktionieren. Manchmal richtig gut, manchmal weniger, denn jedes Baby ist anders, und jedes hat einen ganz eigenen Charakter. Was haben all diese Produkte gemeinsam und wie ist die Industrie auf die Idee gekommen, genau diese Dinge zu entwickeln? Die Antwort auf diese Fragen ist recht einfach: Diese Produkte gaukeln dem Baby vor, dass es die Dinge bekommt, die es benötigt. Nämlich Körperkontakt, Liebe, Nähe, Geborgenheit – mit einem Wort: Mama und/oder Papa! Sie schaukeln, wippen, machen Geräusche, die denen ähneln, die die Babys aus dem Mamabauch kennen. Der Nucki ist ein Brustersatz, das Schaukeln kommt ihnen so vor, als würden sie getragen. Puckt man sie dabei, wird dieses Gefühl noch verstärkt, da die Geborgenheit und Enge der Gebärmutter oder der tragenden Arme kopiert wird. Es ist gut zu wissen, dass wir diese kleinen Hilfsmittel im Alltag nutzen können. Aber wir sollten diese »Waffen« wohldosiert und mit Bedacht wählen und nutzen.

Tragen ist doch neumodischer Schnick-Schnack

Im Gegenteil! Früher gab es keine andere Möglichkeit, als Kinder bei sich auf dem Arm zu haben. Auch in Europa wurden die Kinder immer getragen, egal, ob die Eltern arm oder reich waren. Selbst die Jungfrau Maria hält auf diversen Gemälden das Jesuskind in einer Art Tragegurt – das beste Beispiel dafür, dass sich Maler der verschiedensten Epochen gar nichts anderes vorstellen konnten, als dass Kinder auf diese Art transportiert wurden.

Wer sein Kind trägt, kann sich wohl keinen Kinderwagen leisten?

Im 18. Jahrhundert geriet das Tragen aus der Mode. Ein Kind immer bei sich zu haben galt als Armutszeichen. Menschen aus privilegierteren Schichten distanzierten sich von den ärmeren Schichten, indem sie ihr Kind nicht trugen. Auch sonst hielten wohlhabende Leute ihre Kinder auf Abstand: Wer allzu viel Nähe zuließ, gefährdete sein gesellschaftliches Ansehen. Deshalb holte man sich Ammen ins Haus oder gab die Kleinen gar zum »Zwecke der Aufzucht« aufs Land.

Was der Adel für sich als gut erachtet, wird vom Volke kopiert

So haben es die Menschen innerhalb weniger Jahrzehnte geschafft, ein natürliches Verhalten abzulegen, ja, dieses fast zu stigmatisieren, indem sie sich ihre Babys vom Leib hielten und ihnen damit die notwendige Nähe versagten. Und das alles galt nicht nur als Mode, sondern als vernünftig, richtig und aufgeklärt. Dazu hat auch der Kinderwagen beigetragen, der unter anderem zu diesem Zwecke erfunden und gebaut wurde: Mehr Distanz zu den eigenen Kindern und den armen Leuten, die sich einen Kinderwagen nicht leisten konnten.

Die Erfindung des Kinderwagens

Im Mittelalter wurden für den Transport von Kindern bisweilen Schubkarren verwendet. Den eigentlichen Kinderwagen aber haben die Engländer erfunden, und zwar deutlich später: Etwa um die Mitte des 19. Jahrhunderts setzte sich die Erkenntnis durch, dass Kinder frische Luft brauchen, also schickte man das Kindermädchen mit den Kleinen täglich zum Spazierengehen. Zunächst kam dafür der Stubenwagen zum Einsatz, ein Bettkörbchen auf Rollen, in dem der Säugling zu Hause schlief. Die frühen Kinderwagen sind daher auch nichts anderes als Weidenkörbe auf hohen Rädern. 1840 wurde die erste Fabrik für Kinderwagen in England gegründet. Das ist noch nicht einmal 200 Jahre her. Maximal sieben Generationen sind seither mit einem Kinderwagen aufgewachsen – für die Evolution ein Sekundenbruchteil. In solch kurzer Zeit können sich weder Instinkte noch Anatomie eines Babys den Veränderungen anpassen.

Man kann also mit voller Berechtigung zu dem Schluss kommen, dass es sich beim Kinderwagen um neumodischen Schnick-Schnack handelt – Schnick-Schnack, bei dessen Entwicklung zudem die Bedürfnisse und Physiologie von Menschenbabys nicht berücksichtigt wurden, wie wir noch zeigen werden.

Tragling – oder: Wir sind weder Welpen noch Fohlen!

In der Biologie wurden die Nachkommen aller Lebewesen lange Zeit in zwei Kategorien unterteilt: Nesthocker und Nestflüchter.

Nesthocker sind die Babys, die auf die Hilfe der Eltern angewiesen sind, beispielsweise Vögel, Katzen und Hunde. Sie kommen nackt und blind auf die Welt, können sich noch nicht selbstständig fortbewegen, bleiben in ihrem »Nest« und warten auf die Versorgung durch ihre Eltern, ohne die sie nicht überleben würden. Sie verhalten sich eher ruhig und machen nicht auf sich aufmerksam, um keine Fressfeinde anzulocken. Bei den Säugetier-Nesthockern ist die Milch sehr fett und reichhaltig, damit die Babys nach den Mahlzeiten jeweils lange satt sind und allein zurechtkommen, während die Eltern auf Futtersuche sind.

Was sind Nestflüchter?

Die Babys der Kategorie Nestflüchter hingegen sind direkt nach der Geburt dazu in der Lage, sich ihrer Gruppe anzuschließen – sie sind quasi Miniaturausgaben der Eltern und im Notfall fähig zu flüchten. Ihre Augen und Ohren sind geöffnet und die notwendige Körperbehaarung ist vorhanden. Vertreter dieser Kategorie sind zum Beispiel Pferde, Kühe und Elefanten. Hier ist die Milch weniger fett, denn die Jungtiere folgen ihren Eltern und somit auch der Nahrungsquelle auf Schritt und Tritt.

Es gibt noch eine dritte Art Jungtiere

In den 1970er-Jahren wurde von Bernhard Hassenstein, einem namhaften Forscher auf den Gebieten der Verhaltensbiologie und biologischen Kybernetik, ein neuer Jungentypus benannt: der Tragling.[11] Dies ist der Oberbegriff für alle Lebewesen, die von einem Elternteil getragen werden, weil sie sich noch nicht alleine fortbewegen können. Dabei unterscheidet man zwischen aktiven und passiven Traglingen.

Aktive Traglinge sind beispielsweise die Affen, da sie sich im Fell ihrer Mütter festhalten und anklammern, also aktiv mitarbeiten. Passive Traglinge nennen wir die Lebewesen, die im Beutel ihrer Mutter umhergetragen werden. Prominenteste Beispiele sind Känguru und Koala. Die Babys dieser Gattung schlüpfen nach relativ kurzer Zeit innerhalb des Mutterleibes in den Bauchsack, um dort die restliche Zeit der Reifung zu verbringen.

Sind wir eine Mischung aus Welpen und Fohlen?

Menschenkinder wurden bisher immer als eine Mischung aus Nestflüchtern (wir sehen aus wie die ausgewachsenen Vertreter unserer Gattung – unsere Augen und Ohren sind bei der Geburt geöffnet) und Nesthockern (wir sind völlig hilflos und können »der Herde« noch nicht folgen) angesehen. Gemäß Hassenstein haben wir Menschen unser Nesthockerstadium bereits im Bauch durchlebt. Im dritten Monat der Schwangerschaft schließen wir unsere Augen und Ohren, um sie wenige Wochen danach wieder zu öffnen. Wir sind allerdings auch keine wirklichen Nestflüchter – dauert es doch meist ein ganzes Jahr oder mehr, bis wir laufen können. Hier ist der Mensch also auch eher eine Mischung aus aktiv und passiv. Der Grund liegt darin, dass wir quasi physiologische Frühgeburten sind.[12]

Dickkopf vs. kleines Becken

Unsere Gehirne (und damit auch unsere Schädel) sind im Laufe der Evolution stark gewachsen und passen damit nicht mehr gut durch das gleichzeitig schmaler gewordene

Becken. Während unsere Gehirne nämlich größer wurden, haben wir uns aufgerichtet, was das Becken der Frauen verändert hat. Das Gehirn des Babys ist zwar zum Zeitpunkt seiner Geburt nur zu 25 Prozent entwickelt, aber wie schon erwähnt, sind zwar alle Bereiche bereits angelegt, aber eben noch nicht »online«. Das Gehirn benötigt in der Moderne also deutlich mehr Platz als noch vor 10.000 Jahren.

Damit der Babykopf gut durch das weibliche Becken passt, werden Babys quasi unreif geboren. Folglich müssen sie am Körper nachreifen, nur eben ohne hauseigenen Beutel. Gleichzeitig weisen alle Reflexe des Babys darauf hin, dass es sich aktiv beteiligen möchte. Wir sprechen beim Menschenbaby daher von einem aktiven Tragling mit passiver Hilfestellung. Die entsprechenden Bewegungsmuster zum Anklammern sind beim Neugeborenen durchaus vorhanden; da uns aber mittlerweile das Haar am Körper fehlt, unterstützen wir passiv durch Hände oder auch Tücher und Tragehilfen, um im anstrengenden Alltag der modernen Welt die Hände frei zu haben.

Mein Baby lässt sich nicht ablegen

Kommt ein Baby auf die Welt, ist es für das Baby so, als sei alles wie vor etwa 10.000 Jahren. Es weiß nicht, dass seine »Höhle« Doppelverglasung und Sicherheitstüren hat, dass seine Eltern zum Einkaufen einfach in einen Supermarkt gehen können und dass man es dorthin nicht auf dem Arm oder Rücken tragen, sondern in einer Plastikschale transportieren wird. Sein ganzer Körper, seine Instinkte, seine Erwartungen sind evolutionär bedingt noch auf die Steinzeit eingestellt. Auf jedes Baby wartet bei der Geburt sozusagen eine Art »Kulturschock«.

Was passiert im Babygehirn?

Wird das Baby abgelegt, sind sofort alle Instinkte wach. Es fühlt es sich allein und schutzlos ausgeliefert. Da Babys von der Gehirnreife her eigentlich noch nicht in der Lage sind, Situationen einzuschätzen, hat Mutter Natur dafür gesorgt, dass bei der Geburt zumindest der Teil des Gehirns vollständig fertiggestellt ist, der für diesen Schutzmechanismus sorgt. Ein abgelegtes Baby reagiert also völlig natürlich und vernünftig, wenn es weint, denn eine Alternative hat es nicht. Ein Tier könnte kommen und es schnappen oder die weiterziehende Sippe könnte es vergessen und allein zurücklassen. Deshalb beginnt ein Baby schon kurze Zeit, nachdem man es abgelegt hat, auf sich aufmerksam zu machen. Reagieren die Eltern prompt, ist es in der Regel gleich wieder ruhig und lächelt selig – reagieren sie nicht, wird sein Weinen lauter, schriller, verzweifelter (das sogenannte Kontaktweinen), denn Angst ist immer irrational. Und um rational denken zu können, brauchen wir den Teil des Gehirns, der zu diesem Zeitpunkt der kindlichen Entwicklung noch nicht funktioniert. Doch nach einiger Zeit des Weinens wird das Baby verstummen. Zum einen, weil es durch sein Geschrei wilde Tiere anlocken könnte, und zum anderen, weil sein Körper den Not-Aus-Schalter drückt, um seine Kräfte zu schonen.

Es meckert ja nur …

Für einen Säugling gibt es keine Grauzonen. Entweder es herrscht Krieg oder Frieden. Nicht vorhandener Körperkontakt kann ein Baby daher schnell in die Todesangst führen, und dies ist an Stress nicht zu unterschätzen. Daher meckern unsere Babys auch nie einfach nur, sondern setzen sich für ihre Grundbedürfnisse ein. Unsere Babys waren im Laufe der Menschheitsgeschichte immer darauf angewiesen, dass sie überallhin mitgenommen wurden.

Aber es will ständig auf den Arm!

Also ist auch unser Baby heute ein ganz normaler, fabelhaft funktionierender kleiner Mensch, dessen Instinkte perfekt funktionieren. In unserer Nomadenzeit, die gerade mal 10 000 Jahre her ist (evolutionsgeschichtlich ein Wimpernschlag), war es nämlich gar nicht anders möglich, als einen Säugling permanent bei sich zu haben. Mutter Natur hatte den Kinderwagen nicht einkalkuliert und bei den damaligen Straßenverhältnissen hätte sich vermutlich auch niemand darüber gefreut. Somit erwarten unsere Babys instinktiv nichts anderes, als ständig herumgetragen zu werden. Und zwar möglichst am Körper desjenigen, der auch für die Nahrung sorgt. Dies ist auch der Grund dafür, warum Babys am Körper so wunderbar nachreifen. Die Natur nimmt eben die vorherrschenden Bedingungen als Optimum, denn um »Pampersgymnastik« hätte man sich damals nicht kümmern können.

»Wenn du es so viel trägst, lernt es ja nie laufen!«

Dieser Eindruck kann natürlich entstehen, wenn man auf ein im Tuch hockendes Baby schaut, das sich scheinbar »faul« durch die Gegend tragen lässt. Doch wie sollte es auch anders sein, das Gegenteil ist der Fall: Das Tragen der Babys wirkt sich auf den ganzen

Körper positiv aus. Tragen ist eigentlich ein »Ganzkörper-Work-out« für das Baby, denn es gleicht bei den unterschiedlichen Lagewechseln kontinuierlich unsere Bewegungen aus und bekommt während des Tragens immer wieder Impulse in die Tiefenmuskulatur, welche sich dadurch perfekt entwickeln kann. Während wir Erwachsene uns auf einem Bein für enorm viel Geld auf PowerPlates stellen, kuscheln sich unsere Babys während des Tragens einfach an uns und bereiten ihre Körper so ganz nebenbei auf die nächsten Entwicklungsschritte vor.

Aber es mögen doch nicht alle Babys getragen werden!

Menschenbabys sind Säuglinge, also trinken sie naturgemäß Milch aus der Brust. Menschenbabys sind aber auch Traglinge und sollten daher auch naturgemäß nah am Körper getragen werden. Jeder würde sofort einen Arzt aufsuchen, die Hebamme oder im besten Falle direkt die Stillberaterin fragen, wenn das Baby keine Milch trinken wollte. Aber niemand stellt Fragen, wenn ein Baby in der Tragehilfe oder dem Tragetuch zu weinen beginnt und sich nicht wohlzufühlen scheint. Sehr schnell kommen Eltern dann zu dem Schluss, dass das eigene Kind leider nicht getragen werden mag. Doch das gibt es nicht, das möchten wir an dieser Stelle festhalten.

Es gibt immer einen Grund, wenn ein Baby es augenscheinlich nicht gut findet, dass es getragen wird. Dann müssen wir also genauer hinsehen. In den meisten Fällen findet es nämlich nur nicht gut, wie es getragen wird. Oder es hat durch eine oder mehrere kleine Blockaden Schmerzen, wenn es die physiologisch eigentlich korrekte Haltung einnehmen soll. Manche Babys strecken sich dann durch wie ein Flitzebogen und können die Anhock-Spreiz-Haltung, kombiniert mit dem leicht gerundeten Rücken, einfach nicht ertragen.

Die häufigsten Gründe, wenn das Baby nicht getragen werden möchte

- Die Tragehilfe/das Tuch ist noch nicht richtig festgezogen und/oder zu locker.
- Die Eltern sind in ihren Handgriffen zu unsicher und das Baby spiegelt diese Unsicherheit.
- Das Baby hat eine oder mehrere Blockaden. (Bitte in diesem Fall gerne nach einem KISS-Spezialisten und Osteopathen umsehen.)
- Die Tragehilfe ist nicht die richtige, sie ist für das Baby nicht bequem oder nicht richtig eingestellt.
- Die Mama will eigentlich nicht tragen und das Baby merkt das.

Baby-Blues, Depression und Tragen

Gerade, wenn eine Mutter mit einer postnatalen Depression zu kämpfen hat, ist das Tragen für sie vielleicht unerträglich. Bevor wir also zu schnell urteilen, sollten wir uns dies unbedingt vor Augen halten! Tatsächlich kann es in diesem Fall aber helfen, wenn das Baby direkt auf dem Rücken getragen wird. Das hat gleich mehrere Vorteile:

- Die Nähe des Babys fühlt sich für die Mutter weniger beengend an und wird dadurch erträglicher.
- Das Baby fühlt sich gleichzeitig sicher und geborgen, weint dadurch weniger und stresst die Mutter nicht unnötig.
- Es sieht den Gesichtsausdruck der Mutter seltener, was unter diesen Umständen ausnahmsweise vorteilhaft sein kann, weil das starre Gesicht der Depression auch das Baby zur Verzweiflung bringen kann.

Blockaden und KISS-Syndrom

Das KISS-Syndrom – ein schreckliches Wort für Eltern, die damit konfrontiert werden, denn im ersten Moment hört es sich so an, als sei das eigene Kind nicht gesund, nicht in Ordnung, doch darum geht es gar nicht.

Mit dem Begriff KISS-Syndrom bezeichnet man eine Blockade im Nackenbereich, genauer gesagt am Atlas-Wirbel. Eine solche Blockade kann enorme Auswirkungen auf die gesamte Entwicklung der Kinder bis in das Erwachsenenalter haben und sollte nicht unterschätzt werden.

Man muss sich das so vorstellen, dass an dieser Stelle keine Bandscheibe zwischen den Wirbeln sitzt und durch diese Wirbel – ähnlich wie bei einem Nadelöhr – unendlich viele Nervenbahnen direkt zum Gehirn führen, die bei einer Verschiebung allerhand Bereiche treffen und beeinträchtigen können.

Es gibt viele verschiedene Anzeichen, aber nur eines muss vorhanden sein, um darauf schließen zu können, dass es sich um KISS handelt. Auffällig wird es beim Tragen, wenn das Kind die physiologische Haltung oder eine feste Kopfkante nicht erträgt. Betroffene Babys wehren sich vehement, auch wenn sie nur wenige Tage alt sind, gegen diese Straffheit im Nackenbereich, weil es sie schmerzt. Herzzerreißendes Weinen und Gegenwehr schon von kleinen Minibabys ist meist die Folge. Größere Kinder stemmen sich massiv gegen das Tuch oder die Tragehilfe, begleitet von Weinen. Doch es gibt noch eine Reihe weiterer Anzeichen dafür, dass ein KISS-Syndrom vorliegen könnte:

- Abgeflachter Kopf (meist der Hinterkopf): Hier können die Babys oftmals nur in einer Position den Kopf ohne Schmerzen halten. Dieser Bereich flacht dann in der Regel ab. (Liegt das Baby im Alltag sehr viel in Rückenlage, kann es auch ohne KISS zu Verformungen kommen, da die Köpfe der Kleinen hierfür nicht gemacht sind.)
- Das Baby hat eine deutlich ausgeprägte Lieblingsseite.
- Schiefhalten des Kopfes
- C-Haltung: Das Baby liegt wie eine Banane.
- Überstreckung: Kopf wird weit in den Nacken gelegt.
- Spuckbabys
- Schreibabys
- schiefe Gesichtsstellung
- Stillschwierigkeiten

Besonders betroffen sind die Babys, bei deren Geburt durch Interventionen am Kopf gezogen wurde. Hier kommt es verständlicherweise leichter zu Verschiebungen.

Wer hilft?

Der Gang mit dem Neugeborenen zum Osteopathen gehört mittlerweile schon zum guten Ton. Trotzdem sollte, wenn möglich, die erste Anlaufstelle bei einer Blockade im Atlaswirbelbereich ein KISS-Spezialist sein; die meisten dieser Experten sind im Bereich der manuellen Therapie zu finden.

Die Behandlung einer KISS-Symptomatik sollte zudem frühzeitig erfolgen, da dann oftmals nur eine einzige Sitzung ausreicht. In wenigen Fällen ist eine zweite Behandlung notwendig. Kontrolltermine sollten dann noch einmal im Alter von drei Jahren und vor der Einschulung erfolgen.

Es wird geröntgt?

Die meisten Therapeuten lassen vor der Behandlung ein Röntgenbild anfertigen, um auszuschließen, dass ein anderes anatomisches Problem vorliegt, welches die Durchführung der Manualtherapie am Kopfgelenk ausschließen würde. Die meisten Eltern würden das Röntgen ihres Babys gerne vermeiden und haben ein ungutes Gefühl dabei. Doch die Strahlenbelastung beim Röntgen ist immer noch geringer als bei einem Langstreckenflug! Allerdings ist der Profit einer manualtherapeutischen Behandlung wahrscheinlich größer als der einer Urlaubsreise …

Knick-Knack und wie neu geboren

Wenn sich die Diagnose KISS durch das Röntgenbild bestätigt hat, dann wird der Manualtherapeut durch sanfte Impulstechniken mit kurzer Einwirkzeit die Blockade lösen. Die Behandlung ist weitgehend schmerzfrei, jedoch kann es durchaus sein, dass die Kinder schon bei der Untersuchung weinen, da sie in ihrer Schmerzvermeidungshaltung die Untersuchung und Behandlung abwehren. Sobald die Babys aber wieder an die Eltern zurückgegeben werden, beruhigen sie sich in der Regel sehr schnell.

Direkt nach der Behandlung kann man oftmals schon eine erhöhte Beweglichkeit des zuvor blockierten Kopfgelenks feststellen, jedoch sollte man den Kindern und auch deren vegetativem Nervensystem eine Reaktionszeit von vier bis sechs Wochen geben, damit sie sich an die neuen Gegebenheiten gewöhnen können. In dieser Zeit sollte auch von weiteren Behandlungen abgesehen werden (Impfungen, Krankengymnastik, Osteopathie).

Warum nicht einfach zur Krankengymnastik?

Die Behandlung eines KISS-Kindes durch einen Therapeuten schafft vielfach erst die Grundlage für weitere Behandlungen wie Physiotherapie, Ergotherapie oder Psychomotorik, ersetzt diese aber nicht; gleiches gilt für Osteopathen ohne Zusatzausbildung.

Neben der KISS-Symptomatik können natürlich auch andere Blockaden das Kind beeinträchtigen. Diese finden sich zum Beispiel in der Brustwirbelsäule oder der Hüfte. Auch hier wird das Baby eine Schmerzvermeidungshaltung einnehmen und entsprechende Symptome zeigen. Genauso wie bei der Blockade der Kopfgelenke sollten auch diese Blockaden zeitnah gelöst werden, sodass keine weiteren Abweichungen in der Entwicklung des Kindes auftreten.

Wann sollte ich mein Kind untersuchen lassen?

- Kaiserschnittbabys
- Saugglocken- oder Zangengeburten
- Beckenendlagen
- kristellerte Babys: Der Arzt drückt von oben beim Geburtsprozess mit.
- PDA-Geburten
- schnelle Geburten
- langandauernde Geburten mit Stillstand (»feststecken«)

Wie und womit tragen?

Es gibt mittlerweile unzählige Möglichkeiten, sein Baby zu tragen. Tragehilfen, Tragetücher in gewebter oder elastischer Form, RingSlings und so weiter. Tragehilfen unterscheiden sich in Mei Tais, Halfbuckle, Fullbuckle, Hybridsysteme und haben jede ihre ganz eigenen Finessen. Jeder Hersteller überlegt sich zudem spezielle Systeme zur Verbreiterung oder Verschmälerung, sodass die Tragesysteme sich perfekt an das wachsende Baby anpassen können. Es handelt sich um einen Dschungel, den es zu verstehen gilt und in dem sich geprüfte Trageberaterinnen und -berater sehr gut auskennen.

Keine Angst vor dem Tragen!

Noch immer werden viel zu viele Ängste geschürt, etwa durch Blogartikel von vermeintlichen Fachleuten, durch Aussagen von weniger gut fortgebildeten Physiotherapeuten oder gar Ärzten. Wir können dir hier die Angst nehmen, denn man kann beim Tragen nicht viel falsch machen. Es gibt nur wenige Dinge, die man beachten sollte:

- Nicht mit dem Kopf nach unten tragen! ;)
- Das Baby sollte gut atmen …
- und nicht herausfallen können.

Und was wäre die Alternative zum Tragen? Meist haben die Eltern die Sorge, ihr Kind nicht korrekt zu tragen, etwas falsch zu machen und ihrem Baby dadurch zu schaden. Hier sollten wir unbedingt einen kritischen Blick auf den Kinderwagen werfen, in dem unsere Babys völlig unphysiologisch, ohne Körperkontakt, ohne sehen zu können, wer überhaupt schiebt, ohne zu wissen, dass Mama noch existiert, liegen. Wenn wir das bedenken, dann schneidet der Wagen deutlich schlechter ab und wird trotzdem kaum hinterfragt.

Also nicht in den Kinderwagen?

Wenn wir ganz genau sind, dann ist der Kinderwagen weder für den Körper noch für die Seele unseres Babys in den ersten Lebensmonaten geeignet. Die Wirbelsäule ist noch leicht gerundet und richtet sich erst im ersten Lebensjahr auf. Daher ist es einfach nicht optimal, die Babys in eine gerade Haltung zu bringen. Die Hüftentwicklung ist ebenfalls noch nicht abgeschlossen und die dafür notwendige Anhock-Spreiz-Haltung können unsere Babys im Wagen unter dem dicken Federbett nicht einnehmen. Die Muskulatur ist noch nicht ausgereift und stark genug, um gegen das Kissen anzukommen. Die kleinen Körper sind dazu gemacht, getragen und nicht geschoben zu werden.

Und wenn ich den Kinderwagen nutzen möchte?

Es gibt tatsächlich viele Babys, die den Kinderwagen akzeptieren, gerne geschoben werden und wunderbar darin schlafen. Wie du in diesem Kapitel erfährst, ist es jedoch für die körperliche, aber durchaus auch für die seelische Entwicklung deines Kindes wichtig, dass es nicht nur geschoben, sondern auch getragen wird. Plane daher – auch wenn dein Baby den Kinderwagen mag – ganz bewusst Tragemomente für euch ein und nutze den Kinderwagen für alle anderen Dinge, die ja trotzdem transportiert werden müssen, etwa die Wickeltasche, Einkäufe oder Spielzeug für dein Baby.

Lagerung im Kinderwagen

Wenn du den Kinderwagen benutzen möchtest, dann gibt es ein paar wenige, aber durchaus wichtige Dinge zu beachten, die du beim Kauf vielleicht noch nicht erfahren hast. Einerseits die sogenannte Stufenlagerung. Hier nimmst du ein großes Spucktuch oder Ähnliches zur Hand und faltest es dreilagig für die Stelle, an der der große, schwere Kopf deines Babys liegt. Im Bereich des Oberkörpers wird das Tuch dann nur noch zweilagig und dort, wo die Beinchen liegen, lediglich einlagig platziert.

Der nächste Step ist der Versuch, die Haltung zu imitieren, die das Baby auf dem Arm einnehmen würde. Hierfür kannst du zum Beispiel ein weiteres Spucktuch oder kleines Handtuch zu einer Art Haufen formen und unter die Beinchen deines Babys legen. So befinden sich die Hüftgelenke eher in der richtigen Position. Auch eine seitliche Stützung und eine Begrenzung am Kopf mögen Babys gern. Aber wenn dein Baby im Wagen weint, bitte immer auf den Arm nehmen und ganz einfach in die mitgebrachte Tragehilfe setzen.

Aber wie trage ich denn nun?

Nimmst du dein Baby hoch, wird es die Beinchen anziehen und dir zeigen, wie es getragen werden möchte. Wenn du es in ein Tragetuch oder eine Tragehilfe hineinsetzt, wird es automatisch seinen Rücken leicht runden und sein Köpfchen vermutlich auf deiner Brust ablegen. Wenn du jetzt noch darauf achtest, dass es gut atmen kann und nicht in sich zusammensackt, sondern gut gestützt ist, ist für dein Baby alles optimal.

Gute Stützung

Gerade sehr kleine Babys sollten – egal, ob im Tragetuch oder in einer Tragehilfe – immer gut gestützt sein, auch im Wachzustand! Bei größeren Kindern, deren Muskelapparat bereits trainierter ist, solltest du nur darauf achten, dass du die Tragehilfe oder das Tragetuch nochmals festziehst, wenn es eingeschlafen ist. So soll ein Zusammensacken im Ruhetonus verhindert werden.

Aber kann es denn auch gut atmen?

Wir achten den ganzen Tag darauf, dass unser Baby auch genug Luft bekommt und sich keine Decke oder Ähnliches über sein Köpfchen zieht. Achte einfach auch beim Tragen darauf, dass das Näschen deines Babys frei ist und keine Schals oder Tücher über seinem Köpfchen liegen. Solltest du frieren und auf einen Schal zurückgreifen wollen, gibt es schöne Eltern-Kind-Systeme, bei denen keiner mehr frieren muss. Sollte dir dein Bauchgefühl suggerieren, dass irgendetwas gerade nicht in Ordnung ist, dann höre immer darauf und beobachte dein Baby. Das gilt nicht nur für das Tragen, sondern für jede Lebenslage!

Gönn dir ein Personal Training

Um Fehlkäufe zu vermeiden und um sich eine gewisse Entscheidungskompetenz anzueignen, sollte man auf jeden Fall vor dem Kauf einer Tragehilfe den Rat einer Trageberaterin einholen. Diese hat in der Regel alle wichtigen und guten Tragehilfen in ihrem Fundus und erklärt euch meist sogar bei euch zu Hause anhand einer Tragepuppe sämtliche Handgriffe für das notwendige Bindewissen. Besonders das Binden des Tragetuchs oder aber auch das Anlegen einer Tragehilfe übt sich am schnellsten und sichersten, wenn ein geschultes Auge mit draufschaut. Eine Trageberatung ist quasi »Personal Training« im Bereich des Babytragens. Erste entscheidende Hinweise und Informationen gibt die Beraterin in der Regel gern auch schon vorab telefonisch oder per E-Mail. Einer guten Beraterin geht es vor allem nicht nur darum, dass das Baby gut in dem in einer bestimmten Weise gebundenen Tuch oder einer Tragehilfe sitzt, sondern auch darum, dass ihr Eltern es bequem habt und das Tragen wirklich angenehm ist.

Aber das kriege ich doch auch alleine hin!

Eine Trageberaterin, die ihren Job versteht, kann dein Leben verändern – auf jeden Fall dein Trageleben. Denn es ist ein enormer Unterschied, ob man bequem und gewichtsentlastend sein Baby trägt oder es mit Verspannungen und Rückenschmerzen schleppt. Es

sind die kleinen Handgriffe und Tipps, die darüber entscheiden, ob das Tragen für alle Beteiligten ein Erfolg wird.
Es gibt unzählige Videos bei YouTube, mit denen man verschiedene Techniken und Bindeweisen erlernen kann, und dennoch ersetzen sie keine gute Beraterin, die neben uns steht und uns sagt, dass man es genau richtig macht. Dass es normal ist, wenn das Baby bei den ersten Versuchen auch mal richtig laut weint und man sich bewegen sollte, um Adrenalin abzubauen. Wenn wir uns im Stadtbild umschauen, sehen wir häufig glückliche Babys in der Tragehilfe oder dem Tuch – leider aber auch Mamas oder Papas, die ganz offensichtlich unbequem schleppen. Innerhalb weniger Augenblicke kann man hier ganze Tragebeziehungen verändern. Von der einen Sekunde zur anderen macht Tragen plötzlich Spaß und ist bequem.

Trageexperten

Viele Eltern gehen davon aus, dass es überflüssig ist, eine Trageberatung zu buchen, weil sie sich von ihrer Hebamme beraten lassen wollen. Dazu ist es aber wichtig zu wissen, dass nicht jede Hebamme in diesem Bereich auf dem neuesten Stand ist. Hebammen sind essenziell wichtig für die Begleitung in der Schwangerschaft, unter der Geburt und in der Wochenbettzeit, das Thema Tragen steht jedoch nicht bei jeder Hebammenausbildung auf dem Stundenplan. In unseren Ausbildungskursen bei der Trageschule Hamburg® nehmen immer viele Hebammen teil und sind so auf dem neuesten Stand. Daher ist es durchaus möglich, dass auch deine Hebamme dich gut beraten kann, wenn sie sich bei einer Trageschule hat fortbilden lassen.

Tuch oder Tragehilfe – womit trägt es sich am besten?

Wir haben heute den Luxus, dass wir uns ganz frei nach unseren Bedürfnissen entscheiden können, denn es gibt mittlerweile so viele wirklich gute, ergonomische Tragehilfen, mit denen wir unsere Babys fantastisch tragen können. Galt früher noch die Empfehlung »das Tuch ist das Beste für das Baby«, so können wir heute sagen, dass das so nicht mehr stimmt. Für die Babys ist es in erster Linie wichtig, nah an euch zu sein, euch zu riechen und zu spüren.

Das Tragetuch – Der Allrounder

Das (fest gewebte) Tragetuch unterscheidet sich durch seine diagonal-elastische Webart von herkömmlichen Stoffen. Das bedeutet, dass es sich weder in der Länge noch in der Breite dehnen lässt – nur diagonal, was eine fantastische Stützung ermöglicht, wenn man es strähnchenweise festzieht. Zudem bietet es aber auch die notwendige Elastizität, um geringfügige Bewegungen zu ermöglichen und die notwendige Beutelung herzustellen. Ein Tragetuch ist die einzige Tragehilfe, die von Geburt an bis zum Ende der Tragezeit jederzeit perfekt passt, da es bei jedem Träger individuell angelegt werden kann und auch die Größenveränderung des Babys mitmacht. Es gibt verschiedene Möglichkeiten, das Tuch zu binden.

Das elastische Tragetuch

Das elastische Tragetuch unterscheidet sich von dem fest gewebten dadurch, dass es in alle Richtungen und nicht nur diagonal elastisch ist. Aus diesem Grund sollte man es immer – für eine ausreichende Stabilität – dreilagig binden. Hier gibt es verschiedene Möglichkeiten, die man bei einer geprüften Trageberaterin lernen kann. Wichtig ist, dass es wirklich fest sitzt und man nicht in eine Ausgleichshaltung gehen muss. Viele Eltern entscheiden sich im Fachhandel gern für ein elastisches Tragetuch, weil ihnen das Material bekannt vorkommt und es so kuschelig ist.

Der RingSling – klein, aber oho!

Der Vorteil bei dem RingSling liegt ganz klar darin, dass er mit wenigen geübten Handgriffen sehr schnell ein optimales Ergebnis erzielt. Er ist kurz, man kann ihn schnell auch auf kürzeren Distanzen einsetzen, etwa auf dem Weg zum Auto oder beim Einkaufen, und er passt in die kleinste Tasche. Besonders hilfreich ist er ab dem dritten Lebensmonat, wenn das Baby mehr sehen möchte und ständig wechselt zwischen Kuscheln und Entdecken. Hier ist es deutlich einfacher, das Kind immer wieder in den RingSling zu setzten, als jedes Mal das Tragetuch neu zu binden. Auf der Hüfte getragen, erweitert sich das Sehspektrum des Kindes und es ist zufriedener. Es ist also mittendrin statt nur dabei und kann die Welt der Eltern ganz sicher auf der Hüfte erkunden. Eine perfekte Ergänzung zum Tragetuch! Der Nachteil liegt hier für den Tragenden darin, dass der Sling nur auf einer Schulter getragen wird. Die einseitige Belastung wird bei längerem Tragen unbequem.

Fertigtragehilfen

Wie wunderbar, dass es mittlerweile einen Dschungel an Tragehilfen auf dem Markt gibt, denn das bedeutet, dass das Tragen endlich wieder gesellschaftsfähig geworden ist. Die Nachfrage bestimmt bekanntlich das Angebot. Allerdings ist dieser Dschungel nur schwer zu überblicken. Wir würden auch hier empfehlen, eine Trageberaterin zu konsultieren.

Ab in den Beutel

Die meisten Tragehilfen lassen sich im Stegbereich, das ist der Stoff zwischen den Kniekehlen des Babys, flexibel einstellen, sodass die Trage einem kleinen Baby, aber später auch einem größeren Kind passt. An der Stelle, an der das Rückenteil an den Hüftgurt genäht ist, reicht der Stoff idealerweise von Kniekehle zu Kniekehle, sodass die Beine des Babys schön anhocken können und der Po im Beutel hockt.

Jetzt geht es um euch!

Für eine bequeme, entspannte, schöne Tragezeit geht es also jetzt nur darum, für euch die richtige Lösung zu finden. Habt ihr Lust, mit dem Tuch zu binden, dann solltet ihr das tun. Wenn ihr eher das Gefühl habt, dass eine Tragehilfe für euch die richtige Entscheidung sein könnte, dann probiert es aus. Bucht euch eine Trageberaterin oder einen Trageberater – es gibt wirklich mittlerweile auch einige Männer in dieser Branche –, lasst euch in den eigenen vier Wänden beraten und vermeidet so Fehlkäufe.

Tragehilfen sind wie Jeans, es gibt nicht die Beste

Wir würden niemals eine Jeans kaufen, nur weil das Modell unserem Partner oder unserer Freundin so gut steht. Wir alle wissen, dass man Hosen vor einem Kauf anprobieren sollte, es sei denn, man kennt sein Modell. Bei Tragehilfen verhält es sich nicht anders. Es gibt nicht die beste Tragehilfe oder DAS beste Tragetuch. Aber es gibt die beste Tragehilfe oder das beste Tuch für jeden Einzelnen, und genau die oder das gilt es zu finden.

Vor- und Nachteile von Tragetuch und Tragehilfe

Auch das ist eine sehr subjektive Frage. Wer sein Tuch liebt, wird hier nur positive Aspekte finden, bei Tragehilfen-Liebhabern verhält es sich nicht anders. Der Vorteil von Tragehilfen besteht darin, dass man sie recht schnell anlegen kann, und im Vergleich zum

Tragetuch empfinden die Eltern eine Tragehilfe oft als unkomplizierter.
Der Nachteil liegt darin, dass es auf dem Markt sehr viele, auch nicht-ergonomische Tragehilfen gibt, die aber zum Teil für wenig Geld im Umlauf sind und unter Eltern weiter empfohlen werden.

Überblick verschiedene Tragehilfen

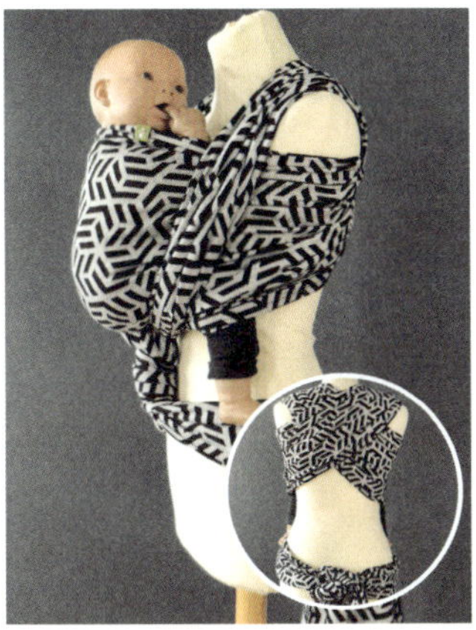

Festes Tragetuch

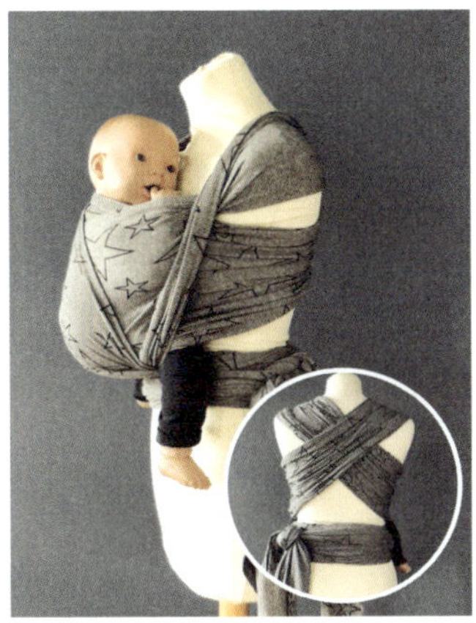

Elastisches Tragetuch

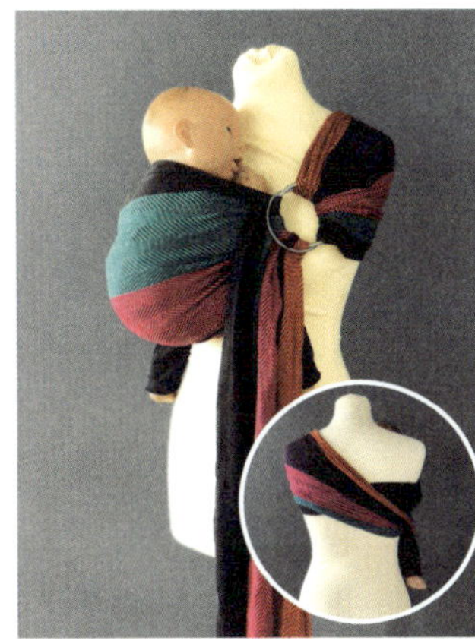

RingSling

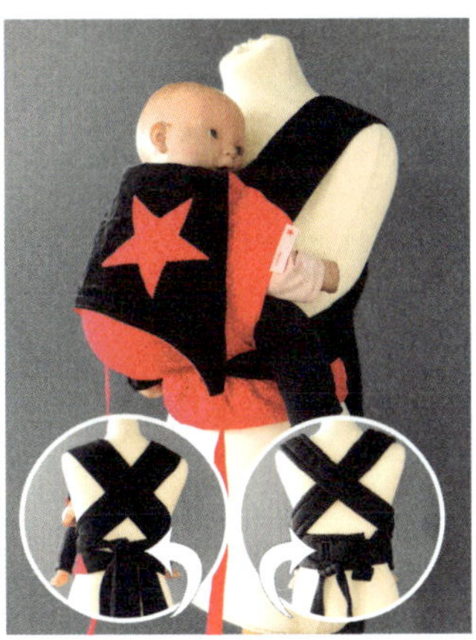

Mei Tai (links) und Halfbuckle (rechts)

WrapConversion

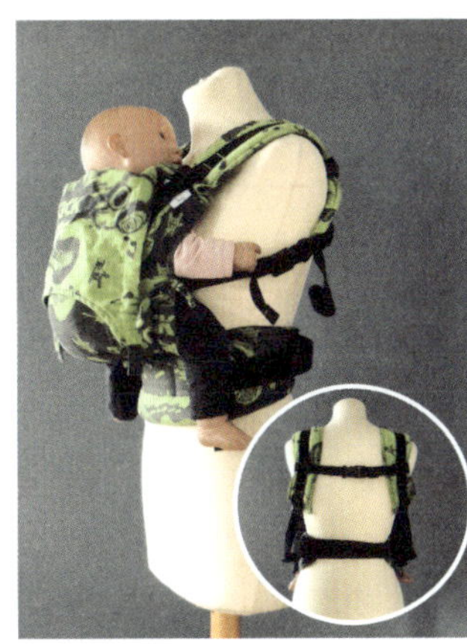

Fullbuckle

Insider-Glossar

Mei Tai

Der Mei Tai ist eine Tragehilfe mit asiatischen Wurzeln und hat heutzutage immer einen Hüftgurt zum Binden, ein Rückenteil und zwei Schultergurte.

Beispiele für den Mei Tai sind: Mysol (Girasol), Flytai (Fidella), Jono Mei tai (Jonobaby), Bondolino (Hoppediz) sowie die Wrap Conversions: Didytai (Didymos) und Hoptye (Hoppediz).

Halfbuckle

Ein Halfbuckle ist quasi ein Mei Tai, beim der aber der Hüftgurt nicht gebunden, sondern mithilfe einer Schnalle (engl.: buckle) geschlossen wird. Die Schulterträger werden gebunden und geknotet wie bei einem Mei Tai.

Beispiele: YEMA (Cybex), TaiTai (Kokadi), Fräulein Hübsch, Huckepack

WrapConversion

Hier handelt es sich um einen Mei Tai aus Tragetuchstoff, bei dem die Träger auf den Schultern auffächerbar sind. Durch diese breite Auflage verteilt sich das Gewicht des Babys flächiger und sorgt dadurch für den Tragenden für eine enorme Entlastung und Bequemlichkeit. Zusätzlich gibt es die Möglichkeit, durch verschiedene Techniken, die Träger anzulegen, für mehr Stabilität im Nackenbereich oder der Anhockung zu sorgen. Hier werden die Träger gekippt getragen. WrapConversions gibt es als Halfbuckle oder auch als Variante mit einem Bauchgurt zum Knoten.

Beispiele: DidyKlick (Didymos), WrapStar (Kokadi), Hop-Tye (Hoppediz), WrapMySol (Girasol)

Fullbuckle

Ein Fullbuckle hat Schnallen am Hüftgurt und an den Schulterträgern.

Beispiele für einen Fullbuckle: Emeibaby, Flip (Kokadi), Buzzidil, Huckepack Baby Roo, Fusion (Fidella), Ergobaby Adapt sowie Manduca, wobei die letzte Tragehilfe keinen verstellbaren Steg besitzt und durch Hilfsmittel optimiert werden muss.

Objektpermanenz

Erst mit etwa acht bis neun Monaten entsteht in der Wahrnehmung deines Babys die sogenannte Objektpermanenz. In der ersten Lebenszeit gilt das »Aus-den-Augen-aus-dem-Sinn«-Prinzip: Dinge oder Personen, die das Baby nicht mehr sieht, existieren nicht mehr für das Baby. Erst mit dem Moment der Objektpermanenz verstehen sie, dass Mama nicht vollständig verschwunden ist, wenn sie den Raum verlässt – sondern zum Glück noch existiert. Ab diesem Moment kann es manches Mal sogar funktionieren, dass sich dein Baby beruhigt, wenn du vom Nebenraum aus rufst, dass du gleich wieder da bist. Das ist auch der Grund dafür, warum das Kuckuck-Spiel den Babys so viel Spaß macht! Für dein Baby bist du wirklich verschwunden und plötzlich wieder da.

Ich kann nicht mal kurz alleine auf die Toilette ...

Dass dein Baby nicht weiß, ob du noch da bist, ist ein wichtiger Schutzmechanismus. Die Instinkte deines Babys sind hellwach und sein direktes, panisches Reagieren auf dein Fortgehen war Jahrtausende lang eine wichtige Überlebensstrategie.

Das Wissen darüber hilft in der Regel sehr dabei, Verständnis für die Dramatik eines Babys zu entwickeln. Und trotzdem müssen wir einfach auch mal auf die Toilette und können nicht immer auf ein Nickerchen warten. Schreien lassen möchten wir unsere Babys aber auch nicht. Daher hier unser Tipp: Nimm dein Baby einfach kurz in einen RingSling oder eine andere Tragehilfe, damit es dabei sein kann. Das wirkt im ersten Moment vielleicht etwas schräg, aber wir können dir versprechen, dass diese Zeit vorbeigeht und du ganz selbstverständlich wieder alleine auf die Toilette gehen kannst. Zudem lernen Kinder, wie wir ja wissen, durch Nachahmung, und jeder Toilettengang mit euch gemeinsam wird es vielleicht sogar einfacher machen, dass das Kind selbst auf das Töpfchen möchte, falls ihr nicht eh schon Windelfrei praktiziert.

Wie erginge es uns?

Nehmen wir an, wir befänden uns plötzlich auf einem anderen Planeten. Wir könnten uns nicht mehr selbstständig bewegen, unsere Glieder fühlten sich an wie Blei. Überall fremde Wesen – und dann wäre da diese eine Person, die sich um uns kümmert, die uns anlächelt, uns Nahrung gibt, uns warm hält, beruhigend auf uns einspricht. Sie trägt uns herum und wir fühlen uns endlich sicher. Wenn diese Person plötzlich verschwände, wären wir verzweifelt. Wir müssen immer und immer wieder die positive Erfahrung machen, dass sie wirklich wiederkommt. So ungefähr ergeht es unseren Kindern. Darüber hinaus sind sie auch im Hinblick auf ihre Gehirnreife noch nicht in der Lage, diese Zusammenhänge zu verstehen.

Wie SINNvoll!

Sinne sind die wichtigsten Überträger von Informationen für den Menschen. Uns allen ist bewusst, wie wichtig es ist, diese zu schulen und zu nutzen, um in unserer Welt zurechtzukommen. Sie sind Alarmsensoren und lebenswichtig, um uns in gefährlichen Situationen dazu zu bringen, in Sekundenschnelle das Richtige zu tun.

Impulse für alle Sinne

Beim Tragen eines Babys werden all seine Sinne angesprochen. Das Baby nimmt seine Umgebung in seiner Gesamtheit wahr und fühlt sich bei Mama und Papa geborgen, was die Grundvoraussetzung für Exploration ist. Bei den Sinnen unterscheidet man zwei Systemgruppen: die Körpersinne und die Fernsinne.

Körpersinne:
- taktiles System (die Wahrnehmung der eigenen Körpergrenzen)
- viszerales System (die Wahrnehmung der inneren Organe)
- kinästhetisches System (die Wahrnehmung der Positionen der Gelenke und Bewegungen)
- vestibuläres System (die Wahrnehmung für das Gleichgewicht, die Bewegung und die Schwerkraft)

Fernsinne:
- auditives System (Hörsinn)
- gustatorisches System (Geschmackssinn)
- olfaktorisches System (Geruchssinn)
- taktiles System (Tastsinn)
- visuelles System (Sehsinn)

Ein kleiner Beispielspaziergang

Das Baby wird im fest gebundenem Tuch getragen (taktiles System: Es spürt seine Grenzen.). Die Mama hat es gerade etwas eilig und muss den Bus noch erwischen. Das Baby macht die Bewegungsmuster der Mutter durch das gut angelegte Tuch mit, muss manchmal ein wenig gegensteuern und ausgleichen (kinästhetisches System: Das Baby bekommt immer neue Reize durch Druck und Zug und Bewegung seines Muskelapparates.). Die Mama muss sich kurz bücken, um die heruntergefallene Fahrkarte aufzuheben (vestibuläres System, Gleichgewichtsinn). Sie steigt in den Bus und setzt sich. Währenddessen nuckelt das Baby am Tragetuch (gustatorischer Reiz) – die Mama isst einen mitgebrachten Apfel (olfaktorischer Reiz). Als sie aussteigt, wird es plötzlich unglaublich laut. Ein Krankenwagen biegt um die Kurve (auditiver Reiz) – die Mama bleibt ruhig und das Baby kann sich über seine Sinne rückversichern, dass keine Gefahr besteht. Es blickt die Mama an (visueller Sinn), die ihm gerade schnell schützend die Ohren zuhält und ihm leise versichert, dass alles gut ist. Das Baby tastet nach dem angenuckelten Tuch und schmiegt sich wieder an die Mama (taktiles System).

Während des gesamten Ausfluges läuft auch das viszerale System auf Hochtouren. Die Rezeptoren der Sinnesorgane schicken ihre Impulse an das Gehirn, um dort ausgewertet zu werden.

Psychologische Aspekte des Tragens und Getragen-Werdens

Nicht nur die körperliche, sondern auch die seelische und geistige Entwicklung eines Kindes wird beim Tragen berücksichtigt und begünstigt. Gerade die körperliche Nähe ist nicht zu unterschätzen und essenziell für das gesunde Aufwachsen unserer Kinder, denn die Sättigung des Grundbedürfnisses nach Bindung, Nähe und Geborgenheit ist eine Grundvoraussetzung für die gesunde Persönlichkeitsentwicklung eines Menschen.[13] Das Tragen kann in den ersten zwei bis drei Jahren entschieden dazu beitragen, dieses Grundbedürfnis zu stillen.

Non-verbaler Dialog

Babys, die getragen werden, spüren sehr genau die Schwingungen, Emotionen und Körperspannungen der Mutter beziehungsweise des Tragenden. Fühlt sich die Mama sicher, fühlt sich auch das Baby sicher. Die Bindung ist hergestellt und das Baby somit auch bereit für Neues und Unbekanntes. Klingelt es an der Tür und wir haben unser Baby auf dem Arm, wird es bei einer unbekannten Person ganz sicher uns und unsere Reaktion beobachten. Auch unsere körperliche und verbale Antwort auf das Gegenüber ist für die Entscheidung des Babys ausschlaggebend, ob es sich hier um einen Feind oder Freund handelt – ob es mit einem Weinen oder mit einem Lächeln reagiert.

Babys bauen auch die Bindung zu anderen Menschen am sichersten über die Bezugsperson auf. Je positiver die Mutter der fremden Person gegenüber eingestellt ist, desto leichter wird diese Person es haben, eine Bindung zum Baby aufzubauen. Diese Information ist besonders wichtig, wenn stürmische Schwiegermütter die Grenzen der Mütter überschreiten, die Stimmung dadurch kippt, und sie eigentlich nur mal das Baby halten wollten. Wer das Baby will, muss sich mit den Eltern gut stellen, sonst wird es schwer!

Die feinen Schwingungen der Mutter, die Mimik, die Gestik im Gespräch mit dem Gegenüber, all das schult gleichzeitig die soziale Kompetenz der Kleinen. Sie bekommen so viel mehr hautnah mit, als wenn man sie in einer Autoschale im Raum abstellt.

Die Welt aus der Sicherheit heraus kennenlernen

Beim Tragen erfährt das Baby eine ständige Rückversicherung über die Bezugsperson. Es erlebt die Welt auf Augenhöhe, in Sicherheit. Es kann sich verstecken, muss es aber nicht. Es kann selbst entscheiden, was es sehen möchte und was nicht. Seine Kompetenzen werden erkannt und berücksichtigt und das alles auch noch ganz nebenbei. Die perfekte Entwicklung eines Kindes geschieht, wenn es sich sicher fühlt. Da getragene Kinder ihre Wachphasen in genau dieser Sicherheit erleben, haben sie somit die besten Entwicklungsvoraussetzungen.

Wenn die ganze Familie trägt

Tragen auch der Vater, die Großeltern oder ältere Geschwister, so hat das Baby schon von Beginn an die Chance, eine Verschiedenheit (über unterschiedliche Sinne – olfaktorisch, auditiv, visuell …) kennenzulernen. Zudem erfährt es, dass es auch bei anderen Menschen in Sicherheit sein kann. Ihre Stimmen, ihr Verhalten, ihr Geruch, ihre Bewegungsmuster sind alles neue Sinneserfahrungen für dein Baby.

In der Trage schlafen?

Viele Eltern haben die Sorge, dass ihr Baby in der Nacht weniger oder schlechter schläft, wenn es am Tag in der Tragehilfe bereits mehrere Schlafeinheiten hatte. Tatsächlich verhält es sich genau umgekehrt. Dein Baby bekommt durch die Schlafphasen am Tag in der Tragehilfe die Chance, bereits einen großen Teil der unzähligen Eindrücke zu verarbeiten. Schläft dein Baby tagsüber, begleitet von Umgebungsgeräuschen in der Helligkeit an deinem Körper in der Trage, wird es vermutlich nicht in den Tiefschlaf fallen, sondern eher in mehrere leichte REM-Phasen, die für die Hirnentwicklung sehr wichtig sind (siehe Kapitel »Schlaf: Einsam oder Gemeinsam?«). Ein Tag-Nacht-Rhythmus-Gefühl kann sich dadurch viel leichter entwickeln als in einem abgedunkelten Zimmer, in dem eine weitere Nacht vorgegaukelt wird.

Physiologische Aspekte des Tragens und Getragen-Werdens

Es ist so spannend zu sehen, wie auch die körperliche Entwicklung durch das Tragen begünstigt und optimal unterstützt werden kann. In einigen Ländern gilt das Tragen der Babys sogar als Therapiemethode bei auffälligem Hüftbefund. Es zeigt sich, dass das, was die Natur sich für uns gedacht und vorgestellt hat, einfach Sinn macht.

Anhock-Spreiz-Haltung

Menschenbabys zeigen uns schon direkt nach der Geburt, wie ihr Körper funktioniert. Ihre Haltung lässt ganz deutliche Rückschlüsse darauf zu, dass unser Körper für das Getragenwerden konzipiert ist. In Rückenlage, aber auch wenn man sie hochnimmt, nehmen Babys die Position ein, die für ihre Reifung außerhalb des Mutterleibs perfekt ist, nämlich die anatomisch günstigste Stellung des Oberschenkelkopfes in der Hüftgelenkspfanne: die Anhock-Spreiz-Haltung (AHS).

Hüftentwicklung

Babyknochen sind anders als die Knochen eines Erwachsenen. Bei Babys verändert sich zudem außerhalb des Mutterleibs noch unglaublich viel. Beispielsweise entwickelt sich die Hüftgelenkspfanne noch weiter. Zum Zeitpunkt der Geburt umschließt die Pfanne den Oberschenkelknochen zu etwa zwei Fünftel. Ist die Hüftgelenkspfanne ausgereift, umschließt sie den Kopf zu ungefähr drei Fünftel. Die bis dahin noch knorpeligen Strukturen der Hüftgelenkspfanne (hier insbesondere die Pfannenränder) können optimal reifen und verknöchern, wenn sie Bewegungsreizen, Druck und Reibung ausgesetzt sind. Diese Bewegungen sollten immer wieder in verschiedene Richtungen Impulse geben und nicht immer auf die gleiche Stelle wirken.

Optimale Bedingungen beim Tragen

Auch hier wird wieder deutlich, dass unser Körper für das Tragen ausgelegt ist, denn beim Tragen herrschen optimale Bedingungen für die Hüftreifung. Unsere Babys bewegen sich in der Regel im Tragetuch oder einer geeigneten Tragehilfe minimal mit. Die Tiefenmuskulatur arbeitet, Bewegungen des Trägers werden mitgemacht oder eine kurzfristige Gewichtsverlagerung ausgeglichen. Durch diese Bewegung des Babys wird der Oberschenkelkopf in der Pfanne bewegt, es werden die zur Verknöcherung notwendigen Reize in alle Richtungen ausgeübt.

Liegt das Baby hingegen im Kinderwagen, Bettchen, Wipper etc., werden meist kontinuierlich gleiche Reize auf die Hüftgelenkspfannen ausgeübt, da das Baby stetig die gleiche, statische Haltung einnimmt. Diese Haltung ist nicht wirklich optimal für die Reifung und Entwicklung der Hüfte und der Wirbelsäule. Die wichtige Anhock-Spreiz-Haltung verliert sich, da dem Baby meist noch der notwendige Muskeltonus fehlt, um die Haltung im Liegen beizubehalten. Federkissen auf dem Baby verhindern zusätzlich wichtige Bewegungsmuster. Die noch leicht gerundete Wirbelsäule liegt gerade auf der Matratze. Somit ist es für das Baby nicht möglich, eine natürliche Haltung einzunehmen, bei der sich der Rücken weiterhin leicht runden kann.

Sitz gerade, Kind!

Die Wirbelsäule von Neugeborenen und von Erwachsenen unterscheidet sich erheblich. Während das Neugeborene aufgrund der noch nicht für den aufrechten Gang trainierten Muskulatur noch eine eher leicht gerundete Wirbelsäule hat, finden wir beim Erwachsenen die doppelte S-Form. In welchen Etappen erfolgt nun die Aufrichtung?

Die Aufrichtung des Körpers im ersten Lebensjahr

Symmetrie | **Asymetrie**

Blickkontakt, wachsende Neugier, starker Schluck- und Saugreflex.

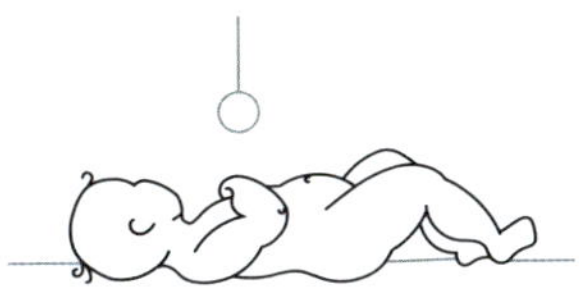

Erstes Lächeln, wichtig für geistige und soziale Entwicklung, erste Laute, beginnende Hand-Hand-Koordination, nimmt sich selbst wahr.

Augen geben Impuls für beginnende Kopfkontrolle.

Symmetrischer Unterarmstütz mit geöffneten Händen = Voraussetzung für koordinierten Gang, normale Sprachentwicklung und geistige Entwicklung, kann Kopf gut halten.

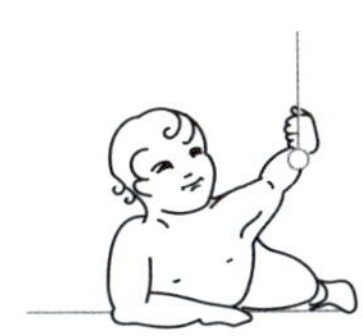

Erstes Greifen in Rückenlage, beginnt sich auf die Seite zu drehen, Händen spielen miteinander, Erforschen eines Spielzeuges in Bauchlage.

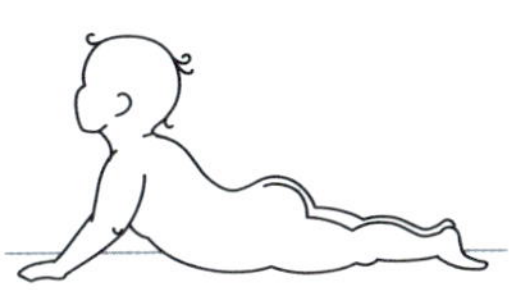

Handstütz mit geöffneten Handflächen, dreht sich vom Rücken auf den Bauch.

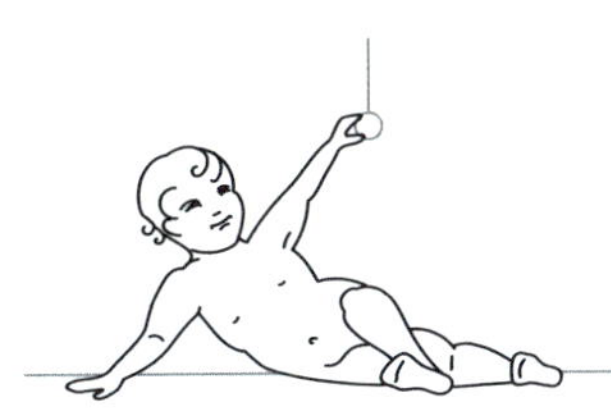

Greifen über die Körpermitte hinaus, Gegenstände wechseln die Hände, Gehirnhälften haben sich miteinander verbunden = Voraussetzung für das Drehen vom Rücken auf den Bauch.

Robben, kommt in den Vierfüßlerstand, Rocking (vor und zurück schaukeln), dreht sich vom Bauch auf den Rücken, spielt mit den Füßen, fremdelt.

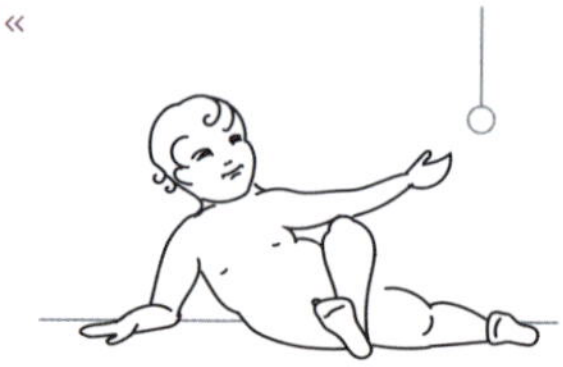

Schräger Sitz, kommt selbstständig zum Sitzen, fängt an zu krabbeln.

Mit beiden Händen hochziehen, Kniestand mit beiden Knien, Orientierung nach oben.

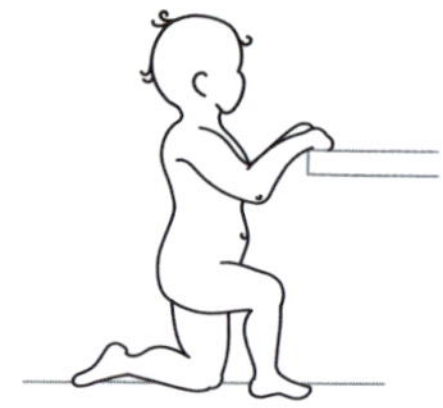

Halbkniestand = Knien auf einem Knie.

Mit beiden Händen hochziehen, Kniestand mit beiden Knien, Orientierung nach oben.

Erste Schritte, Schaukelbewegung zur Seite, kann beim Gehen stoppen und Richtung wechseln.

Alle Babys richten sich nach dem gleichen Schema auf

Die Entwicklung der Wirbelsäule passiert nicht einfach von einem Moment auf den anderen, sondern durch die sich kontinuierlich aufbauende Muskulatur des Babys. Babys wollen sich entwickeln, und sie bringen ein Muster mit, das überall auf der Welt in der gleichen Reihenfolge abläuft. Egal, ob in Paderborn oder Peru: Die Aufrichtung der Wirbelsäule von der leicht gerundeten zu der typischen erwachsenen Doppel-S-Form läuft weltweit gleich ab. Vielleicht nicht in der gleichen Zeit, denn jedes Kind bringt einen eigenen Charakter mit, aber in der gleichen Reihenfolge.

- Totalkyphose: Auf der ersten Abbildung ist zu sehen, dass die Wirbelsäule noch relativ rund ist. Babys liegen lange Zeit vollständig »zusammengeklappt« und rund im Bauch der Mutter. Die Aufrichtung beginnt mit der Geburt durch die stetige Entwicklung der Muskulatur.
- Halslordose: Die Aufrichtung der Wirbelsäule beginnt mit der Aufrichtung der Halswirbelsäule. Das Baby begibt sich nun sicher in den Unterarmstütz. Das geschieht meist etwa im Zeitraum vom dritten bis zum fünften Lebensmonat.

- Brustkyphose: Das Baby ist in der Lage, sich selbstständig hinzusetzen – das passiert meist durch Wippen und Abrollen aus dem Vierfüßlerstand. Sobald das Baby sich selbst hinsetzt, darf es auch so lange sitzen, wie es mag. Vorher sollte man es immer noch stützen und halten!
- Lendenlordose: Das Baby steht frei und sicher, lernt laufen.

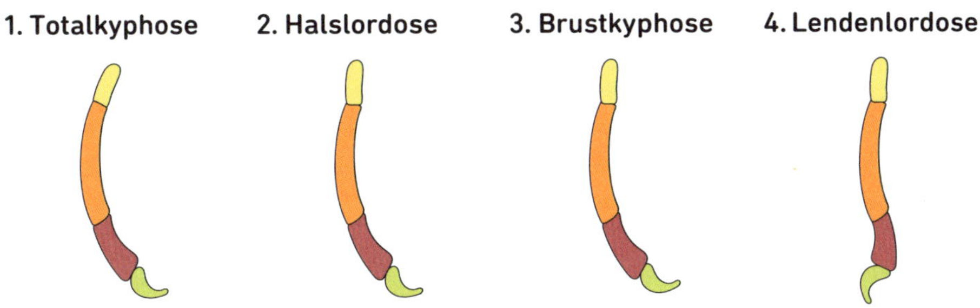

Die Aufrichtung der Wirbelsäule folgt überall auf der Welt diesem Ablauf.

Die vollständige Entwicklung der Wirbelsäule ist allerdings erst mit Einsetzen der Pubertät abgeschlossen. Übrigens sprechen wir in der Beratung, wenn es um die richtige Tragehaltung geht, auch eher von einem »gerundeten« Rücken als von einem Rundrücken. Der Rundrücken (Hyperkyphose) ist nämlich ein medizinisches Krankheitsbild, der gemeinhin als Buckel bekannt ist.

Wir sollten also aufrecht transportiert werden!

Unsere Wirbelsäule und auch unsere Hüfte zeigen uns deutlich, dass wir für den aufrechten Transport gedacht sind. Die Bandscheiben zwischen den einzelnen Wirbeln sind dazu designt, Stöße oder Drehbewegungen wie Stoßdämpfer abzupuffern. So verhindern sie ein Aufeinanderprallen oder -reiben der Wirbel. Bandscheiben bestehen aus zwei Schichten: einem festen Außenring und einem Gallertkern, der einem Wasserkissen gleicht. Durch den täglichen Gebrauch als Stoßdämpfer beim Gehen, Stehen, Sitzen verlieren sie an Dicke, was auch erklärt, warum wir am Abend ein wenig kleiner sind als am Morgen, wenn die Bandscheiben sich in der Nacht wieder vollsaugen konnten. Sobald man länger liegt – vorzugsweise in Embryonalhaltung, um die Wirbel durch den runden Rücken auseinander zu drücken –, regenerieren sie sich. Der Gallertkern kann dann aus seiner Umgebung perfekt die notwendige Flüssigkeit aufnehmen.

Liegen unsere Babys im Kinderwagen, können ihre Bandscheiben keinerlei Stöße oder Bewegungen abpuffern. Die Federungen des Kinderwagens sollen hier zwar Abhilfe schaffen – ob es hilft, kann man nicht genau sagen –, aber dass es der Physiologie des Babys nicht entspricht, wird doch recht deutlich. Unsere Hüften und unsere Wirbelsäule erfüllen sämtliche Voraussetzungen, um getragen, aber nicht um geschoben zu werden.

Vom Tragen bekommt man aber Rückenschmerzen ...

Der Rücken wächst mit seinen Aufgaben. In der Regel starten wir mit dem Tragen unseres Babys, wenn es noch winzig klein ist. Die meisten Babys wiegen nach der Geburt und den ersten zwei bis drei Wochen zwischen drei und fünf Kilogramm. Beginnen wir jetzt damit, unser Baby kontinuierlich jeden Tag für eine Zeit zu tragen, bauen wir automatisch eine solide Rückenmuskulatur auf, die uns modernen Menschen eher fehlt, als dass sie bereits vorhanden ist. Babys zu tragen ist geradezu als Work-out anzusehen, welches wir ganz nebenbei absolvieren. Gut aufgerichtet und bequem zu tragen, ist somit eine Win-win-Situation. Das Baby ist dort, wo es sein möchte und sollte, der Träger hat vermutlich so wenige Rückenschmerzen wie seit Jahren nicht mehr.

Dürfen Babys nicht erst mit drei Monaten getragen werden?

Über den Tragestart kursieren die wildesten Angaben. Die meisten Skeptiker raten, ein Baby erst ab dem dritten Monat zu tragen, weil es dann das Köpfchen schon einigermaßen halten kann. Schauen wir aber in der Menschheitsgeschichte zurück, wird uns schnell klar, dass kein Nomadenvolk für drei Monate angehalten hätte, wenn mal wieder ein Baby geboren wurde. Tatsächlich haben sich damals die Zyklen der Frauen sogar so aneinander angepasst, dass die Babys in einem kurzen Zeitabstand zueinander geboren wurden, um nicht allzu lange rasten zu müssen. Sobald die Nahrung knapp wurde, reiste man weiter – mit den Babys nah am Körper in direkter Nähe der Brust.

Von Geburt an!

Alle Babys können ab der Geburt getragen werden. Bei sehr kleinen Babys ist eine Trageberaterin gern zur Stelle, denn natürlich sind kleine Wesen ohne richtigen Muskeltonus schwerer einzubinden als Babys, die bereits vier Monate lang viel Milch trinken und ihre Muskulatur stärken konnten.

Wer sich fit fühlt, kann also direkt loslegen. »Experten«, die davon abraten, sind in der Regel nicht ausreichend fortgebildet und scheuen sich, diese Empfehlungen auszusprechen, weil sie zu wenig über das Tragen wissen. Hinzu kommt, dass besonders Tragehilfen erst in den letzten zehn Jahren ergonomisch wurden. Vorher wurde sowohl im Tuch als auch in Tragehilfen oft so getragen, dass Physiotherapeuten bei Neugeborenen nur davon abraten konnten.

Heutzutage weiß man, dass das Tragen die körperliche Entwicklung des Neugeborenen unterstützt; so hat beispielsweise die Humanethnologin Evelin Kirkilionis mit 190 Kindern Langzeitstudien durchgeführt, um herauszufinden, ob durch das Tragen Schädigungen an der Wirbelsäule auftreten. Bei keinem der untersuchten und begleiteten Kinder konnten Schäden festgestellt werden. Im Gegenteil, es zeigten sich deutliche Verbesserungen der Hüftentwicklung, und das gerade auch bei den Kindern mit Hüftdysplasien.[14]

Vier Punkte zum Babytragen

Ein Baby zeigt, wie es getragen werden möchte! Die wichtigsten Aspekte sind:

- freie Atemwege (Achtung: die ausgeatmete Luft sollte abtransportiert werden können, damit sich keine CO2-Nester bilden),
- die Anhock-Spreiz-Haltung (ASH),
- der Rücken sollte sich rund machen können und
- eine gute Stützung rundherum: Das Baby »tanzt« also mit uns zusammen und nicht vor uns herum.

Ein Fazit

Menschenbabys gehören auf den Arm! Ein Baby erwartet nichts anderes, als getragen zu werden. Es braucht sowohl für den körperlichen als auch den geistigen Wachstumsprozess die Nähe und die Sicherheit auf Augenhöhe. Es gibt ganz viele verschiedene Arten des Tragens. Alle davon – bis auf wenige Ausnahmen – sind besser als das dauerhafte Liegen in einem Kinderwagen. Der Kinderwagen hat dennoch auch seine Berechtigung. Er kann uns im Alltag entlasten, wenn das Kind gern darin fährt. Zum Transport schwerer Einkäufe ist er unschlagbar. In die große Wanne passen tatsächlich viel mehr Einkäufe als in das kleine Netz darunter. Es ist dennoch gut zu wissen, dass unsere Babys ganz normal und kompetent ihre Entwicklung und Bedürfnisse im Blick haben, wenn sie im Kinderwagen weinen. Jedes Kind ist anders und mit allem, was du hier über die kindliche Entwicklung gelesen hast, kannst du jetzt deine ganz eigene Entscheidung treffen.

Tragen – Tipps für den Alltag

Man kann in allen Lebenslagen tragen, es gibt aber durchaus besondere Situationen oder auch spezielle Momente im Alltag, auf die wir hier genauer eingehen wollen.

Tragen im Winter

- Nähe wärmt am besten. Daher sollten Babys am Körper getragen werden, mit möglichst wenig Stoff zwischen Träger und Baby.
- Tragejacken, Tragecover, Jackenerweiterungen wärmen den Träger und das Baby zusammen. Gleichzeitig spürt man schnell, ob das Baby zu kalt ist oder vielleicht zu viel Kleidung trägt.
- Zwiebelprinzip: Lieber mehrere Schichten, die man zur Not auch ausziehen kann, als eine einzige dicke Schicht einplanen. Tragetuch und Tragehilfe ersetzen hier eine Kleidungsschicht.

Tragen im Sommer

- Nach Möglichkeit Schatten aufsuchen und direkte Sonne meiden. Ein Schirm oder Sonnenhut kann helfen, wenn kein Schatten da ist. Vor allem den Kopf und die Füße des Babys vor der Sonne schützen.
- Tragehilfe oder Tragetuch ersetzen eine Kleidungsschicht. Sinnvoll sind UV- und Wolle-Seide-Kleidung, oder einfach ohne!
- Es gibt ein großes Angebot an Babystulpen, die die Füße und Beine des Babys im Sommer vor der Sonne und im Winter vor Kälte schützen.
- Durch vermehrtes Schwitzen des Tragenden wird die Temperatur des Babys besser reguliert. Schweiß ist unsere Klimaanlage, und da Babys noch nicht richtig schwitzen können, übernimmt unser Körper diese Funktion für sie.

Babys benötigen bei Hitze mehr Milch! Bitte nicht vermehrt Wasser füttern, da es zu einer Wasservergiftung kommen kann (siehe Kapitel »Wieviel Wasser sollte mein Baby trinken?«). Stillen im Tuch oder in der Tragehilfe zeigt dir deine Trageberaterin.

Zu Hause

Das Tragen erleichtert den Alltag mit dem Baby ungemein. Wie wir wissen, weinen Babys weniger, wenn sie getragen werden. Das schont unsere Nerven, und zudem haben wir durch eine Tragehilfe auch wieder beide Hände zur Verfügung. Freiheit durch Bindung, könnte man sagen!

Doch auch im Alltag kommen Fragen und Unsicherheiten auf, auf die wir hier noch eingehen möchten.

Bewegung, Bewegung ...

Babys halten einen im wahrsten Sinne »auf Trab«, denn Bewegung ist das, was sie besonders mögen. Nur wenige Babys akzeptieren es also, dass man ruhig steht oder gar versucht sich gemütlich hinzusetzen. Um dabei erfolgreich zu sein, ist oft eine Tiefschlafphase des Babys erforderlich. Aber wer hat schon große Lust, den ganzen Tag umherzulaufen …? Da wir mit Fug und Recht auch mal ein wenig faul sein dürfen, empfehlen wir hier immer gern einen Gymnastikball als Sitzgelegenheit. Egal, ob am Familientisch oder vor dem Computer, auf dem Gymnastikball bleibt man in Bewegung, was uns auch guttut, und kann gleichzeitig sitzen bleiben.

Und falls das aus verschiedenen Gründen doch gerade nicht möglich ist, lassen sich auch Hausarbeiten gut mit Tragehilfe verrichten. Ob nun Staubsaugen oder die Geschirrspülmaschine ausräumen – jede unserer Bewegungen gibt unserem Baby Impulse für die Sinne. Während wir also durch die Bude fegen, machen wir die »Pampersgymnastik« ganz nebenbei.

Das schlafende Baby ablegen

Möchte man das Baby ablegen, wenn es eingeschlafen ist, muss dies mit aller Vorsicht geschehen, denn die Alarmanlagen unserer Kleinen sind leider auch im Schlaf auf seismografischen Empfang eingestellt.

Hier solltest du also erst einmal prüfen, ob das Baby wirklich tief schläft (siehe Kapitel »Schlafen«). Beim eigentlichen Ablegen ist es dann wichtig, die Enge und Wärme so lang wie möglich zu halten, indem man sich nur langsam vom liegenden Baby löst und es schnell eng zudeckt. Hier kann man versuchen, die körperwarme Tragehilfe vorsichtig auf dem Baby liegen zu lassen und sich dann wie ein lautloser Ninja davonzustehlen. Irgendwann kennt man jede knarzende Diele …

Kochen

Beim Kochen empfiehlt sich das Tragen auf dem Rücken oder der Hüfte. Alle Tätigkeiten, bei denen Fett spritzt, sollten natürlich aufgrund der Verbrennungsgefahr ohne das

Baby gemacht werden. Dein Baby bekommt hier ganz nebenbei die Möglichkeit, dabei zuzusehen, wie das Essen zubereitet wird und wie zum Beispiel das Kleinschneiden funktioniert. In der Regel erzählen wir unserem Baby automatisch, was wir gerade tun, was für die Sprachentwicklung fantastisch ist. Denn auch wenn dein Baby noch nicht alle Zusammenhänge versteht, sind es doch genau diese Momente, die es unseren Kindern leichter machen, Sprache und Dinge miteinander in Verbindung zu bringen.

Kleidung

Grundsätzlich sollte die Kleidung bequem sein. Babys brauchen keine kleinen Jeans und Hemdchen, denn sind nicht genau das die Kleidungsstücke, die wir als erstes von uns reißen, wenn wir endlich zu Hause sind? Tragen ist Zu-Hause-Sein. Daher achte auf lockere, bequeme Kleidung für dein Baby! Strampelanzüge müssen beim Tragen unbedingt ein bis zwei Nummern größer getragen werden. Andernfalls ist zu viel Spannung an den Fußsohlen, was dem Baby und dem Strampler nicht gefallen wird.

»Experten«-Bullshit

Woher kommt's?

»Das Tragen des Kindes ist eigentlich stets unnöthig, weil eine Verwöhnung. Ist aber ein Kind einmal verwöhnt, so ist daran meist nicht viel zu ändern.«

Dr. med. Ernst Kormann: *Das Buch von der gesunden und kranken Frau*, 1883

»Versagt auch der Schnuller, dann liebe Mutter, werde hart! Fange nur ja nicht an, das Kind aus dem Bett herauszunehmen, es zu tragen, zu wiegen, zu fahren oder es auf dem Schoß zu halten, es gar zu stillen. Das Kind begreift unglaublich rasch, daß es nur zu schreien braucht, um eine mitleidige Seele herbeizurufen und Gegenstand solcher Fürsorge zu werden. Nach kurzer Zeit fordert es diese Beschäftigung mit ihm als ein Recht, gibt keine Ruhe mehr, bis es wieder getragen, gewiegt oder gefahren wird – und der kleine aber unerbittliche Haustyrann ist fertig.«

Johanna Haarer: *Die deutsche Mutter und ihr erstes Kind*, 1938, S. 160

»Das Kind gewöhnt sich an die ständige Nähe und Fürsorge eines Erwachsenen und gibt bald keine Ruhe mehr, wenn es nicht Gesellschaft hat und beachtet wird. Es sitzt zu viel auf dem Arm der Mutter und kriecht und krabbelt zu wenig.«

Johanna Haarer: *Die deutsche Mutter und ihr erstes Kind*, 1938, S. 224

Was wir uns noch heute anhören dürfen

Kinderkrankenschwester: »Im Tragetuch kriegt das Kleine doch gar keine Luft.«

Hebamme: »Ja nicht jedes Mal hochnehmen, wenn sie schreit, sonst erziehe ich mir einen Tyrannen!«

Paartherapeut: »Wenn einer von Ihnen ständig das Kind herumträgt, steht das wie ein Störenfried immer zwischen Ihnen.«

Orthopäde: »Na kein Wunder, dass Sie Rückenschmerzen haben, wenn Sie Ihr Kind so verwöhnen.«

Physiotherapeut: »Sie dürfen Ihr Kind nicht länger als drei Stunden tragen! Das schädigt sonst die Wirbelsäule des Kindes.«

Hebamme: »Oh mein Gott, hol das Kind da raus. Das ist so gefährlich für den Rücken, wenn der so rund ist. Leg sie doch ins Bettchen!«

Baby Basics

- ★ Dein Baby ist ein Tragling.
- ★ Du kannst dein Baby von Beginn an tragen.
- ★ Tragen unterstützt die motorische, seelische und physiologische Entwicklung deines Babys optimal!
- ★ Wenn dein Baby tagsüber oft in der Tragehilfe schläft, schläft es in der Nacht in der Regel besser.
- ★ Beim Tragen kann man nicht viel falsch machen.
- ★ Richtiges Tragen kräftigt deine Rückenmuskulatur.
- ★ Du kannst dein Baby so lange tragen, wie es dir gefällt und dein Baby es mag.
- ★ Der Babyrücken sollte sich in der Tragehilfe oder dem Tuch schön rund machen können, aber fest gestützt sein.
- ★ Du solltest dein Baby nicht mit dem Gesicht nach vorn tragen – Reizüberflutung kann zu Schreiphasen führen, besonders am Abend.
- ★ Der Stoff unter dem Popo sollte von Kniekehle zu Kniekehle reichen.
- ★ Dein Baby ist an deinem Körper besser aufgehoben als in einem Kinderwagen.

Tja, … und nun?

- Das Allerwichtigste ist, dass du es bequem hast. Es gibt einen riesigen Unterschied zwischen »Schleppen« und bequemem Tragen, gönn dir deshalb eine Trageberatung bei einer geprüften Beraterin! Das kann euer Leben verändern.
- Tragen ist das Stillen der Väter – Papas bekommen durch das Tragen eine Möglichkeit zur Beruhigung und zum Bindungsaufbau an die Hand. Auch Männer schütten beim Tragen das Glückshormon Oxytocin aus.
- Man kann gar nicht so viel falsch machen!
- Tragen ist viel effektiver als »Pampersgymnastik«. Auch wenn dein Baby gern im Kinderwagen liegt, nutze das Tragen im Alltag ganz bewusst, so oft du kannst und magst.
- Tragen hilft bei Koliken. Der Bauch ist schön warm, die hockende Position tut dem Baby gut und deine Bewegungen massieren den Bauch sanft.
- Babys wollen in Bewegung bleiben. Hier kann ein Gymnastikball helfen. So kannst du trotzdem entspannt vor dem Computer oder am Esstisch sitzen und musst nicht mit dem Baby herumlaufen.
- Es gibt nicht die beste Tragehilfe! So wie es auch nicht die beste Jeans gibt. Jede Familie oder – besser noch! – jeder, der trägt, empfindet anders – dein Baby im Übrigen auch!

Schlaf, Baby, schlaf doch endlich!

Schläft es denn schon durch?

Der Babyschlaf ist scheinbar das Wetter der Mütter. Sobald wir Eltern werden, sind unsere Nächte gefühlt das einzige Smalltalk-Thema für alle – auch für Fremde im Bus: »Schläft sie schon durch?«, »Wie war eure Nacht?«, »Wie, er wird wirklich so oft wach in der Nacht?« Wer kennt sie nicht, die interessiert-aufdringlichen Fragen aus der teilnahmsvollen Umgebung … Das Spannende ist, dass wir es hier mit einem sehr europäischen Verhalten zu tun haben. In anderen Ländern dieser Erde ist der Säuglingsschlaf kaum ein Thema.

Was bedeutet eigentlich »durchschlafen«?

Kaum jemand weiß: Durchschlafen bedeutet laut wissenschaftlicher Definition, dass wir fünf Stunden am Stück schlafen. Dass wir es also schaffen, innerhalb eines Zeitraums von fünf Stunden selbstständig von einem Schlafzyklus in den nächsten hinüberzugleiten, ohne aufzuwachen. Und wer hätte es gedacht? Genau das gelingt selbst kleinen Babys schon recht früh. Allerdings meist dann, wenn wir davon nichts haben. In der Zeit zwischen 20 und 1 Uhr, wenn wir uns erfolgreich noch mal aus dem Zimmer schleichen und uns zu unserem Partner auf die Couch kuscheln, schlafen unsere Babys in der Regel sehr gut und lange am Stück. Da wir Eltern aber häufig erst kurz vor Mitternacht ins Bett gehen, erleben wir unsere Nächte als besonders anstrengend, da das Baby per Definition um Mitternacht ja bereits durchgeschlafen hat. Ab diesem Moment werden die Babys nämlich häufiger wach, wollen ständig Milch trinken und werden aktiver.

Der Mensch schläft in Zyklen

Wir Menschen schlafen in Zyklen und das die ganze Nacht hindurch. Ein Schlafzyklus dauert etwa 90 bis 120 Minuten und dient dazu, sich zu entspannen, auszuruhen und den Tag zu verarbeiten. Etwa alle 90 Minuten werden wir kurz wach, prüfen unbewusst, ob die Welt um uns herum noch in Ordnung ist und gleiten in den nächsten Schlafzyklus. Etwa drei bis fünf von diesen Zyklen durchlaufen wir pro Nacht. Am nächsten Morgen wissen wir davon nichts mehr und sind uns sicher, wir hätten durchgeschlafen. Schlafen wir jedoch in einem Hotel oder in einem Zelt, so bekommen wir unsere nächtlichen Wachphasen sehr wohl mit, da wir wesentlich länger die Umgebung checken, bis wir beruhigt wieder einschlafen. Daher können wir uns auch am nächsten Morgen bewusst daran erinnern. Schlafen wir eine weitere Nacht in dieser Umgebung, so fällt diese schon ruhiger aus, und nach einiger Zeit schlafen wir auch hier durch. Fakt ist: So privilegiert wir in unseren modernen, sicheren Häusern auch sein mögen – unsere Sicherheitsmechanismen greifen auch heute noch jede Nacht! In einer fremden Umgebung ist das ja auch durchaus sinnvoll und ein sehr willkommenes Alarmsystem.

Unser Schlaf vor dem ersten Kind

Je aufregender die Tage sind, desto aktiver ist unser Körper in der Nacht, denn er hat einiges zu tun. Während sich unser Bewusstsein abschaltet, wird in unserem Körper bis zum Morgengrauen sortiert und repariert.

Wenn es dunkel wird und das Rot des Sonnenuntergangs auf unsere Netzhaut trifft, dann schüttet unser Körper Melatonin aus. Dieses Hormon macht uns müde, unsere Handlungen werden träger und wir frieren mehr.

Wenn wir einschlafen, verlangsamen sich unsere Hirnstromwellen und die notwendige Entspannung tritt ein. Den Zeitpunkt des Einschlafens bekommen wir nicht mit. Es ist wie ein plötzliches Ausschalten unseres Bewusstseins. Der Cortisol-Spiegel sinkt, der des Wachstumshormons steigt, unsere Muskeln, Haut und Haare erneuern sich und unsere Wunden heilen. Im Schlaf bilden wir Antikörper gegen Infektionen, was das erhöhte Schlafbedürfnis bei Erkältungen erklärt.

In der ersten Nachthälfte verarbeiten wir die Tagesereignisse und leeren so unseren Speicher für den nächsten Tag. Unbrauchbares wird gelöscht, wichtige Informationen werden in das Langzeitgedächtnis transportiert. Hier lagern nun unsere Erfahrungen und Erinnerungen.

In der zweiten Hälfte der Nacht träumen wir oft sehr bizarre Träume, die wir meist am nächsten Morgen nicht einmal mehr wiedergeben können, weil es ihnen vollständig an Logik fehlt. Man vermutet, dass das Gehirn durch diese Träume die kreative Unterfordерung des Tages kompensiert und seine Fantasie endlich ungehindert entfalten kann.

So gleiten wir auf den Wellen des Schlafes von der Tiefschlaf- zur REM-Schlafphase durch die etwa 90-minütigen Schlafzyklen.

Interessanterweise sind wir zwar während der Nacht ohne Bewusstsein, doch unsere Sinne sind vollständig auf Empfang gestellt. Der Thalamus, der auch Tor zum Bewusstsein genannt wird, filtert die Informationen unserer Sinnesorgane für uns vor und lässt nur das durch, was wichtig erscheint. Sinneseindrücke, die mit tiefen Emotionen verbunden sind, dringen besonders gut durch.

Vertraute Umgebungsgeräusche lassen uns also nicht hochschrecken. Sollten es aber fremdartige Geräusche sein, funktioniert unsere interne Alarmanlage sehr gut. Das wird uns bewusst, wenn wir in einer anderen Umgebung als der eigenen schlafen. Ganz besonders fällt es beim Camping auf. Wenn hier ein Igel durch das Gebüsch läuft, sind unsere Sinne mehr als geschärft und wir gleiten erst dann wieder in den nächsten Schlafzyklus,

wenn wir wissen, dass alles um uns herum sicher ist.
Gegen Morgen steigt der Cortisolspiegel wieder, der Schlaf wird leichter, unsere Nierentätigkeit wird angeregt und in kleinen Etappen wacht unser Gehirn wieder auf.

Wie schlafen Babys?

Wir neigen dazu, die Dinge, die wir Erwachsenen gut können, auch von unseren Kindern zu erwarten. Warum sollte es beim Schlaf anders sein? So manch ein »Experte« propagiert sogar, Kinder hätten eine Schlafstörung, wenn sie mit sechs Monaten noch nicht alleine schlafen oder durchschlafen – sie müssten das Schlafen »lernen«. Und genau hier liegt das Problem. In unserer Gesellschaft kursieren die wildesten Ideen, wie ein Baby »sich zu verhalten hat«, und viele Eltern haben dadurch sehr unrealistische Vorstellungen, wie der Babyschlaf funktioniert.

Der Tag-Nacht-Rhythmus

Da jedes Kind anders ist, andere Tagesabläufe, andere Eltern und eine andere Umgebung mit anderen Reizen erlebt, ist es auch nicht verwunderlich, dass jedes Kind ein anderes Schlaf- und Ruhebedürfnis hat. Schau auf dein Baby und nicht auf Zahlen oder Rhythmen!
Mit etwa vier Monaten pendelt sich allmählich ein Tag-Nacht-Rhythmus ein. Wenn du dein Baby in einer Tragehilfe trägst und nicht in ein abgedunkeltes Zimmer für den Mittagsschlaf legst, wird es noch eher ein Gefühl dafür bekommen. Durch das ständige Miterleben des Alltags und den Wechsel von hell und dunkel gelingt es dem Kind schneller, den Tag von der Nacht zu unterscheiden. Wie viel ein Kind tagsüber schläft, ist abhängig vom ganz individuellen Schlafbedarf und folglich bei jedem Kind anders.

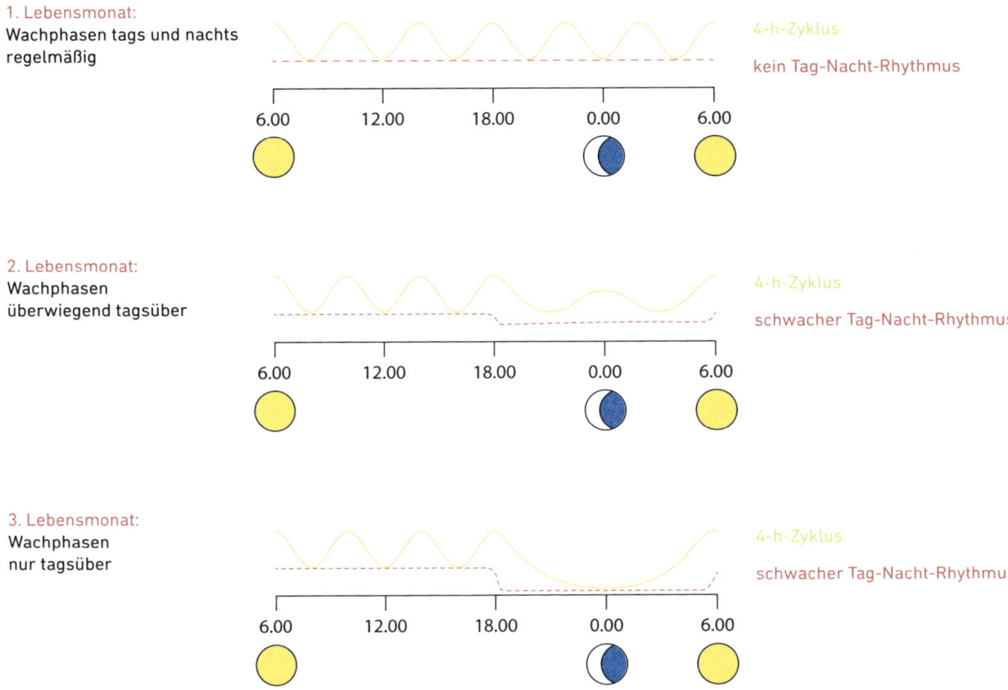

Schlafentwicklung bei Säuglingen: Nach der Geburt sind Schlafen und Wachen regelmäßig über Tag und Nacht verteilt, erst mit der Zeit entsteht ein erkennbarer Tag-Nacht-Rhythmus.[15]

Die Bindung und der Schlaf

Die Bindung hat ebenfalls einen Einfluss auf das Schlafverhalten von Kindern. Untersuchungen haben ergeben, dass sich gut gebundene Kinder nachts häufiger melden, weil sie wissen, dass ihre Bedürfnisse angehört und respektiert werden. Unsicher gebundene Kinder lassen ihre Eltern nachts zwar durchschlafen, was aber weder heißt, dass die Kinder selbst ebenfalls durchschlafen, noch dass es ihnen in der Nacht gut geht. Sie liegen auch wach, melden sich aber nicht, weil sie die Erfahrung gemacht haben, dass sie nicht gehört werden. Hier stellt sich uns direkt wieder die Frage nach dem Erziehungsziel. Das kurzfristige Erziehungsziel sind ruhigere Nächte. Möchten wir aber selbstbewusste, starke Kinder mit einem guten Selbstwertgefühl, sollten wir »schlechtere« Nächte in Kauf nehmen – immer mit der Gewissheit, dass wir in diesen Momenten ein wichtiges Fundament für die Zukunft bauen.

Wann schlafen Babys durch?

Zu diesem Thema gibt es unzählige Meinungen und Ideen. Verallgemeinern sollten wir diesen Punkt sowieso nicht, denn jedes Kind, jede Frau und jeder Mann ist anders. Der eine schläft lieber früher ein, dafür aber sehr kurz.[16] Andere Menschen haben vielleicht ein größeres Schlafbedürfnis. Der eine benötigt mehr Sicherheit und Körperkontakt, der andere hat lieber seine Decke für sich.

Wann ein Baby durchschläft, hängt von vielen kleinen Faktoren ab und wird kulturell völlig unterschiedlich bewertet:

- Eltern aus Deutschland und Nordamerika erwarten von ihren Babys, dass sie mit vier bis fünf Monaten durchschlafen.
- Eltern aus Costa Rica und Kamerun dagegen erwarten dies erst mit etwa 3,5 Jahren.
- Eltern aus Indien gehen sogar davon aus, dass ihre Kinder erst etwa mit fünf Jahren durchschlafen. In der Tat entspricht dies auch eher der natürlichen Schlafentwicklung!

Das Schlafzyklendilemma

Die Schlafzyklen von Erwachsenen und Babys haben völlig verschiedene Abfolgen. Während wir Großen zunächst in einen kurzen leichten Schlaf gleiten, direkt gefolgt vom Tiefschlaf, um dann mit einer Traumphase (REM) wieder aufzuwachen, ist das bei Babys andersherum: Sie gleiten erst in die Traumphase, danach in eine ruhige Schlafphase und enden mit der Tiefschlafphase.

Der nach dem Tiefschlaf folgende Zykluswechsel ist der Moment, in dem das Kind erwacht, die Lage überprüft, um dann wieder in die nächste Traumphase zu gleiten. Nur wenige Kinder schaffen diesen Übergang in die etwas unruhigere REM-Phase problemlos allein. Die meisten Babys benötigen hier die Rückversicherung über Körperkontakt, Stillen und Kuscheln. Liegen wir direkt neben unserem Baby, wird es in der Regel gar nicht erst richtig wach, sondern erfährt direkt die Nähe und Sicherheit, die es braucht, und kommt somit leichter wieder in den nächsten Schlafzyklus. Dauert das Warten auf die wichtige Rückversicherung zu lang, wird das Kind richtig wach – und das will vermutlich keiner!

Ja, und wann schlafen Babys denn nun durch?

Jedes Kind ist anders! Die einen schlafen bereits mit wenigen Wochen durch, die meisten aber die ersten Jahre noch nicht. Durchschlafen ist eine Frage der Hirnreife, und das Gehirn entwickelt sich leider besonders gut in der Nacht – mit viel Milch. Es wächst in Schüben. Daher ändert sich auch der Schlafrhythmus von der Geburt bis mindestens zum zweiten Lebensjahr immer wieder in Schüben. Die Wach- und Schlafperioden gleichen sich im Lauf der Zeit immer mehr denen eines Erwachsenen an.

Wachstumsschübe – oder: »Noch mal von vorn ...«

Schläft das Kind besser oder sogar durch, zieht ein Hauch von Erleichterung und Euphorie durch unsere Schlafzimmer. Bald ist es geschafft, denken wir in diesem Moment. Ja, und dann? Doch wieder nicht. Kinder befinden sich in ständiger Entwicklung und sind dieser hilflos ausgeliefert. Großwerden ist aufregend, und wer aufgeregt ist, schläft bekanntlich schlecht. Die Veränderungen in den Schlafzyklen von Babys laufen nahezu parallel zur Hirnentwicklung, und ob ein Kind einfach wieder einschläft und länger ruhig schlafen kann, ist unter anderem eine Frage der Entwicklungsphase. Diese ändert sich in den ersten Lebensjahren immer mal wieder. Babys im Alter von etwa drei Monaten wachen durchschnittlich zwei bis drei Mal in der Nacht auf. Mit neun Monaten sind es sogar bis zu fünf Mal pro Nacht und mit zwölf Monaten wieder etwa zwei bis drei Mal. Auch dies verunsichert Eltern häufig, wenn das Kind schon einmal durchgeschlafen hat.

Die Wachstumsschübe des Gehirns finden statt:

- mit etwa drei bis vier Monaten, wenn das Baby greifen lernt,
- mit ungefähr acht Monaten, wenn es zu krabbeln beginnt,
- um den ersten Geburtstag herum, wenn es laufen lernt und
- mit eineinhalb bis zwei Jahren, also in dem Zeitraum, in dem die Sprachentwicklung auf Hochtouren läuft.

Erwartungen: in allen Beziehungen immer ein Problem

Egal, an wen ich Erwartungen stelle, das Resultat ist sehr unbefriedigend, wenn diese nicht mit dem tatsächlichen Verhalten der anderen Person übereinstimmen. Besonders unsere Babys sind unserer Erwartungshaltung ausgesetzt, da wir immer wieder »gute Tipps« aus dem Bekanntenkreis bekommen, die uns zeigen, wie anders unser Baby scheinbar funktioniert. Und genau deshalb ist es so wichtig, sich gut über unsere Kleinen zu informieren. Wie viel entspannter wäre unser Leben, wenn wir beispielsweise zum Thema Schlafen die Erwartungshaltung übernähmen, die in anderen Ländern herrscht.

Warum schläft es nicht allein ein?

Ein Durchschlafen, so wie wir Eltern uns das gern wünschen, also von acht Uhr abends bis acht Uhr morgens, ist von der Natur nicht vorgesehen. Nicht einmal bei uns Erwachsenen. Dass wir in Rhythmen schlafen, zwischen denen wir immer wieder kurz erwachen, ist eine eingebaute Schutzfunktion.

Die archaische Alarmanlage

Bei uns Erwachsenen dient diese Art des Schlafes dazu, nachts mehrmals »die Lage zu checken«. Heute, wo wir in soliden Steinhäusern wohnen, mit Rollläden und Alarmanlagen, können wir schnell beruhigt wieder einschlafen. Trotzdem lässt uns unser eingebautes Alarmsystem etwa alle 90 bis 120 Minuten erwachen. Wird nichts Beunruhigendes bemerkt, schlafen wir meist sofort wieder ein und erinnern uns am nächsten Tag nicht mehr daran.

Babys und Kleinkinder haben ihre Alarmanlagen ebenfalls an Bord. Sie sind allerdings noch nicht in der Lage, einzuschätzen, ob die Situation um sie herum nun gefährlich ist oder nicht – also richten sie sich nach dem Urteil der Bezugsperson, was ziemlich schlau ist.

Ist die Bezugsperson nicht verfügbar, wird präventiv losgebrüllt. Denn vor einigen tausend Jahren hat es nicht viele Gründe gegeben, warum ein Baby allein irgendwo gelegen hat – zumindest keine guten. Das Alarmsystem wird also sofort hochgefahren, bis jemand kommt und die vierstellige Geheimzahl eintippt: Kör-per-kon-takt (siehe Kapitel »Einsam oder gemeinsam«)!

Hilfe, wo sind meine Eltern?

Da Babys erst mit etwa acht bis neun Monaten eine Ahnung davon bekommen, was »Objektpermanenz« ist und vorher fest davon ausgehen, dass sich die Bezugsperson quasi auflöst, wenn sie den Raum verlässt, hilft auch kein Rufen aus dem Nachbarzimmer. Selbst ein Handauflegen reicht in der Regel nicht mehr aus. Das Baby muss auf den Arm.

Generell lebt ein Baby stetig zwischen Krieg und Frieden. Ist die Welt in Ordnung, ist es ruhig. Fühlt sich das Baby unwohl oder besteht einfach zu viel Distanz zur Bezugsperson, herrscht Krieg – und das zeigt das Baby deutlich. Das mag für uns etwas übertrieben wirken, war aber für unser Überleben immer von großer Wichtigkeit. Diese Eigenschaf-

ten haben dafür gesorgt, dass wir überhaupt überleben konnten.
Damit uns diese kindliche Alarmanlage nicht in den Wahnsinn treibt, hilft es, wenn wir unsere Schlafbedingungen an die Situation anpassen und so einfach wie möglich gestalten. Das bedeutet: Den Kampf gegen die Natur aufgeben und schauen, was passiert, wenn wir uns ihr hingeben – die Macht der Symbiose kennenlernen. Denn bei aller Anstrengung sorgt die Natur immer auch für einen Ausgleich, wie zum Beispiel durch Hormonausschüttungen.

Mich laust der Affe:

Folgendes wurde festgestellt: Wurden die Affenbabys nachts von der Mutter getrennt, hatte die Affenmutter am nächsten Morgen Schwierigkeiten, auf die Forderungen des Babys genauso feinfühlig einzugehen, wie sie es sonst nach den ungetrennten Nächten tun konnte. Das getrennte Schlafen von Eltern und Kind, wie unsere Kultur sie propagiert, kommt bei Säugetieren eigentlich nicht vor.[17]

Selbstständig (wieder) einschlafen

Damit Kinder gut einschlafen können, müssen Bedingungen geschaffen werden, die mit dem Alarmsystem des Kindes zusammenpassen und Ruhe zulassen:

- Geborgenheit: Hat das Kind Angst, kann es sich nicht entspannen und ist durch das Adrenalin eher aufgeregt. Einschlafen bedeutet für Kinder immer noch ein Abschied ins Ungewisse.
- Müdigkeit: Nur ein müder Mensch kann schlafen. Hat man den müden Punkt verpasst, heißt es nicht nur bei Kindern, dass wir vermutlich eine ganze Schlafzyklus-Länge (also etwa 50 bis 90 Minuten, je nach Alter des Kindes) warten müssen, bis der nächste Müdigkeitsmoment kommt.
- Sättigung: Mit knurrendem Magen schläft es sich nicht gut, das wissen wir alle. Aber auch ein überfüllter Magen ist unangenehm. Schmelzflocken und Co. sind daher eher mit der Gänsemast zu vergleichen als mit einem leichten Abendessen!
- Temperatur: Wer schläft schon gern, wenn die Zähne klappern. Aber auch vor Überhitzung sei gewarnt!

Schaut man sich diese Punkte an, wird deutlich, warum Babys fabelhaft während des Stillens einschlafen. Denn Stillen bedeutet für ein Kind genau das: Geborgenheit, Wärme, Sättigung, rhythmische Bewegungen sowie Geräusche und Hormone, die müde machen.

Schnelle Reaktion ist gefragt

Reagiert man nicht schnell genug auf die Müdigkeitsanzeichen seines Kindes, oder fängt gar noch an, mit ihm zu toben, dann kann es schnell passieren, dass der müde Punkt überwunden ist. Bei kleinen Babys dauert es oft nicht sehr lange, bis sie wieder müde werden. Ist das Kind jedoch schon neun bis zwölf Monate alt, kann man darauf auch gern bis zu 90 Minuten warten. Steht also ein DVD-Abend auf dem Programm, sollte sich der Papa hüten, das Baby noch zu kitzeln, wenn es sich bereits die Augen reibt – es sei denn, er mag den Film nicht.

Je älter das Baby ist, desto schneller gelangt es nach der ersten unruhigeren REM-Phase in die Phase des tiefen Schlafes. Bei zwei Monate alten Babys dauert dies rund 30 Minuten, Babys mit sechs Monaten sind dort bereits nach ungefähr 15 Minuten angelangt.

Eltern aktivieren ihre Ninja-Skills!

Mit diesem Wissen um die Schlafphasen ist es für uns Eltern viel einfacher, uns aus dem Zimmer zu schleichen, wenn das Baby eingeschlafen ist. Das könnte dann ungefähr so aussehen:

- Schlafphase checken.
- Arm des Babys leicht anheben und testen, ob dieser schon schwer und regungslos ist.
- Ganz vorsichtig selbst aus dem Bett rollen.
- Unter Berücksichtigung aller quietschenden Bodendielen das Zimmer wie ein Ninja lautlos verlassen!
- Für Hintergrundgeräusche sorgen – weißes Rauschen (White Noise) oder Meeresrauschen hilft dem Baby in die nächste Schlafphase und schützt vor unnatürlich tiefen Tiefschlafphasen. Hierfür gibt es Apps für das Handy oder Tablet.

Soll man das Kind nicht wach ins Bett legen?

Immer wieder gibt es sogenannte Experten, die empfehlen, dem Kind nichts anzugewöhnen, was man nicht ewig durchhalten kann. Dazu gehört so ziemlich alles, was liebevoll ist, nämlich unter anderem das Einschlafstillen, Kuscheln und (Herum-)Tragen.

Stattdessen wird empfohlen, das Baby wach in sein Bett zu legen – und mit dieser Info werden wir Eltern dann alleingelassen. Die Medien suggerieren uns zusätzlich, dass es sogar funktioniert. Da sieht man glücklich lächelnde Babys, die allein ganz friedlich in ihren Bettchen liegen und wir denken, dass das die Wahrheit ist. Erst wenn wir selbst Eltern werden, bemerken wir, dass uns hier ewig ein verzerrtes Bild des Familienlebens vorgegaukelt wurde und wird. Es gibt zahlreiche, echte Videos von Eltern, die uns zeigen: Wir sind nicht allein!

Wir können hier nur wiederholen, was wir schon oft geschrieben haben – Nähe ist wichtig für dein Baby! Daher raten wir unbedingt dazu, Nähe mit in das Abendprogramm einzubauen.

Muss es nicht am gleichen Ort aufwachen, an dem es eingeschlafen ist?

Solche Tipps haben ihren Ursprung darin, dass Babys lange Zeit ohne Körperkontakt aufwachsen mussten. Man empfahl diese Vorgehensweise unter dem Deckmäntelchen der wichtigen »Rahmen, die dem Baby Sicherheit geben« sollten. Sicherheit bekommen Babys aber in erster Linie durch uns. Wenn das Baby also nicht herumgereicht und immer ohne uns wach wird, ist diese Empfehlung überhaupt nicht relevant (siehe Kapitel »Tragen«). Dein Baby darf durchaus auch an einem Ort aufwachen, an dem es nicht eingeschlafen ist. Wie hätten unsere Vorfahren auf solche Dinge achten sollen? Schon immer waren die Menschenbabys überall mit dabei. Es wäre eher unnormal gewesen, sie dort liegen zu lassen, wo die Kinder eingeschlafen sind.

Einsam oder gemeinsam?

Schlafen Kinder allein besser? Und was bedeutet eigentlich »besser«? Diese Frage sollten wir uns als allererste stellen. Wissen wir doch, dass der Babyschlaf völlig anders ist als der eines Erwachsenen. Und genau hier liegt das Problem. Die Studien, die sich mit dem »besseren Schlaf« beschäftigt haben, definierten nämlich genau den Schlaf eines Babys als gut, der dem des erwachsenen Menschen am ähnlichsten war. Hierzu gehörten natürlich das Durchschlafen und ruhige, lange Tiefschlafphasen.

Diese langen Tiefschlafphasen des Babys wirken auf den ersten Blick für uns vielleicht angenehm, da wir dann erholsamere Nächte verleben können. Für unsere Babys aber sind sie nicht vorgesehen. Die Natur hat sich das anders gedacht, und zwar wie immer mit gutem Grund: Der leichte REM-Schlaf ist wichtig für die Hirnentwicklung!

Wie bereits erwähnt, ist unser Gehirn in der REM-Phase besonders aktiv. Hier werden die Eindrücke des Tages verarbeitet, und die Zellen wachsen. Genau aus diesem Grunde ist die nächtliche Nahrungsaufnahme für die Hirnentwicklung auch nach dem sechsten Lebensmonat noch sehr wichtig. Neue Erfahrungen zu machen, zu lernen und die Welt zu entdecken verbraucht Kalorien, und diese sollten dem Baby unbedingt auch nachts zur Verfügung stehen, wenn sie dringend benötigt werden.

Die Welt ist viel zu spannend!

Gerade um den sechsten Monat herum verhält es sich so, dass die Babys am Tag oft viel zu aufgeregt sind, um in Ruhe zu stillen. Alles ist plötzlich so spannend, und jedes kleine Geräusch lenkt sie von der Brust ab. Nicht selten sitzen wir dann oben herum sehr frei im Café, wenn sich unser Baby kurzfristig überlegt, dass es dem Zischen der Kaffeemaschine genauer auf den Grund gehen will. Spontan abgedockt von der Brust und den Kopf zur Seite gedreht, kann man wesentlich besser sehen. Die dadurch verpassten Kalorien holt es sich dann natürlich in der Nacht, gepaart mit vielen unruhigen Traumphasen. Das Gute ist – das geht vorbei und kommt und geht wieder...

Da Babys sich im ersten Jahr rasant entwickeln, benötigen sie dementsprechend viele REM-Phasen zur Verarbeitung, begleitet von Milch für das Hirnwachstum.

Im REM-Schlaf erholt sich die Seele

Forschungen haben ergeben, dass der REM-Schlaf mit einer körpereigenen Therapiestunde gleichzusetzen ist. Erlebte Ängste, Sorgen und andere negative Gefühle werden in dieser Schlafphase verarbeitet. Betrachten wir den Babyschlaf genauer, so wird uns schnell klar, dass gerade diese kleinen Wesen, die erst so frisch auf der Welt sind und mit unzähligen, neuen Eindrücken umgehen müssen, diese REM-Phasen dringend benötigen.

Idealerweise wird das Baby in der Nacht durch das Stillen und die Nähe zur Mutter zusätzlich co-reguliert, damit der Stress in der Nacht keinen Platz findet.

Im Tiefschlaf erholt sich der Körper

Die kindliche Tiefschlafphase ist für uns Eltern die deutlich angenehmere. Das Kind schläft »tief und fest« und lässt sich sogar problemlos umbetten, falls nötig.

Wichtig ist jedoch zu wissen, dass von der Natur nicht eingeplant war, Babys allein in absoluter Stille schlafen zu lassen. Vielmehr sollten sie immer von Geräuschen umgeben sein. Hierzu zählen die Gespräche der Eltern genauso wie das Schnarchen, Atmen und die Bewegungen im gemeinsamen Bett.

Aber warum sollten Babys nicht allein schlafen?

Eine unnatürlich ruhige Umgebung, wie sie meist im eigenen Bett im Kinderzimmer anzutreffen ist, kann den Tiefschlaf des Babys zu tief werden lassen. Das Baby kommt im schlimmsten Fall nicht allein aus diesem tiefen Schlaf heraus; das erklärt, warum die allgemeingültigen Schlafempfehlungen zur Vorbeugung des Plötzlichen Kindstods dazu auffordern, das Baby im ersten Lebensjahr im Schlafzimmer der Eltern schlafen zu lassen. Man muss sich das so vorstellen, dass jeder Mensch Atemaussetzer hat. Bei uns Erwachsenen gibt das Gehirn in dem Moment eine Art Alarmhinweis, der uns sagt: »Ich brauche bitte Sauerstoff«, und wir holen tief Luft. Bei manchen Babys funktioniert dieses Alarmsystem noch nicht, und das kann im schlimmsten Fall tödlich enden. Die Natur hat diese Art des Schlafes nicht für uns vorgesehen. Man hätte vor einigen wenigen hundert Jahren niemals sein Kind in ein anderes Zimmer gelegt, geschweige denn in die Nachbarhöhle.

Warum sollten alle Kinder im ersten Lebensjahr unbedingt bei den Eltern im Zimmer schlafen?

Auch wenn es für uns vielleicht wesentlich anstrengender ist und wir vermutlich häufiger aufwachen, wenn wir ein kleines Baby bei uns im Zimmer haben, so gibt es doch viele gute Gründe, für diese zwölf Monate (oder auch gern darüber hinaus) unser Kind bei uns zu haben!

- So erleben sie die natürlichen REM-Phasen,
- sie fallen nicht in den zu tiefen, ungesunden Schlaf, da im Elternschlafzimmer immer eine Geräuschkulisse herrscht, und
- durch den Atemrhythmus der Eltern kommen sie auch aus den normalen Atemaussetzern gut wieder heraus.

Apnoe-Schläfer

Zwei Prozent aller Babys sind Apnoe-Schläfer. Sie haben verstärkt Atemaussetzer, was das Alleinschlafen sehr gefährlich machen kann. Ob dein Kind zu diesen zwei Prozent gehört, wissen wir nicht. Ein Einfach Eltern®-Tipp: Wer sein Baby nicht mit im Elternbett schlafen lassen möchte, ist mit einem Beistellbettchen gut beraten, denn der Atemrhythmus des Kindes wird so immer wieder animiert, seinen Job zu erledigen, wenn es in unserer Nähe schläft.

Momentan gehen Wissenschaftler übrigens auch der Frage nach, ob Schlafapnoe mit dem Plötzlichen Kindstod in Verbindung stehen könnte und inwieweit die Atemaussetzer als auslösender Faktor in Betracht kommen.[18]

Wie war es denn dann ursprünglich gedacht?

Mutter Natur hat sich, wie immer, etwas für uns ausgedacht, um uns den Alltag, beziehungsweise in diesem Falle die Nächte, zu erleichtern: den sogenannten Ammenschlaf. Schlafen Mutter und Kind nah beieinander, so gleichen sich ihre Schlafzyklen einander an. Das bedeutet zwar, dass sich unsere Schlafzyklen auf die etwa 50 bis 70 Minuten unseres Kindes verkürzen. Das Fantastische daran ist aber, dass es uns weniger stört, als man meinen sollte. Wir bekommen davon im besten Falle nichts mit, weil wir einfach in die nächste Schlafphase gleiten oder eben nicht so unangenehm aus einer Tiefschlafphase gerissen werden, wenn das Baby wach wird und trinken möchte. Das nämlich wäre durchaus der Fall, wenn wir nicht nah beieinander schliefen und sich unsere Systeme nicht miteinander verknüpften. Jeder von uns kennt die Situation: An dem einen Morgen fühlen wir uns fit und stehen beschwingt auf, wenn der Wecker klingelt, am nächsten Morgen fühlen wir uns dagegen wie gerädert. Das liegt an eben diesem gleichen Phänomen: Es ist etwas völlig anderes, ob man aus der leichten REM-Phase heraus geweckt oder aber aus dem Tiefschlaf gerissen wird.

Ein ganz neuer Trend, der dieses Wunder der Natur nachahmt, ist der Schlafphasen-Wecker. Er weckt in einer REM-Phase, die er daran erkennt, dass er Bewegungen registriert, und verhindert damit das unangenehme Klingeln in einer Tiefschlafphase. Dadurch fühlt man sich erholt und kommt leichter aus den Federn!

Ammenschlaf

Schläft das Kind also in unserer Nähe im Beistellbettchen oder direkt neben uns im Familienbett, so gleitet die Mutter, wie beschrieben, automatisch gemeinsam mit dem Baby in die leichte Schlafphase. Meist erwacht sie sogar einen kurzen Moment vor dem Baby. Wenn das Baby dann bereits schmatzt, kann direkt die Brust gegeben werden. Das Baby schafft den Übergang in die nächste Phase auf diese Art wesentlich leichter, und nach ein paar Wochen Übung schläft auch die Mama bei dieser kurzen Schlafunterbrechung einfach weiter. Stillmütter berichten häufig, dass sie sich nicht erinnern, wie oft sie tatsächlich gestillt haben, weil alles irgendwann zu einer Routine wird. In diesem Moment ist es auch nicht mehr so wichtig, wie oft das Kind wach wird, denn wir registrieren es nicht mehr so klar.

Laboruntersuchungen belegen diese Angleichung der mütterlichen an die kindlichen Schlafzyklen. Gehirnaktivität, Muskelspannung, Herzfrequenz und Atmung haben sich quasi synchronisiert. So werden die Mütter nicht mehr aus dem Tiefschlaf gerissen und sind erholter. Der nächtliche Hormoncocktail, der durch die Nähe und das Stillen ausgeschüttet wird, beeinflusst diesen Umstand zusätzlich positiv. Das ist auch der Grund dafür, warum sich stillende Co-Sleeping-Mütter nach harten Nächten trotzdem relativ fit fühlen.

Ganz sicher ist es auch für Flaschenmütter die angenehmere Alternative, das Baby dicht bei sich schlafen zu lassen, um prompt reagieren, beruhigen und füttern zu können.

Erschöpfte Eltern, einsames Baby

Ganz anders ist es, wenn das Kind im Kinderbett im Schlafzimmer oder sogar allein im Kinderzimmer schläft. Wacht das Baby in der Nacht allein auf, schlägt sein System sofort Alarm. Es ist allein, die Mama ist nicht da, es könnte vergessen worden sein, es könnte sterben, es sollte also schnell richtig wach werden und laut auf sich aufmerksam machen. Im schlechtesten Fall erwachen wir dann viel zu spät, registrieren und reagieren viel zu langsam, sodass das Baby schon panisch und richtig wach ist. Wir stürmen zum Bettchen, nehmen das Baby heraus, welches sich nun zwar beruhigt, aber vielleicht nicht direkt wieder einschläft, da der Adrenalinspiegel erst wieder abfallen muss. Durch den Köperkontakt reguliert sich das Baby langsam runter. Ist es dann endlich wieder eingeschlafen, versuchen wir es vorsichtig in sein Bett zu legen. Hier ist Vorsicht geboten: Ist das Gitterbett zu tief, wird beim Ablegen der Mororeflex ausgelöst. Dieser Schreck-Reflex ist ebenfalls ein Sicherheitssystem, dessen Aufgabe darin besteht, das Kind vor dem Ablegen zu warnen. Sofort ist wieder Alarm, und das Ganze beginnt von vorn.

Lose-lose statt Win-win

Haben wir das Baby dann endlich schlafend wieder in sein Bett gelegt, sind wir dran. Auch unser Hormonpegel steht auf Stress und nicht auf Schlaf. Es dauert eine Weile, bis wir wieder einschlafen können, und im schlimmsten Fall haben wir dafür nur 50 Minuten Zeit, bis unser Baby wieder erwacht. Da wir erwachsenen Menschen direkt nach dem Einschlafen wieder in den Tiefschlaf gleiten, erwachen wir vermutlich wieder in der falschen Phase, um zu unserem Baby zu eilen.

Erinnern wir uns an das erste Kapitel über den Erwachsenenschlaf, wird nicht nur deutlich, dass diese Art des Schlafes einer Folter gleicht. Darüber hinaus kann sich unser Körper in solchen Nächten nicht regenerieren. Wir brennen aus, weil wir es uns unwissentlich schwer machen – und weil wir in einer Kultur leben, die uns erzählt, dass Babys eigene Betten brauchen.

Wie ist das mit dem Familienbett? Ziehen die Kinder da jemals wieder aus?

Die Sorge, man müsse es den Kinder ab- oder, besser noch, gar nicht erst angewöhnen, bei den Eltern zu schlafen, damit sie nicht noch mit 40 dort schlafen möchten, ist totaler Quatsch. Meist bekommen wir diese beängstigenden Hinweise von Menschen, die niemals im Familienbett geschlafen oder überhaupt Erfahrungen mit diesem Thema gemacht haben. Die meisten Kinder ziehen irgendwann im Laufe des vierten oder fünften Lebensjahres von allein aus dem Familienbett aus. Wenige Kinder tun das schon früher, manche später. Trennungen der Eltern oder andere traumatische Erlebnisse können diesen Auszug durchaus noch etwas weiter nach hinten schieben. Hier ist unbedingt auch auf das Kind zu achten. Spätestens in der Pubertät werden die Kinder ganz sicher nicht mehr im Elternbett schlafen, weil dies evolutionär so eingerichtet ist.

Alleine schlafen ist für jeden doof, der das gar nicht will

Auch ein Geschwisterbett ist eine schöne Lösung, damit die Kinder nicht alleine schlafen müssen. Sagen Eltern ihren Kindern, dass sie lieber allein schlafen wollen, um mit dem Partner zu kuscheln, ist das für die Kinder, die des Elternbettes verwiesen werden, verständlicherweise schwer zu akzeptieren. Sind es doch gerade die Kleinsten, deren Bedürfnis nach Kuscheln mindestens genauso groß ist wie das der Eltern – wenn nicht noch größer. Sie haben Alpträume und sehen viele Monster durch ihr Zimmer laufen. Da ist es für sie absolut unverständlich, warum sie das allein aushalten müssen, während die Erwachsenen zu zweit schlafen dürfen. Ob das gemeinsame Schlafen zur Dauerlösung wird, kann von der ganzen Familie jederzeit neu entschieden werden. Kinder werden in der Regel für ihre Bedürfnisse kämpfen, und das ist auch gut so.

Und was ist die Lösung?

Jede Familie muss ihre eigene Lösung finden. Dies ist mit einem gewissen Hintergrundwissen zum Glück viel einfacher. Man sollte nur wissen, dass man es sich möglicherweise unnötig schwer macht, wenn man gegen die Natur arbeitet, dass es gefährlich sein könnte, sein Baby allein schlafen zu lassen und dass man sein Baby unter gar keinen Umständen verwöhnt, wenn man auf seine Bedürfnisse reagiert – es also nicht alleine schlafen lässt.

Was sind Schlaflernprogramme?

Da das Thema Durchschlafen bei Eltern ein Dauerbrenner ist, gibt es natürlich unzählige Methoden, die von »Experten« empfohlen werden, damit das Kind endlich durchschläft. Leider funktionieren diese Methoden sogar, doch die Eltern und Kinder zahlen möglicherweise einen sehr hohen Preis dafür.

Schlaflernprogramme sind im Prinzip verhaltenstherapeutische Maßnahmen. Ein unerwünschtes Verhalten (nächtliches Aufwachen) wird durch eine bestimmte Therapiemethode (Fahrplan mit Handlungsanweisungen für die Eltern) zur Extinktion (Löschung des unerwünschten Verhaltens) gebracht. Dabei wird allerdings vergessen, dass das Bedürfnis, also der Grund des nächtlichen Aufwachens, nicht zwangsläufig gelöscht ist. Das Baby hat lediglich aufgehört sein Bedürfnis zu zeigen. Auf diese Weise wird also nur das Symptom bekämpft, nicht die Ursache.

Ferber-Methode – Jedes Kind kann schlafen lernen[19]

Die Methode dieses Schlaflernprogrammes beruht auf folgendem Muster: Das Kind wird im wachen Zustand liebevoll ins Bett gelegt. Nach dem Gute-Nacht-Sagen verlässt das Elternteil das Zimmer. Wenn das Kind weint, kommt die Mutter oder der Vater nach 30 Sekunden zurück, darf es beruhigen, aber nicht aus dem Bett nehmen. Danach verlässt das Elternteil erneut das Zimmer. Weint das Kind erneut, dürfen Mutter oder Vater erst nach fünf Minuten wieder zurück zum Kind. Das Kind wird wieder beruhigt, wobei dies nicht länger als zwei bis drei Minuten dauern darf. Nun muss jedes Mal fünf Minuten länger gewartet werden, ehe jemand zurück zum Kind darf, wobei das Kind am ersten Tag maximal 15 Minuten weinen muss, am zweiten Tag beginnt man direkt schon mit zehn Minuten und endet bei 20 Minuten. Die nächsten Tage wird die Dauer des Weinens auf 30 Minuten erhöht, bis das Kind endlich aufgibt.

Diese Methode ist vermutlich am weitesten verbreitet und wird oft von Eltern abgewandelt, weil sie nur schwer zu ertragen ist. Einige Kinder schreien ziemlich lange, manche sogar bis zum Erbrechen. Es wird den Eltern geraten, eine Uhr mitzunehmen, damit sie wissen, wann sie dem Kind wieder Trost spenden dürfen. Wenn das Weinen aufhört, soll man auf keinen Fall noch mal zu dem Kind gehen, um nach dem Rechten zu sehen, weil das Risiko zu groß ist, dass alles von vorn losgeht. Bei Erbrechen darf man das Kind kurz säubern, aber dann direkt wieder in sein Bett legen und hinausgehen.

Kuss-Methode

Hier wird mit Belohnungen gearbeitet. Man legt das Kind wach und liebevoll ins Bett und verspricht ihm, in etwa einer Minute zurückzukehren und es zu küssen, aber nur, wenn es sich nicht rührt. Versucht das Kind aufzustehen, wird zwar nicht geschimpft, aber das Kind wird »sanft ins Bett gedrückt« und daran erinnert, dass es nur Küsse bekommt, wenn es still liegen bleibt. Den Eltern wird geraten, sich streng an diese Regeln zu halten und ihr Kind nur wortlos mit Küssen zu beruhigen. Sonst nichts!

Rückzug-Methode

Entwöhnung in kleinen Schritten: Zuerst sitzt ein Elternteil auf einem Stuhl neben dem Bett des Kindes, bis es schläft. Von Abend zu Abend rutschen Mutter oder Vater mit dem Stuhl weiter in Richtung Tür, bis sie schließlich außerhalb des Zimmers sitzen. Wie schnell diese Methode funktioniert, hängt davon ab, wie eng die Bindung vorher war! Es wird davon abgeraten, Augenkontakt zu halten und empfohlen, währenddessen einfach ein Buch zu lesen. Das Elternteil rückt nur so weit ab, wie das Kind die Distanz toleriert; entsteht jedoch der Eindruck, dass das Kind ein Machtspiel spielt, sollen Vater oder Mutter abrücken.

Emphatische Menschen lesen dieses Kapitel vermutlich mit einem beklemmenden Gefühl, und das auch zu Recht. Nach allem, was wir heute über Menschen wissen, kann diese Art der »Schlafbegleitung« für die meisten Kinder nur traumatisch enden. Sie werden nicht von Glücks- und Schlafhormonen durchflutet, vielmehr stehen alle Zeichen auf Alarm und Stress.

Aber schaden Schlafprogramme den Kindern?

Konsequenzen von Schlaflernprogrammen

»Eigentlich sollten nur die Eltern ein Schlaflernprogramm anwenden, die ihr Kind mit einem Kissen ersticken könnten!« – so äußerte sich uns gegenüber Gunhild Blutke-Nehls, eine PEKiP-Kursleiterin mit jahrzehntelanger Erfahrung im Umgang mit Babys.

Das hört sich hart an, aber genau dazu wurde das erste Schlaflernprogramm entwickelt: Um zu verhindern, dass Eltern ihre Kinder schütteln oder auf andere Art deren Leben gefährden. Stattdessen also doch lieber große Angst und elendiges Weinen in Kauf nehmen ... Viel mehr, da sind wir uns alle einig, sind Schlaflernprogramme nicht wert.

Dass diese Programme seit Jahren auf Bestsellerlisten stehen und immer noch angewendet werden, ist dramatisch! Denn wie ergeht es den Babys und den Eltern während der Programme?

Todesangst und Resignation

Was wirklich passiert, während die Kinder zum Schlafen konditioniert und dressiert werden, ist Folgendes: Das Baby weint, weil es sich nicht sicher fühlt. Es benötigt sofortige Bestätigung über die Mama oder den Papa, dass es nicht allein ist und »die Sippe« es nicht vergessen hat. Im besten Falle erfolgt diese Rückversicherung über Körperkontakt, Nähe, liebevolles Schmusen und warme Milch, so, wie es den angeborenen Instinkten – von Baby und Eltern! – entspricht. Bei einem Schlaflernprogramm werden wir dazu aufgefordert, das Baby immer nur nach einem bestimmten Zeitschema kurz zu beruhigen und es dabei auf keinen Fall auf den Arm zu nehmen. Bedenkt man, dass Babys noch lange überhaupt kein Zeitgefühl haben und ein Zeitraum von wenigen Minuten eine gefühlte Ewigkeit für sie bedeutet, wird klar, dass das für die Kinder eine Tortur ist.

Man ist sich heute sicher, dass die Kinder schreckliche Angst empfinden und mit dieser Angst allein gelassen werden. Dieser Trennungsschmerz stimuliert die gleichen Areale im Gehirn wie körperlicher Schmerz und dürfte sich daher ungefähr so anfühlen wie der Schmerz, den wir spüren, wenn uns unsere große Liebe verlässt oder unsere Eltern sterben. Genau das ist es nämlich, was das Kind mit dem Verschwinden der Mutter oder des Vaters verbindet.

Und die Eltern? Nicht selten berichten Mütter, dass sie sich von ihrem Mann in ein anderes Zimmer haben einsperren lassen, weil sie es anders nicht geschafft hätten, das Weinen ihres Babys zu ertragen. Wie gut die Instinkte dieser Mütter waren – und wie mächtig der Schlafentzug, wenn er uns dazu bringt, zu solchen Waffen zu greifen. Unser Gehirn arbeitet wie ein ausgeklügeltes Belohnungssystem. Wir sind soziale Wesen und unser Gehirn belohnt uns durch körpereigene Drogen, wenn wir unser Baby kompetent versorgen und es dadurch beispielsweise fröhlich gluckst oder glücklich lächelt. Im übertragenen Sinne sind wir süchtig nach sozialer Anerkennung und Zuwendung und wir sind süchtig danach, unseren Babys die Anerkennung und Zuwendung zu geben, wenn unsere Bindung gut ist. Wenn wir nun ein Schlaflernprogramm durchziehen und das Baby schrill nach Zuwendung schreit, wir aber laut Ratgeber erst nach ein paar Minuten reagieren dürfen, dann passiert in unserem Körper das Gleiche wie bei einem Heroinabhängigen, der Entzugserscheinungen hat. Wir leiden wie die Hölle! Und das ist auch gut so. Denn der Machtkampf zwischen Eltern, Kind und Natur ist ein sehr, sehr großer Stressfaktor – für alle Seiten. Daher brechen auch unzählige Eltern die Schlaflernprogramme ab und ertragen lieber die turbulenten Nächte.

Ein Gedanken-Experiment: Wo steckt bloß mein Partner?

Was würde es mit deiner Beziehung machen, wenn sich dein/e Mann/Frau jede Nacht aus dem Haus schleicht und nur selten an sein/ihr Telefon geht, wenn du wissen möchtest, wo er/sie ist und was er/sie macht? Wenn er/sie dir gut zuredet, dass er/sie dich liebt, dass alles wirklich in Ordnung ist, aber dabei nicht wirklich mit der Sprache rausrückt? Richtig, es macht dich misstrauisch, das Vertrauen wird gestört, nicht gestärkt. Irgendwann wirst du resignieren, vermutlich wird deine Bindung darunter leiden, und eine Trennung ist kaum zu vermeiden. Diese Option hat das Baby nicht – es ist uns »ausgeliefert«.

Unter dem Deckmäntelchen der liebevollen Hilfe

Das natürliche Schlafverhalten der Kinder wird bei allen Schlaflernprogrammen zu einer Krankheit stigmatisiert. Angeblich haben die Kinder, die mit sechs Monaten noch nicht alleine ein- und danach durchschlafen, eine Schlafstörung. Und das nur, weil sie es noch nicht selbstständig schaffen, von der einen in die nächste Schlafphase zu gleiten. Anstatt uns Eltern darin zu bestärken, dass wir uns den natürlichen Bedürfnissen des Kindes anpassen und uns auf sie einzulassen versuchen, wird uns suggeriert, dass wir dem Kind mit Schlaflernprogrammen sogar helfen können. Auf ganz perfide Weise wird uns Eltern das Gefühl gegeben, sogar Schuld an der Misere zu sein. Das Baby hätte fantastisch geschlafen, wenn wir es nicht mit unserer ständigen Kuschelei so verwöhnt hätten. Lassen wir uns darauf ein, beginnt ein Machtkampf gegen die Natur, der allerdings nur augenscheinlich gewonnen wird. Denn Babys brauchen ein Gefühl von Sicherheit und nicht die Erfahrung, dass die Mama plötzlich zu einem lieblosen Monster wird.

Was machen die Stresshormone?

Da Babys eigentlich noch am Körper der Mutter »nachreifen« sollten (sie sind ja physiologische Frühgeburten, wie wir im Kapitel »Tragen« dargestellt haben), ist jede Trennung in den Augen unseres Babys ein Grund zur Beunruhigung, ja, sogar bis hin zur Todesangst. Es dauert einige Monate, bis Babys überhaupt verstehen, dass sie nicht ein und dieselbe Person mit der Mama sind. In Trennungssituationen werden im kindlichen

Körper Stresshormone ausgeschüttet (Adrenalin und Cortisol), die – zur falschen Zeit, in zu hoher Dosis – toxisch wirken können und das Gehirn auf Dauer sogar angreifen. Je häufiger und länger Babys schreien müssen, desto häufiger und schneller wird das Hormon Cortisol ausgeschüttet und desto niedriger ist die Stresstoleranz oft im späteren Leben.

Warum weint es so viel?

Das Weinen eines Säuglings ist genau deshalb so eindringlich und »nervig«, damit wir uns nicht daran gewöhnen, sondern, ganz im Gegenteil, immer sofort darauf reagieren wollen. Selbst fremde Menschen in der Umgebung eines verzweifelt weinenden Babys reagieren körperlich mit Hormonausschüttungen, die Impulse wecken, das Kind sofort beruhigen zu wollen. Negative Erfahrungen, die bei dem Baby Angst auslösen, bringen sein Vertrauen ins Wanken. Diese negativen Gefühle beeinträchtigen die Gehirnentwicklung in den Bereichen, die für die Verarbeitung von Emotionen und sozialem Verhalten zuständig sind. Somit verhindern wir Eltern, wenn wir die Schlaflernprogramme anwenden, nicht nur die natürlichen Schlafprozesse mit den häufigen REM-Phasen, die so wichtig sind für die optimale Gehirnentwicklung. Nein, wir zeigen unserem Kind in diesen Momenten auch, dass wir es nicht wertvoll genug finden, als dass wir in seiner Not für es da wären.

Könnte es sagen: Mama, ich habe dich lieb, lass mich nicht alleine, ich habe Angst …

Häufig werden die Schlaflernmethoden in einem Alter angewendet, in dem das Kind außer Weinen keine weiteren Mittel zur Kommunikation zur Verfügung hat. Könnte es sprechen und sich mitteilen, dass es Angst hat, dass es verzweifelt ist und seine Mama braucht, würden wir vermutlich niemals auf die Idee kommen, es weiter weinen zu lassen. Unsere Kinder brauchen uns – auch und gerade in der Nacht, wenn alles dunkel und unheimlich erscheint. Wie soll ein Baby verstehen, dass die liebevolle, lächelnde Mama, bei der es sich am Tage so wohl und sicher fühlt, plötzlich so anders ist, wenn es Nacht wird? Zeig deinem Baby, dass es sich auf dich verlassen kann und du da bist – auch in der Nacht.

Was passiert mit dem Selbstwertgefühl und dem Urvertrauen?

Da die Babys noch mitten in der Entwicklung stecken, kann niemand voraussagen, welches Potenzial sie ohne diese tiefen Vertrauensbrüche entfalten könnten. Dass ein Baby es aber ganz und gar nicht versteht, wenn wir Eltern am Tage so liebevoll sind und gerade dann, wenn die dunkle Nacht hereinbricht, plötzlich zu völlig anderen Wesen mutieren, das leuchtet uns allen ein. Stellen wir uns vor, unser Partner wäre am Abend immer unzuverlässig und abweisend – das würden auch wir großen Menschen nicht verstehen!

Welche Folgen die negativen Erlebnisse in unserem ersten Jahr für den Rest des Lebens haben, können wir nur erahnen, denn in der Regel können wir uns an die Zuwendung, die wir im ersten Lebensjahr erhalten haben, nicht mehr erinnern. Aber diese Informationen werden in unseren Zellen gespeichert. Hatten wir in unserer Kindheit einen Mangel an Liebe und Fürsorge, haben wir auch weniger Opioide produziert. Das hat zur Konsequenz, dass wir auch später im Leben weniger hiervon ausschütten, wenn unsere Sehnsucht nach Zuwendung befriedigt wird. Wir sind dadurch auch in Freundschaften und Beziehungen weniger glücklich, und die Neigung zu Drogen, die diesen Rausch dann künstlich herbeiführen können, wird begünstigt. Häufig können diese Menschen weniger gut mit Stress umgehen, geraten leichter in Rage oder fallen in das andere Extrem und werden depressiv.

Dies soll nicht heißen, dass jedes Kind, das ein Schlaflernprogramm durchlebt hat, einmal drogenabhängig, aggressiv oder depressiv wird. Man sollte sich aber klar machen, dass die Möglichkeit besteht und es für unsere Kinder sehr schwer sein wird, diese schmerzliche Erfahrung zu kompensieren – vor allem, weil sie sich nicht an die Ursachen werden erinnern können.

Ich packe meinen Rucksack ...
und nehme mit: mein Nervensystem

Forschungen haben ergeben, dass eine »falsche Erziehung« im direkten Zusammenhang mit Krankheiten wie Depressionen, Herz-Kreislauf-Erkrankungen und Krebs stehen kann.[20] Ein stabiles Nervensystem ist somit ein sehr, sehr wichtiger Begleiter für den Rest unseres Lebens und wird in einer so kurzen, frühen Zeit unseres Lebens geprägt.

Sichere Schlafumgebung

Die allgemeine Empfehlung für den richtigen Schlafplatz des Babys hat zur Grundlage, dass sie sich wirklich an die Allgemeinheit (also an die Denker und die Nicht-Denker) richtet. Man darf nicht vergessen, dass es durchaus auch Eltern gibt, die nicht darüber nachdenken, dass ein riesiges Kuscheltier, Kissen oder andere größere Dinge im Babybett möglicherweise dazu führen können, dass das Baby im Schlaf erstickt, was im Übrigen kein Plötzlicher Kindstod, sondern ein Tod durch Ersticken ist. Wenn die folgenden Sicherheitsbestimmungen für das Schlafen mit dem Baby im Elternbett gewährleistet sind, ist das Schlafen im Elternbett gemäß einer aktuellen Studie absolut unbedenklich.[21]

Die Eltern:

- Keine Drogen, keinen Alkohol oder Schlafmittel konsumieren!
- Rauchfreie Umgebung:
  - Wenn eine Person im Haushalt raucht, dann ausschließlich draußen, dabei die Balkon- oder Terrassentür fest zuziehen, sodass kein Rauch in die Wohnung gelangen kann.
  - Nach jeder Zigarette gründlich die Hände waschen.
  - Am Abend duschen und Haare waschen.
  - Kleidung, die am Tage getragen wurde, außerhalb des Schlafzimmers lagern!
  - Zigaretten unzugänglich aufbewahren, schon eine halbe Zigarette bedeutet bei Verschlucken Lebensgefahr!

Ausstattung von Babys (Beistell-)Bett:

- kein Nestchen, keine Kuscheltiere
- keine Bänder oder Schnüre in Reichweite des Kindes
- kein Kopfkissen oder Decke
- keine Mütze
- keine Gummiauflage/Kunststoffschonbezüge auf der Matratze
- kein Schaffell

Das Baby:

- So lange wie möglich die Bauch- und Seitenlage im Schlaf vermeiden.
- Es sollte im Schlafsack schlafen.
- Schnuller anbieten, wenn nicht gestillt wird (wirkt präventiv – Informationen und Hilfe bei Hebammen und Stillberaterinnen).
- Raumtemperatur niedrig halten (etwa 16 bis 18°C).

Da die Nähe der Eltern für die SIDS-Prävention sehr wichtig ist, empfehlen wir ein Beistellbettchen am Bett der Eltern. So ist auch das Stillen in der Nacht möglich, ohne dass Mutter und Kind wirklich wach werden. Auch das nächtliche Stillen wirkt, wie oben schon erwähnt, präventiv.

Nachts stillen – eine schlechte Angewohnheit?

Auch über das nächtliche Stillbedürfnis von Säuglingen kursieren die wildesten Ammenmärchen. Von »jederzeit« über »alle vier Stunden« bis hin zu »gar nicht« wird so ziemlich alles empfohlen. Wie aber hängen Schlafen und Stillen zusammen? Hat es vielleicht sogar Vorteile, wenn die Kinder nachts oft Milch trinken? Diesen Fragen gehen wir auf den Grund.

Stillen und Schlafen

Besonders in der nächtlichen Muttermilch befinden sich sehr viele Wachstumshormone. Daher ist es für die Entwicklung durchaus wichtig und gut, wenn sich ein Stillkind in der Nacht öfter meldet. Diese Babys nehmen auf diese Art ein Drittel mehr Kalorien zu sich als Babys, die im eigenen Bett und eigenem Zimmer möglicherweise durchschlafen. Denn auch, wenn wir uns von Herzen wünschen würden, dass unser Kind durchschläft: Die nächtlichen Stillmahlzeiten haben einen Sinn.

Ein Kind, das nachts häufig gestillt wird, befindet sich wesentlich öfter in den wichtigen REM-Phasen, in denen der Tag verarbeitet wird und ordentlich Gehirnentwicklung passiert. Bedenkt man zudem, dass Muttermilch so zusammengesetzt ist, dass sie bereits nach etwa 20 Minuten verdaut ist, wundern wir uns nicht mehr darüber, dass Kinder in heftigen Wachstumsschüben nachts durchaus unzählbar oft stillen wollen. Denn Wachstumsschübe beziehen sich nicht nur auf die körperliche, sondern auch auf die geistige Veränderung. Dein Baby kann plötzlich neue Dinge, besser sehen, besser hören – das muss verarbeitet werden! Und zwar gerne in der Nacht mit viel warmer Milch, ganz nah bei der Mama, wo es sich sicher fühlt.

Gedeihstörungen, weil das Baby im eigenen Zimmer schläft?

Kinderärzte berichten, dass sie häufig Babys zu sehen bekommen, die zwischen der U3 und der U4 – also zwischen dem dritten und dem fünften Lebensmonat – nur wenig zugenommen haben. Die Eltern dieser Babys berichten meist, dass das Kind bereits durch- und im eigenen Zimmer schläft. Nächtliches Stillen ist, wie hier deutlich wird, eine wichtige Wachstumskomponente für unsere Babys. Wie wir wissen, sind die nächtlichen Stillmahlzeiten durchaus von der Natur gewollt, da das Gehirn insbesondere in der nächtlichen Ruhepause wächst. Es mag sein, dass Flaschenkinder früher durchschlafen – sie verzichten aber auf Nervennahrung und Gehirnjogging und sind, wenn sie allein und ohne Schnuller schlafen, eher gefährdet für SIDS. Erstrebenswert ist das Durchschlafen, wie unsere Gesellschaft es idealisiert, also nicht.

Woher kommen denn diese Annahmen?

Als Norm gelten heute leider immer noch die Schlafmuster der Flaschenkinder, die durch die künstliche Säuglingsnahrung quasi auch künstlich verändert wurden. Früher gab man den Babys gerne Schmelzflocken oder dickte die Milch an, um längere Schlafphasen zu erzielen. Wer kennt den Rat nicht, wenn das Baby nicht gut schläft, es mit »dicker« Milch zu versuchen, und da es auch recht gut funktionierte, dass die Babys dann – meist aber auch noch allein im eigenen Zimmer – länger schliefen, hält sich diese Empfehlung bis heute. Dabei wissen wir doch selbst recht gut, dass man mit vollem Magen vielleicht tief und lange, aber eben nicht sonderlich gut schläft.

Auch nach dem sechsten Monat darf noch gestillt werden!

In einigen Ratgebern steht geschrieben, dass der Blutzuckerspiegel ab einem Lebensalter von etwa sechs Monaten nachts nicht mehr so stark abfällt wie bei Neugeborenen. Damit wird gerechtfertigt, dass das Kind nachts nicht mehr gefüttert werden muss. Doch das Argument, mit dem man diese These viel treffender untermauern könnte, lautet, dass man in diesem Alter nicht mehr so viel Schaden anrichtet, wenn man das Baby nachts nicht mehr füttert, wie es bei einem Neugeborenen noch der Fall wäre. Bedenkt man jedoch das rasante Gehirnwachstum, ist es verständlich, dass der Körper die zusätzlichen Kalorien braucht, um neue Nervenbahnen zu legen. Denn nur weil der Kreislauf nicht mehr ganz in den Keller rutscht, bedeutet das nicht, dass man dem Baby optimale Bedingungen geschaffen hat.

Wann wird der Schlaf denn nun ruhiger?

Das Hirnwachstum verlangsamt sich im Alter von drei bis vier Jahren deutlich, und das ist in der Regel auch das Alter, in dem der Schlaf ruhiger und länger wird. Fasst man also die Erkenntnisse über die unterschiedlichen Schlafzyklen, den wichtigen REM-Schlaf und die Hirnforschung zusammen, so kommt man wahrscheinlich recht schnell zu dem Entschluss, das Baby einfach mit in sein Bett zu nehmen, um zwischen den Schlafphasen schnell Präsenz zeigen und dabei einfach weiterschlafen zu können.

Lieber öfter ein bisschen als einmal richtig wach

Es ist erwiesen, dass Babys, die nah bei den Eltern schlafen, zwar häufiger aufwachen (sie erleben mehr REM-Phasen, welche sich positiv auf die Hirnentwicklung auswirken), aber dafür auch kürzer wach sind. Babys, die allein wach werden, werden durch die Panik über das Alleinsein häufig viel wacher und brauchen dann länger, um wieder einzuschlafen. Genauso geht es uns Müttern. Aus einem Tiefschlaf gerissen, sind wir extrem schlaftrunken, und haben wir das Baby beruhigt, fällt uns das Einschlafen oft nicht leicht.

ICH BIN SO ERSCHÖPFT, ICH KANN NICHT MEHR ...

Schlafentzug ist nicht zu unterschätzen. Die Schwangerschaft bereitet uns durch zahllose nächtliche Toilettengänge schon einigermaßen darauf vor, dass wir auch nach der Geburt weiterhin nicht durchschlafen werden. Wie können wir es uns einfacher machen, wie können wir besser damit zurechtkommen, wenn wir im Babyalltag zu erschöpft sind?

Schlaf, Kindlein, schlaf doch bitte!

Babyschlaf ist das Dauerthema unter uns Eltern, denn nichts reibt uns so sehr auf wie schlaflose Nächte. Nun wissen wir, dass dieses chaotisch anmutende Schlafverhalten unserer Kleinen eine sinnvolle Einrichtung ist, aber wie hilft uns das Wissen darüber im Alltag, wenn wir nicht mehr klar denken können? Wir möchten hier ein paar Tipps und Ausblicke geben, die Mut und Kraft schenken sollen.

Eine mögliche Lösung

Sind wir erschöpft von den wenig erholsamen Nächten, fokussiert sich unser Geist recht schnell nur noch auf das Durchschlafen in der Nacht, damit wir wieder Kraft tanken können. Wir können quasi an nichts anderes denken als daran, wie sehnlich wir uns wünschen, endlich wieder zu schlafen. Was hilft? Verlagere dann deinen Schlaf in den Tag und den frühen Abend. Das Problem ist deine Erschöpfung und nicht das Baby! Daher empfehlen wir den so oft zitierten Rat: Schlafe dann, wenn dein Baby schläft! Ein Kind durchs erste Lebensjahr zu begleiten, ist ein Fulltime-Job! 24/7 haben wir die größte Verantwortung unseres Lebens und ein Wesen an und um uns, dessen Wohl zu 100 Prozent von uns abhängig ist. Es ist daher mehr als legitim, sich hier und da ein Schläfchen zu gönnen!

Wenn dein Tagesablauf Schlaf nicht zulässt, leg dich abends einfach mit dem Baby hin und schlafe. In der ersten Hälfte der Nacht schlafen Babys oft schon zwei bis drei Zyklen durch, besonders, wenn du in der Nähe bist. Diese Zeit, die so viel Erholung bringen könnte, nutzen wir meist zum Aufräumen, um etwas Leckeres zu kochen oder für die Partnerschaft. Ja, die Partnerschaft ist natürlich wichtig, und trotzdem hat kein Mann Freude an einer Frau, die kurz vor einem Nervenzusammenbruch steht. Oft reicht es schon, ein bis zwei Tage in der Woche früh schlafen zu gehen und aufzutanken. Du wirst dich wundern, wie viel besser es dir gehen wird.

Mein Baby schläft nur bei mir und nicht beim Papa ein!

Dieses Phänomen gibt es sehr oft; das liegt in der Regel daran, dass wir Mütter von Anfang an das Abendritual gestalten und irgendwann darin routiniert sind. Das Baby kennt die Abläufe, die Art, wie es gehalten und umgezogen wird. Den Vätern fehlt diese Routine logischerweise oft. Sie sind dadurch mitunter unsicher, was das Baby dann leider ziemlich schnell registriert. Es könnte durchaus sein, dass es direkt lauthals Beschwerde einlegt über diese Veränderung im Ablauf. Die meisten Papas resignieren dann schnell, wenn die ersten Versuche scheitern, und holen die Mama. Wir können dich nur ermutigen, den Papa zu unterstützen, ihm Mut zu machen, dass auch er es schaffen kann, sein Baby in den Schlaf zu begleiten (siehe auch Kapitel »Tragen ist das Stillen der Väter«).

Die Macht der Brüste

Ohne Frage funktioniert nichts so wunderbar wie das Einschlafstillen, aber wer am Abend auch mal einen »Feierabend« braucht, muss nicht gleich abstillen, um den Partner stärker einzubeziehen. Babys schlafen nämlich auch wunderbar im Tuch oder in der Tragehilfe ein. Der Partner kann also durchaus einen Teil übernehmen und so gleichzeitig die Bindung zu dem Baby vertiefen. Die Mama stillt in der Nacht, in den Schlaf trägt aber der Papa. Im Idealfall etabliert man schon früh beide Varianten, um etwas mehr Freiheit zu ermöglichen.

Hat sich das Baby schon an das Einschlafstillen gewöhnt, wird eine Umstellung auf die Tragevariante möglicherweise von Protest begleitet. Kinder wissen, was ihnen guttut und kämpfen dafür. In der Regel funktioniert die Umstellung leichter, wenn Mama nicht in der Nähe ist. Trotzdem solltet ihr nicht um jeden Preis konsequent sein, und die Mama ist während der ersten Versuche am besten in Rufbereitschaft bei der Nachbarin!

Es empfiehlt sich, diese neuen »Schlaf-Brücken«[22] am Tage einzuüben und nach ungefähr zwei Wochen langsam in das Abendritual zu integrieren. So gewinnt ihr als Eltern Vertrauen in den Plan B und auch dem Baby ist das Ganze nicht mehr fremd.

Wie schläft das Baby schneller ein?

Druck erzeugt Gegendruck, das haben wir alle irgendwann schon einmal gehört. Dazu passen Beobachtungen wie die folgende, die bestimmt niemandem fremd ist: Möchten wir unbedingt, dass das Baby schnell und früh einschläft, weil vielleicht die beste Freundin im Wohnzimmer auf uns wartet, dann dauert es eeeeeewig. Warum? Weil Babys wie kleine Seismografen funktionieren und genau merken, wenn in uns ein kleines Beben entsteht. Was hilft?

Atmen – das beruhigt deinen Puls. Versuche deinen Atem immer ruhiger werden zu lassen und atme deinem Baby dabei ruhig hörbar in sein Ohr. So regulierst du auch dein Baby langsam runter.

Außerdem kannst du versuchen, deine Gedanken auf etwas völlig anderes zu lenken. Du könntest beispielsweise überlegen, was du mit einem Hauptgewinn beim Lotto anfangen würdest. Oder stelle dir schwierige Rechenaufgaben. Wieviel ergibt 52 mal 476? Sobald du mit deinen Gedanken von deinem Baby und dem Einschlafthema weg bist, kann sich Entspannung ausbreiten.

Unruhige Nächte: Drei Bedürfnisse

Wenn das Baby weint, ist unser erster Impuls: Hunger! Doch Babys benötigen so viel mehr als nur Nahrung, um groß zu werden. Was sie besonders in der zweiten Nachthälfte unruhig machen könnte, ist die Tatsache, dass sie mal Pipi machen müssen. »Ja, aber es trägt doch eine Windel?!« – Und genau da liegt das Problem. Babys haben nicht immer Windeln getragen, und noch heute gibt es viele Regionen auf unserer Erde, wo »windelfrei« praktiziert wird. Das heißt nicht zwangsläufig, dass die Babys keine Windeln tragen, sie nutzen diese dann aber eher als Back-up, falls mal etwas daneben geht.

Wenn die Blase drückt

Babys möchten ihr Nest nicht beschmutzen. Das ist ein natürlicher Instinkt, den wir ihnen während der ersten drei Lebensmonate unwissentlich abtrainieren, wenn wir ihnen Windeln anziehen. Vermutlich leiden hierzulande deshalb auch so viele Babys an Koliken, weil sie einhalten, um nicht einzumachen. Auch nachts ist dieser Instinkt aktiv. Kommt das Baby in die leichte Schlafphase, wird es unruhig. Hält man das Baby jetzt ohne Windel über ein Töpfchen, macht es wahrscheinlich im Halbschlaf Pipi und schläft vielleicht sogar wieder ein, ohne vollständig aufzuwachen. Wenn wir in dieser Situation stillen und die Blase dadurch mit noch mehr Flüssigkeit gefüllt wird, wird der Harndrang natürlich nicht weniger und das Baby noch unruhiger. So häufen sich in der zweiten Nachthälfte die Wachphasen, bis das Baby um fünf Uhr morgens dann oft endgültig wach ist. Wenn du versuchen möchtest, dein Baby in der Nacht abzuhalten, versuche das Pinkeln und das Stillen nicht unbedingt zu kombinieren. Es entwickelt sich sonst eine Art »Stillfalle«, weil das Baby durch die viele Milch, die es ja eigentlich gar nicht angefordert hatte, wieder Pipi muss. Wichtig: Das Ganze sollte nicht in Stress ausarten und deine Müdigkeit noch weiter ausdehnen. Es ist lediglich eine Anregung, die man im Hinterkopf haben sollte, wenn die zweite Hälfte der Nacht extrem unruhig verläuft. Ausgebildete Windelfrei-Coaches helfen dir bei diesem Thema wunderbar weiter.

Mama, bist du noch da?

Möglicherweise wird das Baby aber auch aus einem anderen Grund wach: Es möchte wissen, ob du noch da bist. Dieses Bedürfnis nach Nähe kannst du stillen, ohne deinem Baby die Brust anzubieten. Wird das Baby leicht unruhig, lege deine Hand auf seinen Körper. Begleite die Berührung noch mit einem mäßig lauten »Shhhhhhhhhh«. Falls dein Baby nicht weiterschläft, kannst du ihm immer noch die Brust geben.

Manche Babys schlafen nur gut, wenn sie die Brust im Mund spüren. In der Tiefschlafphase schaffen sie es aber meist ohne. Sobald die Schlafphase unruhiger wird, suchen sie instinktiv wieder nach der Brust. Das ist sehr anstrengend und hält uns Mütter nachts oft dauerhaft wach. Hier kann man versuchen, das Stillen und Einschlafen sanft und langsam zu entkoppeln. Dafür beginnst du damit, die Brustwarze direkt nach dem Einschlafen zu lösen (dabei den Finger in den Mundwinkel des Babys stecken, um das Vakuum zu lösen!). Begleiten kannst du dies durch sanftes Zählen: »Eins – zwei – drei – vier – fünf«, und bei »fünf« wird das Vakuum gelöst. Wenn das Baby dies gut akzeptiert, löst du dich schon kurz vor dem Moment des Einschlafens, wieder begleitet durch sanftes Zählen.

Noch ein Hinweis: Wer mit dem nächtlichen Stillen keine Probleme hat, muss auch nichts ändern. Jeder Mensch hat ein anderes Schlafverhalten und -bedürfnis.

Ein Fazit zum kindlichen Schlafverhalten

Der Mensch schläft in Zyklen. Zunächst dauern diese ungefähr 50 Minuten, später umfassen sie bis zu 120 Minuten. Zwischen den Zyklen erwachen wir alle, doch nur selten erinnern wir uns daran. Diese Form des Schlafes unterstützt beim Baby die Gehirnentwicklung und schützt vor dem SIDS. Gegen diesen natürlichen Weg anzugehen, ist meist nur vermeintlich erfolgreich. Kinder, die bereits »durchgeschlafen« haben, können dieses Verhalten ebenfalls wieder ändern. Häufig geschieht das während der kindlichen Wachstumsschübe, im Urlaub oder in sonstigen neuen Situationen, etwa rund um den Start von Krippe oder Kindergarten; auch Veränderungen in der Familie können sich auf das Schlafverhalten auswirken. Mit einem Wort: Alles, was die gewonnene Sicherheit stört, kann dazu führen, dass das Kind wieder unruhiger schläft.

Babys, die sich nachts nicht bemerkbar machen, schlafen nicht durch, sondern finden einfach leichter als andere Kinder wieder in die nächste Schlafphase. Im schlimmsten Fall aber, etwa nach einem Schlaflernprogramm, kommt das Kind auch nicht allein in die nächste Schlafphase, es meldet sich aber nur deshalb nicht, weil es nicht mehr damit rechnen kann, dass sich jemand kümmert.

»Experten«-Bullshit:

Woher kommt's?

1832 schien die Welt noch in Ordnung: [23]

»In der ersten Zeit nach der Niederkunft pflegt jedes Kind denselben Aufenthalt mit der Mutter in der Wochenstube zu theilen. Mütter, welche selbst stillen, behalten meistens die Kinder, bis zur Zeit der Entwöhnung, um sich, in ihrem Wohnzimmer.«

Adolph Henke: *Taschenbuch für Mütter*

1875 sah es dann langsam anders aus:

»Überhaupt soll man das Kind frühzeitig gewöhnen, daß es, wenn es nicht an der Brust eingeschlafen ist, wachend in sein Bett niedergelegt werde, sobald seine Schlafenszeit herangekommen ist.«

Dr. med. Hermann Klencke: *Die Mutter als Erzieherin*

1921 war der Ton dann rau:

»An eine achtstündige Nachtpause wird das Kind am besten sehr bald gewöhnt. Es gibt Säuglinge, bei denen auch bei richtiger Pflege ein durchgehender Nachtschlaf nicht zu erreichen ist. Diese Kinder stören durch stundenlanges Schreien die Nachtruhe ihrer Angehörigen oder ihres Pflegepersonals. Wenn wir derartige Schreikinder durch eine Nachtmahlzeit zur Ruhe bringen können, greifen wir im Interesse des Kindes und seiner Umgebung zu diesem Mittel.«

Dr. Otto Köhler: *Der Säugling – Seine Entwicklung, Pflege und Ernährung*

1943 war das Schlafprogramm geboren:

»Man lasse sich durch das Schreien des Kindes in der Nacht, wenn es gesund ist, nicht beirren oder verleiten, es zu beachten oder aus dem Bettchen zu nehmen. Denn wenn das Kind merkt, es nütze nichts, dann gewöhnt es sich das Schreien in der Nacht ab. Gibt die Mutter aber dem Schreien nach, dann wiederholt es sich Nacht für Nacht und die Nachtruhe für Kind und Mutter ist dahin.«

Karl Planner-Wildinghof: *Das Kind, der Mutter Glück, der Mutter Sorge*

1995 erschien der Bestseller zu diesem Thema:

»Bei dieser Vorgehensweise verlernt Ihr Kind sozusagen das Schreien. Statt der erwünschten Einschlaf-Hilfe erreicht es damit nur, daß Vater oder Mutter kurz zu ihm kommen und es trösten. Gleichzeitig ist es müde, da es zu regelmäßigen und sinnvollen Zeiten ins Bett gebracht wird. Deshalb kommt es schnell zu dem Schluß: ›Ich strenge mich an und schreie, und was passiert? Für das bißchen Zuwendung lohnt sich der ganze Aufwand nicht. Da schlafe ich lieber.‹«

Annette Kast-Zahn/Hartmut Morgenroth: *Jedes Kind kann schlafen lernen*

Was wir uns noch heute anhören dürfen:

Hebamme: »So ein Kind kann auch ruhig nachts mal schreien. Da muss es durch …«

Kinderarzt bei der U6: »Sie können jetzt nachts abstillen. Das braucht der jetzt nicht mehr.«

Kinderarzt bei der U4: »Geben Sie Ihrem Sohn mal dick angerührte 2er-Milch abends zum Stillen dazu. Sonst bekommen Sie den nicht satt.«

Baby Basics

- ★ Durchschlafen bedeutet, fünf Stunden am Stück zu schlafen, beziehungsweise dass wir es schaffen, in die nächste Schlafphase zu gleiten, ohne richtig wach zu werden.
- ★ Wenn dein Baby oft aufwacht, wirkt sich das durchaus positiv auf die Gehirnentwicklung aus.
- ★ Kein Mensch schläft durch, auch wir wachen alle 90 bis 120 Minuten auf und überprüfen die Lage.
- ★ Wenn dein Baby erst einmal durchschläft, heißt das nicht, dass das so bleibt.
- ★ Babys müssen nicht lernen, »richtig« oder »gut« zu schlafen! Es sind unsere Vorstellungen, die sich in unseren Erwartungen spiegeln, wenn wir denken, sie müssten lernen, anders zu schlafen.
- ★ Wenn dein Baby bei dir schläft, bekommt es bereits im ersten halben Jahr ganz automatisch etwa 1800 Stunden mehr Nähe.
- ★ Schlaflernprogramme schaden!
- ★ Wenn dein Baby bei euch schläft, wird es irgendwann von ganz allein ausziehen.
- ★ Wenn dein Baby im eigenen Zimmer schläft, kann das gefährlich sein.
- ★ Durch Co-Sleeping gleichen sich eure Schlafrhythmen an. Das macht dich fitter!

Tja, ... und nun?

- Überdenke deine Erwartungshaltung. Das, was wir in den Industrienationen von unseren Babys verlangen, liegt ihrer Natur fern.
- Nutze den Ammenschlaf: Durch das Co-Sleeping gleichen sich eure Schlafrhythmen an. So bist du sowohl nachts als auch am Tage fitter.
- Schlafe, wenn das Baby schläft – oft gehört, nie umgesetzt. Manchmal reicht bereits ein Abend in der Woche oder ein Mittagsschläfchen, um wieder etwas zu Kräften zu kommen.
- Nutze das Stillen, das Tragen und alle Tricks, die deinem Baby beim Einschlafen helfen! Lass dir nicht einreden, man müsse diese Rituale vermeiden. Babys brauchen unsere Nähe, denn nur wenn man sich sicher fühlt, findet man in den Schlaf.
- Babys sind ein Fulltime-Job! Bitte erkenne auch für dich an, dass es nicht machbar ist, in allen Dingen perfekt zu sein.
- Frage aktiv nach Hilfe, sodass du dich mit deinem Baby hinlegen kannst.
- Versuche eure Nächte so ruhig wie möglich zu gestalten. Stehe nicht auf, sondern stille oder füttere im Liegen, nimm eine Thermoskanne mit an dein Bett, wenn du das Fläschchen gibst. Mache es dir so gemütlich und einfach, wie du kannst.

Die Milch macht's

Stillen oder nicht?

Diese Frage stellt sich vermutlich jede schwangere Frau, begleitet von weiteren Fragen wie: Werde ich genug Milch haben? Wird es funktionieren? Sollte ich vorsichtshalber Fläschchen und Milchpulver kaufen, falls das Baby nicht satt wird?

Wir möchten euch bestärken, euch selbst zu vertrauen. Euer Körper hat gerade einen kleinen Menschen gebaut und geboren. Warum sollte er nun plötzlich am Stillen scheitern? Wir möchten euch aber auch Tipps geben, wie man mit dem Fläschchen eine liebevolle Milchbeziehung führen kann. Euch berichten, woher all die Ammenmärchen stammen und warum man sein Baby mit der Brust nicht verwöhnen kann.

Stillen wird funktionieren – ist doch ein Instinkt, oder?

Das sollte man meinen, es stimmt aber nicht ganz. Die Babys suchen instinktiv die Brust. Sie haben einen Such- und einen Saugreflex, der sie schon unmittelbar nach der Geburt ziemlich sicher zur Nahrungsquelle führt und dafür sorgt, dass das Baby die Milch aus der Brust herausbekommt. Streicht dem Baby etwas sanft über die Wange, so dreht es den Kopf in genau diese Richtung, damit es sich beim Berühren der Brust direkt zur Quelle dreht.

Der Schreitreflex zum Beispiel, den der Kinderarzt untersucht und der den Eindruck erweckt, unsere Babys übten bereits das Laufen, dient dem Zweck, dass das Baby direkt nach der Geburt in Richtung Brust krabbeln kann. Legt man sich das Baby direkt nach der Geburt einfach auf den Bauch, robbt es zur Brust und dockt selbstständig wie ein kleiner Specht an. Im Grunde ist die Linea Nigra, die dunkle Line, die sich bei vielen Schwangeren vom Brustansatz bis zum Schambereich zieht, eine Art Navigationssystem für das Baby. Eine Landebahn direkt ins Schlaraffenland.

Haben wir Frauen auch die notwendigen Instinkte?

Viele Instinkte sind hellwach, wenn wir ein Baby bekommen. Wir möchten es versorgen, nehmen es auf, trösten es. Das Stillen aber ist eine soziale Kompetenz und wird erlernt, nicht vererbt!

Das bedeutet, dass wir das Stillen in der Menschheitsgeschichte schon immer durch Vorbilder erlernt haben. Da wir früher stets in Gruppen lebten, war das Stillen quasi Normalität und wurde von klein auf gesehen, nachgemacht und geübt. Es war etwas Selbst-

verständliches und durch die Verwandten und Bekannten war die Stillberatung quasi immer parat.
Der DBL (Berufsverband deutscher Laktationsberaterinnen) hat so schön geschrieben: »Stillen ist wie Tanzen: Es gibt Naturtalente, die finden sich und tanzen einfach los. Die meisten benötigen jedoch eine Anleitung.«[24]
Und das erklärt auch, warum es bei den einen so reibungslos funktioniert und andere hoffnungslos verzweifeln.

Es ist nicht deine Schuld!

Die meisten Stillbeziehungen scheitern schon sehr früh durch fehlende Unterstützung und falsche Aussagen von sogenanntem Fachpersonal auf der Wochenbettstation. Denn nicht jeder auf den Stationen ist ausreichend fortgebildet – scheut euch daher nicht, immer weiter nach Hilfe zu fragen, bis ihr euch gut beraten fühlt. Es ist wichtig, dass wir uns kompetente Unterstützung suchen, denn nicht einmal die Natur erwartet von uns, dass wir auf Anhieb stillen können.

Auch Affen wissen nicht instinktiv, wie man stillt

Affenmütter beispielsweise, die im Zoo mit der Flasche aufgepäppelt wurden und später selbst ein Baby bekamen, hatten zum Teil große Schwierigkeiten, das Baby richtig anzulegen. Sie wussten nicht, wie es geht, denn auch Affen leben von Natur aus in Gruppen und lernen durch Abschauen. Erst als man einer Affenmutter stillende Frauen vor den Käfig setzte, begriff sie, wie es funktioniert. Sie hatte ihr Kind bislang mit dem Hinterkopf an die Brust gehalten und dann verstanden, dass sie es nur drehen musste.

Habe ich denn jetzt versagt?

Funktioniert das Stillen trotz Hilfe nicht, führt dies nicht selten zu emotionalen Problemen: Oft empfinden Mütter es als Versagen und fühlen sich minderwertig. Ihrem Körper gelingt es scheinbar nicht, ihr kleines Baby satt zu bekommen und zu versorgen. Versagensängste sind in dieser empfindlichen Phase sehr häufig. Dann ist es wichtig, gegebenenfalls auch unterstützt durch professionelle Hilfe, seinen Frieden mit der Situation zu machen. Es ist auch möglich, sehr liebevoll und bindungsorientiert die Flasche zu geben, und die Pre-Milch von heute ist viel besser an die Bedürfnisse der Babys angepasst als noch vor 30 Jahren.

Wo bekomme ich Unterstützung beim Stillen?

Ideal wäre es, wenn du schon in der Schwangerschaft gelegentlich Stillgruppen oder vielleicht einen Einfach Eltern®-Treff besuchst. Hier bekommst du direkt die typischen Anfangsschwierigkeiten mit, kannst dich austauschen und dir zeigen lassen, wie das Stillen funktioniert. Zudem ist es unglaublich spannend, frischgebackene Mütter im Umgang mit ihren Babys zu beobachten, wenn man weiß, dass man selbst auch bald solch ein kleines Wesen auf dem Arm haben wird.

Stillen oder Flasche, ist das nicht egal?

Wenn du nicht gestillt hast oder nicht stillst, weil du keine gute Betreuung und Hilfe hattest, dann kann dieses Kapitel vielleicht manchmal etwas wehtun, da wir durchaus die Vorteile von Muttermilch beim Namen nennen. Vielleicht liest du dich trotzdem ein, denn was die Natur sich für uns ausgedacht hat, ist einfach faszinierend und spannend.

Muttermilch ist Superfood

Auch noch über die hier übliche Stillzeit von vier bis sechs Monaten hinaus hat Muttermilch so viele Vorteile für Mutter und Kind, dass es verwunderlich ist, dass in der Zeit von Superfood und Clean Eating nicht ein riesiger Run auf dieses kostenlose Wundermittel stattfindet. Hier mal ein paar beeindruckende Fakten: Stillen wirkt präventiv. Es senkt beim Baby das Risiko, an

- SIDS (plötzlicher Kindstod),
- Diabetes Mellitus,
- Asthma,
- Neurodermitis,
- Mittelohrentzündungen,
- Allergien,
- Darmkrankheiten und
- Adipositas

zu erkranken.

Das SIDS-Risiko wird um die Hälfte reduziert, wenn das Baby im ersten Lebensmonat ausschließlich Muttermilch bekommt.[25] Selbst teilweises Stillen wirkt sich noch positiv aus. Der Grund dafür ist die immunologische Wirkung des Stillens und die Tatsache, dass gestillte Kinder im Vergleich zu mit der Flasche ernährten Babys leichter wach werden.

Auch Darmkrankheiten und Durchfälle treten seltener auf. Der Darm wird mit Muttermilch »ausgekleidet« und unterstützt, was ihn robuster macht, denn der unreife Babydarm ist noch durchlässiger als der reife Darm eines Erwachsenen. Lebende Immunzellen schützen ein Neugeborenes vor Erkrankungen und helfen ihm bei der Bekämpfung von Viren.

Auch Adipositas (Fettleibigkeit/Übergewicht) tritt bei gestillten Kindern seltener auf. Das natürliche Sättigungsgefühl bestimmt die Trinkmenge, da die Milch aus der Brust nicht einfach hinausläuft, wie es bei einer Flasche der Fall ist. So bleibt das natürliche Sättigungsgefühl erhalten.

Tipps für den Start

Wenn das Baby gerade auf die Welt gekommen ist und die Brüste noch nicht wissen, wer hier jetzt zu versorgen ist, sollte man seinem Baby bei jedem Stillen unbedingt beide Brüste anbieten. Hier darf und sollte man gerne häufig die Seiten wechseln, um die Milchbildung anzuregen und dem Baby die Chance zu geben, mehr von dem guten Kolostrum zu ergattern.

Wenn die Milchbildung gut angelaufen ist, benötigt man keine Tabellen oder Apps, die einem anzeigen, welche Brust gerade getrunken wurde und welche als nächstes dran ist. Einfach die anbieten, die sich praller anfühlt und dann das Baby so lange trinken lassen, wie es mag. Unser Baby wird uns deutlich zeigen, ob es die zweite Brust auch noch trinken möchte oder bereits zufrieden ist.

Die Rückbildung beginnt vor dem Kurs

Das Stillen wirkt sich nicht nur auf die Gesundheit des Babys sehr positiv aus, es unterstützt durch die Ausschüttung des »Liebeshormons« Oxytocin auch die Rückbildung der Gebärmutter nach der Geburt. Oxytocin verursacht Kontraktionen, also ein rhythmisches Zusammenziehen der Gebärmuttermuskeln. Dadurch sinkt auch der Blutverlust nach der Geburt. Der Uterus, welcher zum Ende der Schwangerschaft das 20-fache seiner ursprünglichen Größe erreicht hat, bildet sich binnen etwa zwei bis drei Wochen zurück auf seine ursprüngliche Größe eines Hühnereis.

Was ist denn drin in der Milch?

Reife Muttermilch

- besteht zu 87 Prozent aus Wasser,
- enthält pro Liter vier Gramm Fett und sieben Gramm Kohlenhydrate,
- enthält Laktose (Milchzucker; er macht 85 Prozent der Kohlenhydrate aus),
- ist eiweißarm,
- enthält 70 Kilokalorien je 100 Milliliter,
- enthält reichlich Immunglobuline A (IgA) zum Aufbau der körpereigenen Abwehr,
- enthält Enzyme,
- ist vitaminreich: A, C und E,
- hat weniger Calcium als Kuhmilch,
- enthält 0,05 Milligramm Eisen pro 100 Milliliter (welches zu 70 Prozent vom Körper aufgenommen werden kann. Bei Kuhmilch sind es nur fünf bis acht Prozent.),
- enthält mehrfach ungesättigte Fettsäuren; diese sind allerdings abhängig von der Ernährung der Mutter und daher stark variabel,
- enthält Hormone, Wachstumsfaktoren und körpereigene Schmerzmittel.[26]

Was ist das Besondere an Muttermilch?

Muttermilch ist durch die hormonelle Rückmeldung immer optimal zusammengesetzt. Das bedeutet, dass Mutter und Kind so aufeinander eingestellt sind, dass durch die Zusammensetzung beispielsweise des kindlichen Speichels der Körper der Mutter erkennt, was das Baby gerade braucht. Im Gegensatz zu Formula ist Muttermilch eine »lebende Milch«, sie enthält Makrophagen (Zellen des Immunsystems), die abwehrfördernde Enzyme bilden. Sie unterstützt aktiv die Ausbildung der kindlichen Dickdarmflora durch Präbiotika. So wird das Baby mit allen notwendigen Nährstoffen und Abwehrzellen versorgt. Muttermilch ist leicht verdaulich und ihre Zusammensetzung variiert kindgerecht über die gesamte Stilldauer sowie über die Tageszeiten. Tagsüber (von ungefähr acht bis 20 Uhr) ist die Muttermilch eher anregend, in der restlichen Zeit beruhigend. Flaschenmilch hingegen ist immer gleich. Geschmacklich und in ihrer Zusammensetzung.

Sind in der Muttermilch nicht ganz viele Schadstoffe?

Es ist richtig, dass Schadstoffe in unseren Körpern enthalten sind, die dann bei stillenden Frauen auch in die Muttermilch übergehen können. Das lässt sich auch leider nicht vermeiden, denn durch Plastikverpackungen von Nahrungsmitteln, Cremes, Kosmetika oder auch im Straßenverkehr oder durch die allgegenwärtige Luftverschmutzung nehmen wir diese Stoffe auf – auch ohne Muttermilch. Die positiven Eigenschaften der Milch – übrigens für Mutter und Kind – überwiegen dennoch.

Hat Stillen auch Vorteile für die Mutter?

Ja, und zwar jede Menge: Neben der schon angesprochenen Unterstützung der Gebärmutterrückbildung hat das Stillen auch langfristige Auswirkungen auf die Gesundheit der Frauen. Stillende Frauen erkranken seltener an Brust-, Gebärmutter- und Eierstockkrebs als nicht stillende Mütter. In Muttermilch sind Stammzellen gefunden worden, von denen man vermutet, dass sie der Grund für die geringere Brustkrebsrate sind. Auch das Risiko, im Alter an Osteoporose zu leiden, wird durch das Stillen gesenkt. Zudem ist Stillen auch gut für die Figur, denn durch den erhöhten täglichen Kalorienbedarf nehmen viele Frauen durch das Stillen ab.

Stillen entspannt und macht glücklich

Das Oxytocin, das bei jedem Anlegen des Babys ausgeschüttet wird, unterstützt eine schnelle Rückbildung der Gebärmutter. Zudem können wir uns durch dieses Hormon im hektischen Alltag viel schneller und intensiver entspannen. Es ist quasi ein körpereigenes Beruhigungsmittel, das pulsativ durch unsere Blutbahnen fließt und uns beim »Runterkommen« hilft. Selbiges passiert beim Baby, welches sich ebenfalls unglaublich schnell an der Brust beruhigt. Oxytocin hilft fantastisch bei Zahnungsschmerzen, und sollte die Frau über das erste Lebensjahr hinaus stillen, wird die Hormonausschüttung vermutlich auch dazu beitragen, dass sie die Autonomiephase entspannt durchstehen kann. Durch das Stillen beruhigen sich die Kinder und die Mama während der unzähligen kleinen und großen Nervenzusammenbrüche, die es jeden Tag auszuhalten gilt, wie im Nu.

Stillen ist weitaus mehr als Babynahrung. Es ist eine Wunderwaffe gegen Stress, gegen Hunger, gegen Nährstoffmangel, gegen Krankheiten und so weiter. Mutter Natur hat sich für uns eine so wundervolle Möglichkeit überlegt, wie wir den Alltag gelassener bewältigen können und hat überall kleine Goodies für unsere eigene Gesundheit hinterlegt.

Tut Stillen weh?

Viele Frauen werden auf diese Frage entgegnen: »Ja! Auf jeden Fall, die ersten Male/ Tage/Wochen waren die Hölle!« Und ja, Stillen kann sehr schmerzhaft sein, aber nur dann, wenn etwas nicht richtig ist. Unsere Spezies wäre direkt an diesem Punkt gnadenlos gescheitert, wenn das Stillen schmerzhaft gewesen wäre, denn künstliche Nahrung gibt es erst seit wenigen Jahrzehnten.

Abgucken erwünscht!

Stillen ist eine soziale Kompetenz, sie ist nicht instinktiv. Wir Mütter müssen sie anhand von guten Vorbildern erlernen, welche unserer Generation aufgrund der Einführung künstlicher Säuglingsnahrung oft fehlen. Kaum jemand ist heutzutage noch mit stillenden Tanten und anderen Verwandten und Bekannten groß geworden. Sogar Puppen werden heute ganz selbstverständlich mit Fläschchen verkauft. Dabei ist das Programm »Stillen« in unseren Babys ganz klar hinterlegt!

Gründe für Schmerzen beim Stillen

Es gibt einige Gründe, warum das Stillen von vielen Müttern als schmerzhaft empfunden wird. Da aber kaum jemand weiß, dass Stillen eigentlich nicht schmerzhaft ist, hinterfragt kaum jemand dieses scheinbar notwendige Übel und quält sich mit wunden, blutenden Brustwarzen durch die ersten Tage oder Wochen. Die häufigsten Gründe für Schmerzen beim Stillen möchten wir euch deshalb hier aufzeigen.

- mütterliche Gründe: Anlegetechnik (80 Prozent), Brustbeschaffenheit
- kindliche Gründe: zu kurzes Zungenbändchen, früher Zahndurchbruch, unkorrekte Saugtechniken, Fehlbildungen, KISS-Syndrom, Saugverwirrung
- äußere Einflüsse: beispielsweise Pilzbefall mit Soor

Saugverwirrung

Bekommt das Baby direkt nach der Geburt auch die Flasche oder einen Schnuller, kann es zu einer Saugverwirrung kommen. Das ist ganz logisch, denn schließlich saugt auch das Kind das erste Mal in seinem Leben und muss diesen Vorgang trainieren. Die gesamte

Mundmotorik wird geschult, und Mutter und Baby werden mit den Wochen immer kompetenter. Wenn wir nun direkt die Flasche zusätzlich nutzen, die viel leichter und vor allem ganz anders zu leeren ist als die Brust, verwirrt das das Baby möglicherweise. Es wird im schlimmsten Fall an der Brust genauso trinken wie aus der Falsche, was wiederum für wunde Brustwarzen sorgt und zu einer unzureichenden Entleerung führt. Hier ist also Vorsicht geboten! In der Regel ist das Füttern mit einer Flasche völlig unnötig. Der Magen des Babys ist noch so klein und Muttermilch so schnell verdaut, dass es ganz normal ist, wenn man sein Baby oft anlegen muss. Eine Saugverwirrung ist daher meist die Folge einer Verunsicherung bei der Mama. Hierzu dann mehr im Kapitel »Ich hoffe, meine Milch reicht …«.

Das Zungenbändchen

Ist das Zungenbändchen zu kurz, kann das Baby die Brust nicht richtig erfassen. Das erkennst du am einfachsten daran, dass die Zunge deines Babys vorne eine Kerbe hat, wenn es sie herausstreckt; im ausgeprägten Falle sieht sie dann herzförmig aus. Dies führt zu wunden, schmerzenden Brustwarzen. Deshalb ist es hier wichtig, sich professionelle Hilfe zu holen. Nicht jede Hebamme ist zum Thema Stillen ausreichend ausgebildet. Daher empfehlen wir, immer auch den zusätzlichen Rat einer Stillberaterin einzuholen. Gerade, wenn es sich um medizinische Probleme handelt, ist man bei einer IBCLC-Beraterin an der richtigen Adresse.

Blockaden/KISS-Syndrom

Wenn ein Kind durch die Geburt Blockaden hat, ist es in seiner Motorik oft stark eingeschränkt. Hier können unterschiedliche Faktoren eine Rolle spielen. Einige Babys bevorzugen eine Brust, weil die Haltung an der anderen Seite schmerzhaft ist. Andere Babys sind in der Mundmotorik eingeschränkt und bekommen die Brustwarze nicht richtig zu fassen (siehe Kapitel »Tragen – Blockaden und die Folgen«).

Was hilft bei wunden Brustwarzen?

- Viel Luft an die Brust lassen. Liebe Papas: Nur gucken, nicht anfassen!
- Muttermilch wirkt entzündungshemmend. Es hilft daher, wenn man die Milch nicht abwäscht, sondern wie eine Creme einfach einziehen lässt.
- Im Wechsel eine Brust schonen.
- Damit die Brust heilen kann, kann man durchaus jeden Tag eine andere Brust ruhen lassen und nur eine Seite stillen. Durch das Anlegen wird in der Regel in beiden Brüsten der Milchspendere-

flex ausgelöst und so leert sich die ungestillte Brust automatisch immer etwas mit. Wenn sie zu voll war, kann man mithilfe einer Milchpumpe versuchen, ein wenig den Druck zu mindern und leicht abzupumpen.

- Asymmetrische Anlegetechnik! Der wohl wichtigste Tipp kann eine andere Anlegetechnik sein. Im Krankenhaus wird meist erklärt, dass wir den Kopf des Babys auf die Brust drücken sollen, wenn das Mündchen sich öffnet. Dieser kleine schmatzende Mund … Ein Glücksspiel!
- Bei der asymmetrische Anlegetechnik wird die Brustwarze von oben in den Mund des Babys gerollt und dabei schön tief positioniert, sodass das Baby richtig »melken« kann. Die Brustwarze liegt dabei weit hinten auf der Zunge und wird ausschließlich gegen den weichen Teil des Gaumens gedrückt. So ist das Stillen nicht mehr schmerzhaft und die Brust wird gut entleert.
- Laser! Einige Hebammen, Stillberaterinnen und Kliniken haben Lasergeräte, mit denen man die Brustwarzen in Sekundenschnelle heilen kann. Wichtig ist, dass im Anschluss richtig angelegt wird (siehe »Anlegetechnik«), damit das Drama nicht von vorn beginnt.

Woran liegt es, wenn ich nicht stillen kann?

Wenn das Stillen nicht funktioniert, kämpfen viele Frauen lange, manchmal sogar über Jahre, mit ihren Versagensgefühlen. 91 Prozent der Frauen versuchen nach der Geburt zu stillen, 14 Tage später stillen nur noch ungefähr 60 Prozent und das Ende des sechsten Monats erreichen tatsächlich nur zehn Prozent der Mütter (und Kinder!) stillend.[27] Warum ist das so?

Ein anderer Blick auf Flaschenmamas

Zunächst muss man sagen, dass »Flaschenmamas« meist viel, viel mehr um das Stillen gekämpft haben als viele Stillmütter, die direkt eine gute Betreuung hatten. Oft wird das von anderen Müttern aber nicht gesehen; das geht sogar so weit, dass Flaschenmamas zum

Teil missbilligende Blicke über sich ergehen lassen müssen. Das schmerzt zusätzlich, denn oft ist das Nichtstillen eben nicht das Resultat einer freien Entscheidung. Meist beruht es auf Resignation, deren Ursprung in der fehlenden kompetenten Unterstützung in Krankenhaus und Wochenbett zu finden ist.

Überforderung und Stress

Besonders bei Alleinerziehenden oder Müttern, deren Männer selten zu Hause sind, ist die Überforderung groß. Stress ist nicht gerade bekannt dafür, die Milch zum Überlaufen zu bringen. Zudem mutet das Fläschchen da doch sehr viel einfacher an, und manchmal ist es das auch. Untersuchungen haben gezeigt, dass die Stilldauer stark davon abhängt, wie sehr die Menschen in der Umgebung, insbesondere die jeweiligen Partner, das Stillen unterstützen. Fehlt diese Unterstützung, geben viele Mütter eher auf.

Wenn das Baby Probleme hat

Saugverwirrung, Zungenbändchen, Krankheiten, Fehlbildungen – auch beim Baby können viele Faktoren eine Rolle spielen, wenn es nicht funktioniert. In der Regel kann eine gute Stillberaterin hier für Unterstützung und Abhilfe sorgen. Oft liegt es auch an Blockaden beim Baby; sie verhindern, dass es Positionen einnimmt, in denen es gut saugen kann. Hier wird nicht selten eine Seite verschmäht, was nicht an der Milch dieser Brust, sondern einfach an der schmerzhaften Haltung liegt. Für Abhilfe sorgt in diesem Fall ein Gang zum Manualtherapeuten oder Osteopathen.

Aber manche Frauen versuchen es ja nicht mal!?

Es gibt Gründe, sich gegen das Stillen zu entscheiden. Für Stillfans sind diese vielleicht nicht immer verständlich, und spontane Verurteilungen sind mitunter an der Tagesordnung. Nicht umsonst hat sich der Begriff »Stillmafia« im deutschsprachigen Raum geprägt. Vielen der Unverständigen ist aber nicht bewusst, dass es durchaus besser sein kann, nicht zu stillen, als ständig über die eigenen Empfindungen und Gefühle hinwegzugehen. Wenn Frauen es aus welchen Gründen auch immer nicht ertragen können, ein Baby zu stillen und das vielleicht einfach darauf schieben, »zu wenig Milch« zu haben, ist das durchaus legitim und mit Sicherheit die bessere Entscheidung für die Beziehung von Mutter und Kind. Muttermilch ist die zwar unbestreitbar beste Nahrung für das Baby, aber Sicherheit und Geborgenheit sind ebenso elementar. Wenn Mütter sich durch das Stillen quälen, merkt das auch das Baby und fühlt sich nicht willkommen an der Brust. Wie furchtbar muss es sein, wenn die komplette Abhängigkeit von der Nahrung von Ablehnung begleitet wird!

Außerdem können (postpartale) Depressionen ein Grund dafür sein, dass Mütter nicht stillen können oder wollen. Wer hier nur gleichgültig mit den Schultern zuckt, ist sich der Tragweite dieser tückischen Krankheit nicht bewusst.

Schluss mit dem Mütterbashing!

Es gibt Menschen, die aufgrund von schlimmen Traumata ein Problem mit Nähe haben und darunter bewusst oder unbewusst sehr leiden. Diesen Müttern einen Vorwurf zu machen und sich selbst als bessere Mutter darzustellen, ist ein Grundproblem in unserer Gesellschaft. Es geht immer darum, wer besser oder bemühter ist. Und der Preis dafür ist, dass Mütter, die sich so sehr gegenseitig brauchen und daher auch unterstützen sollten, gegenseitig verurteilen.

Deshalb sollten wir im besten Falle keine Menschen verurteilen, in deren Situationen wir selbst nie gewesen sind!

Woran erkennt man, dass ein Baby Hunger hat?

Diese Frage stellen sich vermutlich alle frischgebackenen Eltern. Ist es doch essenziell wichtig, zu wissen, wann man sein Baby füttern sollte. Das Gute ist, dass uns unsere Babys sehr lautstark mitteilen, wann sie an die Brust oder ein Fläschchen möchten (siehe Kapitel »Dustan Baby language«). Die Babys werden aus einer Situation heraus in die Welt geboren, in der ihnen Hunger vollständig fremd war. Über die Nabelschnur waren sie während der gesamten Zeit im Bauch ununterbrochen versorgt. Es war immer warm, gemütlich, eng und die Geräusche waren vertraut. Ab dem Moment der Geburt sind unzählige Dinge neu für sie. Die Schwerkraft, die Weite, es ist möglicherweise kalt und auch hell. Zwei Dinge fehlen ihnen vermutlich am meisten: der Körperkontakt und die Nabelschnur. Auch die Leere im eigenen Bauch – und Muttermilch wird ja sehr schnell verdaut – ist für die Babys ein sehr unangenehmes Gefühl. In dem Moment, in dem die warme Milch im Bauch ankommt, ist für das Baby alles wieder gut.

Frühe Hungerzeichen

Es gibt eine Reihe von Verhaltensweisen, die darauf hinweisen, dass das Baby Hunger hat:

- Die kleinen Hände ballen sich im Schlaf langsam zu Fäustchen,
- das Baby wird unruhig,
- es sucht mit wackelnden Kopfbewegungen nach der Brust,
- es schmatzt und schiebt immer wieder die Zunge aus dem Mund,
- es macht glucksende Laute,
- es dreht den Kopf mit schnellen Bewegungen hin und her,
- es leckt, lutscht, saugt an den Fingerchen, Händen, Daumen.

Es ist durchaus sinnvoll, schon bei den ersten Zeichen das Baby anzulegen oder das Fläschchen zu geben, denn einem sehr hungrigen Baby fällt es schwerer, richtig an die Brust anzudocken, als einem noch halbwegs satten. Selbst uns fällt es schwer, ruhig zu essen, wenn wir schon sehr lange unseren Hunger ertragen mussten. Wir neigen dann dazu, das Essen herunterzuschlingen und fühlen uns sicher in der Regel anschließend schlecht.

Späte Hungerzeichen

Das Baby weint oder schreit und lässt sich nicht durch Singen, Tragen, Schuckeln beruhigen. Sollte ein Kind bei frühen Hungerzeichen noch nicht gleich an die Brust gehen oder beim Weinen oder Schreien nicht »andocken«, kann man die Brust immer wieder anbieten. Wenn ein Kind bereits sehr aufgebracht ist und schreit, kann es sinnvoll sein, es erst durch Pucken (enges Wickeln) und Schuckeln zu beruhigen, um es dann anlegen zu können.

Stillen ist nicht nur Nahrung!

Man kann es gar nicht oft genug sagen: Das Stillen bzw. die Brust ist für die Befriedigungen vieler Bedürfnisse des Babys elementar. Stillen bedeutet eben nicht nur Essen, und wir machen es uns unnötig schwer, wenn wir die Nahrung separieren und alles andere mühselig ohne Brust versuchen. Wenn das Stillen nicht funktioniert hat, dann sind wir in vielen Momentan dazu gezwungen, Alternativen zu finden (siehe »Tipps zur Fütterung mit dem Fläschchen«). Im Regelfall ist die Brust jedoch in folgenden Situationen zuständig oder hilfreich:

- bei Hunger,
- bei Durst,
- bei einem Saugbedürfnis,
- wenn das Kind Sicherheit braucht (bei Angst und Aufregung),
- wenn es getröstet werden muss,
- bei Schmerz (etwa Zahnungsbeschwerden),
- bei Krankheit (Magen-Darm-Erkrankungen, Erkältungen),
- zur Beruhigung durch Co-Regulation.

Stillen ist Nahrung und Getränk

Wenn die Brüste sehr prall und gut gefüllt sind, dann verhält es sich so, dass der Wasseranteil in der Milch zunächst wesentlich höher ist. Je leerer die Brust wird, desto mehr steigt der Fettgehalt an. Daher ist es ratsam, die jeweilige Brust ordentlich leer trinken zu lassen. Denn trinkt dein Baby immer nur kurz an jeder Brust, kann es sein, dass es immer nur seinen Durst löscht, sich aber kein Sättigungsgefühl einstellt. Schau auch hier auf dein Kind. Ist es gerade zu abgelenkt und benötigt wirklich nur einen kleinen Schluck gegen den Durst, ist es völlig in Ordnung, die Brust nur kurz anzubieten. Wenn du dir Gedanken machst, dass dein Baby nicht satt wird, dann kann eine ruhige Kuschelstunde im Bett eine Lösung für euch sein. Wichtig ist hier, dass dein Baby zeigt, ob es noch trinken möchte oder nicht. So kann es sein eigenes, natürliches Sättigungsgefühl entwickeln und beibehalten.

Ein Gedankenexperiment

Stellen wir uns einmal vor, wir haben Hunger. Wir bekommen etwas Leckeres auf den Tisch gestellt, und während wir genießen, nimmt plötzlich jemand den Teller weg – die Zeit ist abgelaufen!!! Jemand sagt uns: »Schhhhh, alles ist gut«, und wir erhalten den Hinweis, dass es in vier Stunden neues Essen gibt. Wie fühlen wir uns? Hungrig, verzweifelt, vielleicht haben wir noch Durst? Wir waren zu langsam.

Oder das Gegenteil ist der Fall: Innerhalb von fünf Minuten haben wir unseren Teller »ratzekahl« leergeputzt und sind eigentlich satt und zufrieden. Dann kommt jemand, der es besonders gut mit uns meint, mit einer weiteren Portion und verlangt, dass wir sie aufessen. Panik! Wohin das alles? Der Bauch drückt jetzt schon? Außerdem wollen wir vielleicht lieber schlafen?

Daher: Richte deine Aufmerksamkeit nicht auf Zahlen und Durchschnittswerte, sondern auf dein Baby!

Habe ich genug Milch?

Tatsächlich weiß das nur das Baby, und in der Regel trinkt es genau die Menge, die es braucht, wenn wir es lassen. Babys sind unterschiedlich! Das eine trinkt sehr langsam, das andere eher hastig. Die einen trinken viele kleine Portionen, andere in größeren Mengen, aber auch größeren Zeitabständen. Da ist jedes Kind anders – und das ist auch gar nicht schlimm.

Das Abpumpen sagt nichts über die Milchmenge aus!

Manche Frauen sind in der Lage, literweise Milch abzupumpen, andere wiederum pumpen gefühlte Stunden für wenige Tröpfchen. Die abgepumpte Menge sagt nichts darüber aus, wie viel Milch die Brust tatsächlich produziert. Das Baby bekommt die Milch einfach wesentlich effizienter aus der Brust als jede Pumpe. Zudem ist jede Brust anders. Wenn uns geraten wird, durch zusätzliches Abpumpen die Milchmenge zu steigern, kann sich das sogar eher kontraproduktiv auswirken, wenn die Brüste eben nicht zu denen gehören, von denen viel Milch abgepumpt werden kann.

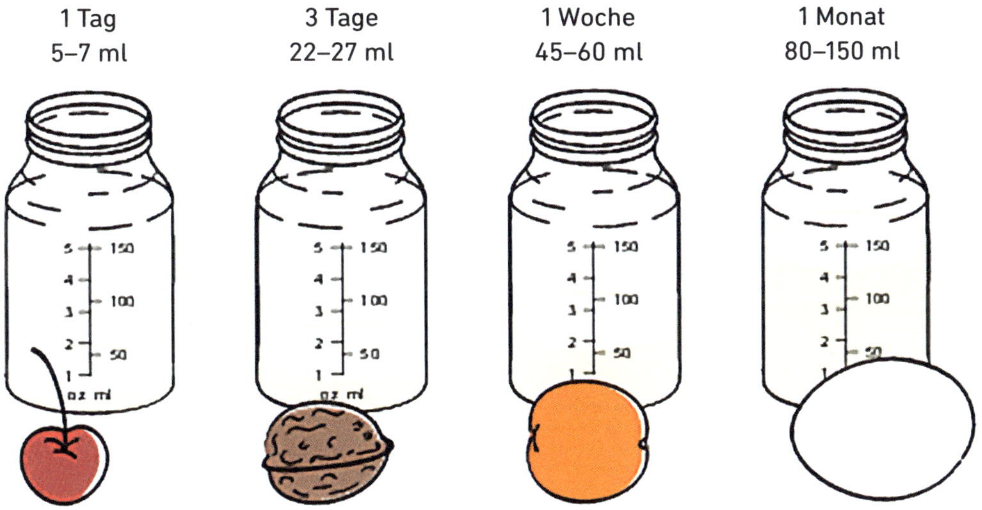

Die Magengröße eines Babys im Vergleich mit der dazu passenden Trinkmenge.

Vor und nach der Mahlzeit zu wiegen ist völlig überholt!

Diese Variante der Kontrolle wird noch oft genutzt, jedoch ist sie gar nicht aussagekräftig.[28] Manche Babys trinken wenig, dafür aber sehr oft, andere trinken pro Mahlzeit sehr viel, aber mit großen Abständen. Hierauf stellt sich die Brust oder unser Körper später noch ein, wenn durch das Trinkverhalten abgespeichert wurde, ob es sich um ein oder drei Babys handelt, ob es ein Viel- oder ein Wenigtrinker ist, der da an der Brust trinkt. Unser Körper ist zunächst für alle Eventualitäten gewappnet. Und da jedes Baby unterschiedlich ist, sind Wiegeproben nicht aussagekräftig. Trinkt das Baby eher häufig und dabei kleine Mengen, wird es bei der Wiegeprobe zwar hoffnungslos scheitern, würde aber seinen Tagesbedarf durch unzählige kleine Snacks wahrscheinlich decken. Daher sollte man eher darauf achten, dass das Baby nasse Windeln hat sowie rosig und munter ist. Sobald man sich Sorgen macht, ob das Baby gut gedeiht, sollte man unbedingt eine Stillberaterin kontaktieren.

Habe ich denn nun genug Milch?

»Zu wenig Milch« ist neben wunden Brustwarzen vermutlich die häufigste Begründung für das Zufüttern oder Abstillen. Doch selten trifft sie zu. Nur etwa zwei Prozent aller Frauen sind tatsächlich nicht in der Lage, genügend Milch zu produzieren. Dafür gibt es in der Regel aber auch eindeutige Gründe, wenn zum Beispiel zu wenig Brustdrüsengewebe vorhanden ist.

Meistens führen ganz andere Faktoren dazu, dass das Stillen nicht funktioniert:

- zu seltenes oder zu kurzes Anlegen,
- unzureichende Beratung der Frau,
- schlechtes Stillmanagement in der Geburtsklinik,
- Medikamente,
- eine ungünstige Stillposition,
- zu wenig Brustgewebe im Mund des Kindes,
- Saugverwirrung,
- anatomische Hindernisse beim Kind,
- Trennung von Mutter und Kind – beispielsweise, wenn das Kind separat schläft, im eigenen Bett oder gar in einem anderen Zimmer.

Gründe für eine zu geringe Milchmenge gibt es viele. Die meisten lassen sich jedoch beheben.

Was regt die Milchproduktion an?

Helfen sollen Stilltees, Stillkugeln, Dragees, Suppen und Diäten, doch einzig Bockshornklee-Samen (als Kapseln erhältlich) haben nachweislich einen positiven Effekt auf die Milchmengenproduktion. Massagen, weite Kleidung, Ruhe, Entspannung, Entleerung und Zuspruch können helfen, die Menge zu steigern. Besonders gut hilft das Tragen und das Schlafen nah bei der Mama. Durch das Oxytocin und das Prolaktin (Körperkontakt) sind hier schnell gute Ergebnisse zu erzielen, wenn gleichzeitig auch häufiger angelegt wird.

Besser wenig als gar nichts?

Sollte es tatsächlich so sein, dass eine Frau zu wenig Milch hat, stellt sich gerade in den ersten Lebenstagen und -wochen die Frage: Besser wenig als gar nichts? Die Antwort darauf lautet ganz klar: Jeder Milliliter Muttermilch lohnt sich!

Gerade das Kolostrum, die Milch der ersten Stunden und Tage, ist eine wichtige Starthilfe für das Immunsystem unserer Babys. Auch wenn wir uns dazu entscheiden sollten, nicht zu stillen, sind diese wenigen Milliliter für unsere Babys ein wunderbarer Immuncocktail, der ihnen beim Ankommen auf dieser Welt hilft.

Wie kann ich mein Kind stillen, wenn ich zu wenig Milch habe?

Eine Variante wäre ein sogenanntes Brusternährungsset (BES, Fotos gibt es online zu sehen). Dabei handelt es sich um ein Fläschchen, aus dem Pre-Nahrung durch einen winzig kleinen Schlauch läuft, der so an der Brust befestigt wird, dass das Baby an der Brust saugt, die Nahrung aber vorwiegend aus dem Fläschchen kommt. Dies kann auch dann eine Hilfe sein, wenn die Mama sich zu sehr unter Druck setzt, ihr Kind satt zu bekommen, denn die Milch aus dem Schlauch wird auf jeden Fall genommen und das Baby wird satt. Zudem wird nebenbei durch das Saugen an der Brust die Milchproduktion angeregt, und es ist wundervoll kuschelig. Unterwegs eine Herausforderung, aber für zu Hause eine sehr heilende Alternative, wenn man traurig ist, dass das Stillen nicht so funktioniert hat, wie gewünscht.

Wodurch regelt sich denn die Milchproduktion?

Je häufiger und intensiver die Nachfrage, desto größer das Angebot. Während der ersten drei bis vier Monate der Stillzeit legt unser Körper Reserven an, die mit dem Kühlschrank und der Vorratskammer zu vergleichen sind. Rund um den vierten Lebensmonat werden die Brüste in der Regel plötzlich weicher, was viele Mütter stark verunsichert. Dabei handelt es sich quasi um eine Art Etappenziel: Kind und Brust haben sich nun aufeinander eingestellt, und der Körper produziert maximal für den Kühlschrank und sehr viel Milch auch »on demand«, also direkt beim Stillen selbst. Die Vorratskammer wird nicht mehr benötigt, da der Körper sich nun auf die Trinkgewohnheiten des Babys eingstellt hat.

Oft ist es nur das fehlende Vertrauen in unseren Körper

Unzureichende Unterstützung trifft auf Verunsicherung. Schnell werden dann Wachstumsschübe und Gebärmutterheimweh mit unstillbarem Hunger verwechselt, denn kaum eine Angst ist größer, als die, dass das Kind an der eigenen Brust verhungert. Manchmal hilft es daher, sich vor Augen zu halten, was für ein Wunder unser Körper bereits vollbracht hat, indem er einen wunderbaren kleinen Menschen in sich hat wachsen und ihn schließlich das Licht der Welt hat erblicken lassen, und dass unsere Brüste für die Milchproduktion geschaffen sind.
Niemand würde bei Kühen beispielsweise auf die Idee kommen, darum zu bangen, ob die Milchproduktion hoffentlich funktioniert, und auch sie sind nur ganz normale Säugetiere.

Hättest du das gewusst? – Interventionen unter der Geburt

Wurde in die Geburt eingegriffen, zum Beispiel durch eine Einleitung mit künstlichem Oxytocin oder durch eine PDA, verändert sich der natürliche hormonelle Ablauf. Dies kann dazu führen, dass weniger körpereigenes Oxytocin ausgeschüttet wird, was den Milcheinschuss verzögern kann. Einleitungen und PDAs stehen daher oft im Zusammenhang mit Stillschwierigkeiten.

Ich habe zu viel Milch

Was manche zu wenig haben, haben andere zu viel. Es ist, wie so oft, ungerecht verteilt. Zu viel Milch zu haben ist im Gegensatz zu dem Problem, nicht stillen zu können, aber eher ein »nerviges«, als ein emotionales Thema. Es hängt nicht so viel davon ab. Die größte Sorge ist in der Regel, dass sich das Kind häufig verschluckt. Der Milchspendereflex ist sehr stark, es kommt zu einer Art »Druckbetankung«. Zudem ist es sehr ärgerlich, wenn man in der Öffentlichkeit plötzlich ein nasses Oberteil an hat. Ein »Zuviel« reguliert sich glücklicherweise häufig nach ein paar Wochen von selbst – über das Kind und den Hormonhaushalt. Enge Kleidung, Salbei- und Pfefferminztee sowie Artischocke führen dazu, dass der Milchspendereflex schwächer wird und somit weniger Milch produziert wird.

Das Baby weint so viel! Wird es nicht satt?

Wenn unser Baby auf die Welt kommt, lernen wir es erst noch kennen. Wenn es weint, ist unser erster Impuls, eine gedankliche Checkliste abzuarbeiten, woran es liegen könnte: Hunger, Durst, volle Windel, zu warm oder zu kalt, müde, Bauchweh oder möchte es einfach auf den Arm? Meist in genau dieser Reihenfolge. Wenn alle dieser Punkte als Erklärung für das Weinen nicht infrage kommen dürften, sind wir beunruhigt.

Machen wir uns dann vielleicht Sorgen darum, ob das Baby beim Stillen satt wird, ist das Fatale an dieser Sorge, dass viele Anzeichen des Babys in genau diese Richtung gedeutet werden können und wie vermeintliche Indizien unseren »Verdacht« untermauern. Es hilft daher oft, die wahren Gründe für das Weinen zu kennen. Hier benötigen wir in erster Linie etwas Vertrauen in die Natur des Stillens. Im Kapitel »Hoffentlich reicht die Milch« findest du viele Informationen zu diesem Thema. Machen wir uns also auf die Suche: Was kann es noch sein?

Stillabstände reduzieren die Milchmenge

Das Einhalten von starren Abständen zwischen den einzelnen Stillmahlzeiten ist völlig überholt. Blickt man zurück auf die Menschheitsgeschichte, wäre das ohne Uhr auch eine ziemlich schwierige Angelegenheit. Im Grunde sind Abstände beim Stillen eine neumodische Erfindung, die sich zwar durchgesetzt, sich aber nicht als sinnvoll erwiesen hat. Muttermilch ist nach 20 bis 90 Minuten verdaut. Sie ist, anders als die Milch von Kühen beispielsweise, nicht dazu gemacht, dass sie lange sättigt und einen schnellen Muskel- und Fettaufbau erwirkt. Der geringe Fett- und Eiweißgehalt der Muttermilch deutet darauf hin, dass Säuglinge einen uneingeschränkten Zugang zu ihr haben sollten. Die Milch enthält relativ viele Kohlehydrate, um unser Hirnwachstum optimal zu unterstützen, und sie ist so designt, dass der sehr kleine Babymagen regelmäßig viele kleine Mahlzeiten bekommt. Dass Babys mit aller Kraft protestieren, wenn ihre Stillabstände künstlich verlängert werden, ist also normal und verständlich.

Zudem reduzieren diese unnatürlichen Abstände die Milchbildung, und es kann passieren, dass der Energiebedarf des Babys und die Milchbildung nicht mehr miteinander im Einklang sind.

Ist es denn schon satt?

Kinder haben ein natürliches Sättigungs- und Hungergefühl, dem wir nicht nur vertrauen sollten; vielmehr sind wir gut beraten, wenn wir versuchen, diese kindlichen Kompetenzen beizubehalten! Durch Regulierung von außen wird das empfindliche Gleichgewicht gestört, was das Baby nach der Rundum-sorglos-Versorgung im Mutterleib – ohne Hunger – ja auch erst mal verstehen muss.

Vertrauen auf den eigenen Körper, der dafür geschaffen wurde, ein Baby zu ernähren, und das Vertrauen auf die Hungersignale des Babys sind also elementar. Und wer von uns kennt sie nicht, die Stimmungsschwankungen, wenn unser Körper Hunger verspürt und wir dieser Aufforderung nicht nachkommen. Wir werden »hangry« (eine Mischung aus hungry und angry) – und so geht es auch unserem Baby.

Ein weinendes Baby hat also vielleicht tatsächlich Hunger, obwohl seit der letzten Mahlzeit erst 20 Minuten vergangen sind. Nicht, weil die Milch nicht reicht, sondern weil wir das Weinen falsch deuten und denken, es könne doch noch gar nicht wieder hungrig sein. Oft ist es aber auch tatsächlich nur Durst, Kuschel- oder Nähebedürfnis.

Nach dem Schub ist vor dem Schub

Babys wachsen nicht nur körperlich, sondern auch im Hinblick auf die Hirnreife in Schüben. In diesen Entwicklungsphasen verändert sich die Welt unserer Kleinen massiv. Das verunsichert und macht sie extrem anhänglich.

Besonders der Wachstumsschub um den dritten Monat sorgt beim Thema Stillen oft für ein großes Missverständnis. Genau zu diesem Zeitraum haben Mama und Baby einen weiteren Etappensieg in der Stillbeziehung erreicht: Die Brüste werden weicher, weil sie mittlerweile »verstanden« haben, mit welcher Art Baby sie es hier zu tun haben. Dass es nur eins ist und nicht drei, dass es sich um einen gemütlichen Trinker oder einen von der schnellen Sorte handelt. Das Problem dabei ist, dass das Weichwerden der Brüste in Kombination mit einem – durch den Entwicklungssprung – vermehrt weinenden Baby oft als Ausbleiben der Milch verstanden wird.

Hier entsteht aufseiten der Mama häufig eine enorme Verunsicherung und Angst, das Baby nicht mehr ausreichend ernähren zu können. Und Angst ist kein guter Begleiter – gerade wenn es um das Stillen geht. Je entspannter wir in diesem Zeitraum sind, desto schneller wird er vorbei sein. Bei dringenden Fragen und Sorgen gilt auch hier wieder der Rat, sich an eine kompetente Stillberaterin zu wenden.

Warum werden die Brüste wieder kleiner?

In den ersten Wochen nach der Geburt sind die Brüste meist geschwollen und prall. Dies liegt nicht ausschließlich an der Milchbildung, sondern auch an gestauter Lymphflüssigkeit, vermehrter Durchblutung sowie Wassereinlagerungen. Nach etwa drei bis vier Monaten hat sich die Brust mit dem Baby quasi synchronisiert, und die Schwellungen gehen zurück. Beim Stillen nach Bedarf wird die Milch vor allem gebildet, während das Baby an der Brust trinkt. Ist das Team aus Mutter und Kind so eingespielt, gibt es die Milch weniger auf Vorrat, sondern »on demand« – damit einhergehend, dass die Brust der Mutter zwischen den Stillmahlzeiten nicht mehr so prall ist.

Bis die Brust sich in Schubphasen an den nun erhöhten Bedarf an Milch gewöhnt hat, dauert es etwa vier bis sieben Tage. In dieser Zeit ist es besonders wichtig, das Baby oft anzulegen, damit sich Bedarf und Milchbildung erneut aufeinander einstimmen können.

Bekommt mein Kind genug Milch?

Ein Kind bekommt genug Milch, wenn es

- sechs bis acht nasse Windeln am Tag hat,
- nach dem Stillen zufrieden ist und gegebenenfalls einschläft,
- sich von alleine meldet,
- kontinuierlich zunimmt und gedeiht,
- rosige, elastische Haut hat und
- nach dem Stillen nicht mehr schmatzt, sucht und saugt.

Macht neue Milch auf alte Milch Bauchschmerzen?

Dieses immer noch kursierende Ammenmärchen ist ein Relikt aus einem Säuglingspflegebuch der 1920er-Jahre. Es bezog sich auf die damalige Kunstmilch. Muttermilch ist sehr leicht verdaulich (sie bleibt nur etwa eine halbe Stunde im Magen), und eine Mischung aus bereits angedauter und frischer Milch ist kein Problem. Bauchschmerzen entstehen eher durch das Schlucken von Luft, weil das Kind bestimmte Nahrungsmittel nicht verträgt oder weil es zu wenig Bäuerchen macht. Deshalb kann es hilfreich sein, das Baby auch vor dem Stillen ein Bäuerchen machen zu lassen, um Luft herauszulassen, bevor sie im Bauch für Quälereien sorgt.

Hilfe, Mama!!

Es muss nicht immer ein Schub sein, der für Unruhe und Weinen sorgt. Unsere Welt ist für ein Baby so unglaublich spannend – und somit nur kurz auszuhalten. Die Geräusche, Gerüche, Lichtspiele und alle weiteren Eindrücke nimmt das Baby auf wie ein

Schwamm. Dann wird fleißig sortiert, aber vieles überfordert das kleine Wesen und es braucht Sicherheit und Nähe, um sein Nervensystem zu beruhigen. Diese Sicherheit und Nähe findet es bevorzugt auf unserem Arm, noch lieber an unserer Brust – Stillen ist eben nicht nur Nahrung …!

Stillst du schon wieder? Du verwöhnst das Baby!

Die Angst, ein Baby durchs Stillen zu verwöhnen, ist schlichtweg nicht angebracht, da dadurch einfach nur Grundbedürfnisse befriedigt werden. Wir verwöhnen es ja auch nicht, wenn wir es warm anziehen. Wie wundervoll, wenn wir uns deshalb hier keinerlei Sorgen machen müssen.

Menschenbabys sind Säuglinge, und so geht es beim Stillen nicht nur um die Nahrungsaufnahme – also das Essen. Stillen ist auch Trinken, Liebe, Beruhigung, Nähe oder einfach selig an der Brust Nuckeln; daher »stillt« es im wahrsten Sinne des Wortes viele der Grundbedürfnisse (Nahrung, Flüssigkeit, Sicherheit und Saugen) gleichzeitig. Kinder haben ein natürliches Saugbedürfnis. Können sie dieses nicht an der Brust befriedigen, greifen Säuglinge auf Daumen, Kissen- oder Tuchecken, Kuscheltiere, Händchen oder den Schnuller zurück, sofern dieser angeboten wird. Für manche Kinder reicht das Saugen an der Brust vollkommen aus, andere nuckeln gerne ein bisschen mehr. Jeder Mensch ist anders.

Eine Beziehung entsteht

Stillen fördert die Bindung zwischen Mutter und Kind. Durch den engen Kontakt lernen sich beide gut kennen. Es ist eine ganz eigene Form der Kommunikation und eine innige Beziehung. Das beim Stillen ausgeschüttete Oxytocin dämpft zudem die Stressreaktionen bei Mutter und Kind, was wiederum ein friedlicheres Zusammenleben unterstützt. Hautkontakt wirkt sich zudem positiv auf die Körpertemperatur von Neugeborenen aus. Endorphine (Glückshormone) gehen durch die Muttermilch in das Baby über und steigern die Bindungsbereitschaft.

Und wie oft legt man sein Baby dann an?

Das sagt dir dein Baby. Tatsächlich ist es bei den Kung-San (südliches Afrika) völlig normal, sein Baby drei- bis viermal pro Stunde anzulegen. In Europa dagegen schwankt es. So stillt eine Frau in Rostock durchschnittlich tatsächlich alle vier Stunden, während in Kopenhagen eher alle zwei Stunden angelegt wird.[29] Da Muttermilch nach 20 bis 90 Minuten verdaut ist und unsere Milch mit ihren Nährstoffen so zusammengesetzt ist, dass häufiger Zugriff des Babys darauf absolut gewollt und eingeplant ist, sollten wir wesentlich häufiger anlegen – indem wir nach Bedarf stillen.

Stillen auch nach Bedarf der Mama

Stillen nach Bedarf heißt aber nicht nur nach Bedarf des Babys. Auch der Bedarf von uns Müttern zählt. Wenn unser Brüste so prall gefüllt sind, dass es weh tut, was gern mal passiert, wenn das Baby nachts weniger häufig aufwacht als gewöhnlich, können wir es mit Sleep-feeding versuchen. Wird das Baby leicht unruhig und kommt aus dem Tiefschlaf, können wir ihm meist die Brust anbieten, und das Baby trinkt schlafend weiter. Welche Wohltat! Eine andere Situation kann es sein, wenn du gerade einfach mal kurz deine Ruhe brauchst, ein Gespräch beenden möchtest oder kurz durchatmen. Schnapp dir dein Baby und biete ihm die Brust an. In der Regel funktioniert das sehr gut und ihr beide profitiert von einer kleinen Auszeit im trubeligen Alltag. Wenn dein Kind nicht trinken möchte, dann wird es dir deutlich zeigen, dass du dir doch eine andere Ablenkung oder Ruhepause suchen musst. Einen Versuch ist es aber allemal wert.

Wenn es nur nuckelt ...

Wenn ein Kind ständig nur an der Brust nuckelt und nicht trinkt, kann dies ein Hinweis darauf sein, dass sich nicht genügend Brustgewebe im Mund befindet und die Milch nicht ausreichend fließt. Bevor der Schnuller als Dauerlösung zum Einsatz kommt, wäre es gut, wenn sich jemand die Anlegetechnik ansehen könnte. Hier empfehlen wir, eine Stillberaterin oder eine Hebamme zu kontaktieren, die sich zu dem Thema fortgebildet hat.

So oft kann ein Baby doch gar nicht stillen wollen, oder?

Oh doch! Und es gibt sogar einen Fachausdruck dafür: Das sogenannte Clusterfeeding bedeutet, dass die Kinder, gefühlt ohne jegliche Pause, ganz viel stillen möchten. Der Hunger des Babys wird durch ein Hormon gesteuert. Ein hoher Wert dieses Hormons sagt dem Baby, dass es satt ist. Sinkt der Hormonspiegel ab, bekommt das Baby wieder Hunger. Der rasant aufeinanderfolgende An- und Abstieg dieses Hormons hilft dem Baby dabei, seinen Verdauungshaushalt perfekt zu organisieren und den Magen so zu füllen, dass es auch bei längeren Schlafphasen nicht zu verhungern riskiert. Alles ganz normal und von der Natur bewusst so gewollt! Versuche, dich zurückzulehnen, dir Zeit zu nehmen und in diesen Phasen nicht den Nucki als Alternative zu nutzen. Denn mit einem Schnuller könnte man hier möglicherweise einen wichtigen Prozess der Milchbildung oder der Gewichtszunahme stören.

Wie lange stillt man ein Baby?

Die WHO (Weltgesundheitsorganisation), die Nationale Stillkommission und der Deutsche Hebammenverband (DHV) empfehlen, ein Baby mindestens zwei Jahre zu stillen (davon die ersten sechs Monate ausschließlich) und auch darüber hinaus, wenn Mutter und Kind es wünschen.[30]

Das biologische Abstillalter von Menschenbabys liegt bei etwa vier bis sechs Jahren.[31] Diese Zahlen passen zur durchschnittlichen Weltstilldauer, die bei etwa vier Jahren liegt. Beeindruckend, wenn man bedenkt, dass in den Industrienationen in der Regel sehr kurz gestillt wird. In Deutschland spricht man bereits ab einem Alter von einem Jahr von Langzeitstillen. Schaut man sich das Ganze mal durch die biologische Brille an, wird schnell deutlich, dass man in den meisten Industrieländern eher von Kurzzeitstillen sprechen müsste.

Aber das gilt doch nur für die Menschen in den Entwicklungsländern!?

Die meisten Menschen, die von dieser Empfehlung hören oder lesen, denken, dass diese Dauer nur für Frauen in armen Ländern gilt, wo Hungersnöte an der Tagesordnung sind. Und natürlich ist es bei Nahrungsmangel unerlässlich, die Kinder länger zu stillen. Doch obwohl wir hier in Europa ein so umfangreiches Nahrungsangebot haben, hat das längere Stillen für unsere Babys und für uns immense Vorteile. Pro Monat, der länger gestillt wird, sinkt das Risiko der Mutter, an Brust-, Eierstock- oder Gebärmutterhalskrebs zu erkranken.

Woher kommt die Empfehlung, ab dem vierten Monat mit der Beikosteinführung zu starten?

Noch vor einigen Jahren begannen Mütter in Deutschland mit der Beikosteinführung, wenn ihr Nachwuchs etwa ein halbes Jahr alt war. Heute starten die meisten Eltern bereits nach vier Monaten. Diese Entwicklung ist auf eine Studie zurückzuführen, die aufgezeigt hat, dass es für Babys wesentlich besser ist, die Beikost einzuführen, solange diese mit Muttermilch umspült gegeben wird. Da hierzulande die wenigsten Mütter noch die vollen sechs Monate stillen, wurde der Beikoststart nach vorne verschoben, damit die Chancen höher stehen, dass währenddessen noch gestillt wird.[32] Sollte man also noch über die vier Monate hinaus stillen, ist es nicht notwendig, über diese frühe Einführung der Beikost nachzudenken. Dann kann man nach dem ganz eigenen Rhythmus starten, nämlich dem des Kindes.

Wichtig für die Allergieprävention ist also nicht der Monat der Beikosteinführung, sondern die Muttermilch, die die Beikost umspült und den Darm schützt. Im Endeffekt ist die Milch im gesamten ersten Lebensjahr eine der Hauptnährstoffquellen. Die Beikost spielt dann ab dem vollendeten sechsten Lebensmonat langsam aber sicher eine immer größere Rolle.

Und wer hat noch etwas davon?

Der immer frühere Zeitpunkt der Beikosteinführung spielt der Babynahrungsindustrie natürlich wunderbar in die Karten, denn sie kann nun ihre Gläschen mit der Empfehlung »ab dem 4. Monat« auf dem Etikett verkaufen. Die Babynahrungsindustrie ist es übrigens auch, die unsere Kinderärzte zu Schulungen über das Stillen und die Beikosteinführung einlädt. Im Medizinstudium steht die Ernährung zudem nicht auf dem Stundenplan. Ein Schelm, wer Böses dabei denkt!

Es ist also durchaus zu empfehlen, das Stillen nicht schnellstmöglich zu beenden. Denn im Grunde macht das Stillen nach einem halben Jahr erst so richtig Spaß! Mutter, Baby und Brüste sind ein eingespieltes Team. Die Kinder werden aktiver, kommunizieren mit uns, strahlen uns an und geben aktive Rückmeldungen, wie unfassbar gut sie das Stillen finden.

Brustverweigerung oder Stillstreik

Es gibt immer mal wieder Fälle und Zeiten, in denen Kinder plötzlich die Brust nicht mehr wollen. Solch eine Brustverweigerung kann bis zu sechs Wochen dauern. Ein Stillstreik hingegen ist nur von kurzer Dauer und tritt meist im späteren Verlauf einer eingespielten Stillbeziehung auf. Mutter und Kind sind hier in der Regel in einer Kraft raubenden Ausnahmesituation, und die Eltern benötigen umgehend Hilfe. Wichtig ist, dass die Nahrungszufuhr des Kindes gesichert ist und die Mutter entlastet wird. Auf jeden Fall

sollte eine Stillberaterin hinzugezogen werden. Hinzukommt, dass ein Stillstreik häufig als Abstillwunsch des Kindes fehlinterpretiert werden kann.
Noch ein Tipp für solche Situationen: Die Babymassage nach Reich/Leboyer kann dem Kind deutliche Entspannung bringen.[33] Wichtig ist es, der Mutter zu zeigen, wie sie selbst die Brust entleeren kann, um einen Milchstau oder gar eine Brustentzündung zu vermeiden.

Braucht mein Baby etwas anderes als Milch?

Hinter dieser Sorge steht ein Irrglaube, der sich hartnäckig hält. Er ist unter anderem darauf zurückzuführen, dass die Inhaltsstoffe der künstlichen Säuglingsnahrung haarklein aufgeschlüsselt auf den jeweiligen Packungen abgedruckt werden, und die Muttermilch in manchen Belangen augenscheinlich hinterherhinkt. Daher hört man Kinderärzte auch gerne mal sagen: »Ihr Baby braucht jetzt feste Nahrung, sonst bekommt es einen Eisenmangel!«[34]

Und ja, in der Muttermilch ist weniger Eisen enthalten als in künstlicher Milch. Doch dieses Eisen ist perfekt auf das Menschenbaby abgestimmt und hat somit eine viel höhere biologische Wertigkeit. Es kann leichter vom Körper verarbeitet und aufgenommen werden als fremdes Eisen. Der Vergleich mit der künstlichen Säuglingsnahrung hinkt daher gewaltig. Zudem hängt die Höhe des Eisenspeichers auch von vielen anderen Faktoren ab, wie zum Beispiel dem Zeitpunkt der Abnabelung nach der Geburt.[35]

Aber woher weiß ich, dass mein Kind alle Nährstoffe erhält?

Kinder regulieren ihren Nahrungsbedarf instinktiv, wenn wir ihnen die Möglichkeit dazu geben. Dies ist eine angeborene Fähigkeit, die jedes Lebewesen hat und die es dazu bringt, genau das zu essen, was es braucht. Ein Koalabär würde sich niemals von Fleisch ernähren und es auch gar nicht erst testen. Eine Biene nagt sicherlich nicht probeweise an einem Grashalm, und auch wir Menschen nehmen normalerweise nur die Lebensmit-

teln zu uns, die uns guttun. Bieten wir beispielsweise bei der Beikosteinführung verschiedene, gesunde Nahrungsmittel an, wird das Baby nach denen greifen, die es verträgt.
Aber welchen Bedarf an Nährstoffen decke ich denn schon mit der Muttermilch? Der Nährstoffgehalt in der Muttermilch ist praktischerweise über die gesamte Stilldauer relativ konstant. Muttermilch hat etwa 68 Kilokalorien pro 100 Milliliter. (Vergleicht man dies mit einer Karotte, die ja traditionell gerne zur Beikosteinführung verwendet wird, kommt man bei Karottenbrei lediglich auf 27 Kilokalorien pro 100 Milliliter.) Besonders wichtig aber ist die Tatsache, dass Kinder ihren Nährstoffbedarf auch im zweiten Lebensjahr zu großen Teilen aus der Muttermilch decken, wenn sie neben der Beikost noch weiterhin gestillt werden (bei den folgenden Werten handelt es sich um Circa-Angaben)[36]:

- Eiweiß: 38 Prozent
- Vitamine A: 100 Prozent
- Vitamine C: 95 Prozent
- Niacin: 41 Prozent
- Riboflavin: 21 Prozent
- Folsäure: 26 Prozent
- Kalium: 44 Prozent
- Eisen: 50 Prozent

Stillkinder erhalten also über die Muttermilch eine wesentlich höhere Menge an Vitamin C als Kinder, die mit Vitamin C angereicherte künstliche Babynahrung, Gemüse und Früchte zu sich nehmen.
Wie wunderbar einfach es ist, wenn man noch stillt. Man muss sich keinerlei Sorgen darüber machen, ob das Baby alle Nährstoffe erhält, die es braucht. Und wieder wird deutlich, dass diese Form der Beikosteinführung die ursprüngliche, natürliche war und somit die für Menschenbabys sinnvollste.

Braucht das Baby Wasser, Tee oder Saft?

Uns Erwachsenen erscheint es völlig logisch, dass wir zu unserer festen Nahrung auch Flüssigkeit zu uns nehmen, etwa in Form von Wasser, Tee oder Saft. Da liegt die Vermutung nahe, dass wir unserem Kind auch Wasser anbieten sollten, wenn es draußen warm ist. Oder wir denken, dass das Baby nur Durst und keinen Hunger hat.

Vorsicht vor Wasservergiftung!

Babys sollten kein Wasser statt der Milch bekommen, auch im Sommer nicht. Muttermilch besteht zu fast 90 Prozent aus Wasser und ist daher ausreichend durststillend. Hinzu kommt, dass Wasser zu wenige Nährstoffe enthält und diese wenigen Nährstoffe durch die noch unreifen Nieren herausspült. Durch das Ersetzen der Milch durch Wasser sind daher Mangelerscheinungen vorprogrammiert, die dramatisch werden können. Es droht eine Wasservergiftung (Wasserintoxikation), bei der durch die Verdünnung des Blutes der Natriumwert nicht mehr ausreicht. Die Gehirnzellen lagern dann Wasser ein, wodurch sich das Gehirn ausdehnt und an seine Grenzen – den Schädel – stößt. Es kann zu Hirnödemen kommen, die zum Tode führen können.[37] Gleiches gilt für künstliche Säuglingsnahrung, die immer so, wie es auf der Packung beschrieben wird, angerührt werden sollte. Im ersten Lebensjahr daher immer besser Milch als Wasser!

Wird mit der Beikosteinführung begonnen, darf man dem Baby auch gern Wasser zum Essen dazu anbieten. Aber auch hier gilt: Es ist eine Einführung, ein Experiment, und dient nicht ausschließlich dem Stillen von Hunger und Durst. 200 Milliliter Wasser am Tag sind für gute Esser völlig ausreichend.

Und was ist mit Tee?

Kräutertee, der von uns Erwachsenen in der Regel als eine Art Medizin getrunken wird ist im ersten Lebensjahr unnötig. Auch Tee füllt den Magen des Babys, ohne dass wichtige Nährstoffe zugeführt werden. Der Magen ist so klein und dadurch schnell gefüllt, und trotzdem signalisiert er dem Kind ein Hungergefühl – was dazu führen kann, dass es vermehrt weint. Wird zu viel Tee getrunken, birgt das außerdem das gleiche Risiko wie bei Wasser. Darüber hinaus enthalten insbesondere sogenannte Kindertees oft Zucker, und Tests haben ergeben, dass einige Sorten krebserregende Stoffe enthalten.[38] Daher lieber auf Nummer Sicher gehen und bei der Milch bleiben.

Sollte das Baby unter Bauchweh leiden, so ist der Griff zum Fencheltee also nicht empfehlenswert. Stattdessen helfen besonders gut: Muttermilch, Massagen und Tragen, Tragen, Tragen.

Bitte keinen Saft!

Manche Eltern greifen schon früh zu Schorlen oder Fruchtsaft. Diese enthalten immer viel Zucker. Auch Fruchtzucker ist ungesund, wenn er in großen Mengen zu sich genommen wird, denn er greift unsere Leber an.[39]

Ein Baby darf aber gerne Obst essen, denn es könnte niemals so viel davon zu sich nehmen, dass der darin enthaltende Zuckergehalt die bedenkliche Grenze erreichen würde. Zur Beikost gibt es im besten Falle nur Milch und Wasser und – wenn unbedingt gewünscht – mal einen ungesüßten Früchtetee für Erwachsene in Bio-Qualität.

Ist es in Ordnung, das Baby in den Schlaf zu stillen?

Das Baby in den Schlaf zu stillen wirkt wie eine Wunderwaffe und das ist sie auch! Mutter Natur ist nämlich, was die Aufzucht unserer Babys angeht, komplett auf unserer Seite! Sie wollte es uns nie schwer machen, daher empfiehlt es sich, darauf zu achten, dass wir nicht gegen sie arbeiten. Zudem zeigt die Erfahrung, dass alle Kinder zu ihrem eigenen Zeitpunkt den Entwicklungsschritt gehen, ohne die Brust einzuschlafen. Tatsächlich schlafen sie irgendwann sogar alleine ein, ziehen aus und gründen eigene Familien.

Die Ratgeber zum Babyschlaf sagen aber etwas anderes!

Es gibt so viele, zum Teil schlimme Ratgeber zu dem Thema, wie man Babys in den Schlaf »begleiten« sollte, und meist spielt dabei die Angst vor dem Verwöhnen eine große Rolle. Meist sind kaum liebevolle Gesten erlaubt, alles sollen Babys schon allein können – und in der Regel funktionieren diese Methoden nicht, was den Druck auf uns Eltern erhöht und uns zu Verzweiflungstaten wie die Anwendung von Schlafprogrammen verleitet. Dabei war es für Menschenbabys bisher nie vorgesehen, wach in ihr Bett gelegt und ohne Tragen oder Körperkontakt zum Schlafen gebracht zu werden.

Da kann Mutter Natur nur verzweifelt den Kopf schütteln, und in der Tat muss das Ganze aus ihrer Perspektive ganz merkwürdig wirken. Der Nachwuchs von Säugetieren schläft normalerweise nicht allein, die Milch ist immer in greifbarer Nähe. Und warum sollte dies bei uns Menschen anders sein? Alle Zeichen deuten auf nichts anderes hin, als dass es völlig selbstverständlich ist, sein Baby mit der Brust in den Schlaf zu begleiten.

Tanz der Hormone

Betrachtet man die Zusammensetzung der Muttermilch, fällt auf, dass die Konzentration der Aminosäure Tryptophan am Abend deutlich höher ist. Tryptophan wird vom Körper in das »Glückshormon« Serotonin umgewandelt und macht unsere Babys glücklich und ausgeglichener. Es reduziert ihre Ängste und wirkt schlaffördernd. Das »Schlafhormon« Melatonin wiederum wird vom Körper übrigens durch Serotonin gebildet, was erklärt, warum eine harmonische, glückliche Atmosphäre das Einschlafen erleichtert.

Moleküle in der Muttermilch, die am Tage eher anregend und in der Nacht eher beruhigend wirken, unterstützen den Schlaf und die Entwicklung eines Tag-Nacht-Rhythmus.

Wir machen es uns oft selbst schwer!

Nimmt man all diese Fakten zusammen, stellt sich die Frage: Warum sollten wir diese von der Natur gegebene Wunderwaffe, die zudem auch noch die Hirnentwicklung unseres Babys unterstützt, nicht nutzen?
In der Tat ist es oft etwas schwierig, den Kindern diese Wohltat wieder abzugewöhnen, wenn man das Einschlafstillen vorzeitig beenden möchte. Das liegt aber nicht daran, dass wir das Kind verwöhnt haben, sondern dass wir ihm etwas nehmen wollen, das ihm von Natur aus zusteht. Deshalb reagieren auch Neugeborene auf das Vorenthalten des Einschlafstillens oft sehr vehement, weil Menschenbabys quasi darauf programmiert sind.
Wir Erwachsenen würden auch um eine harmonische Paarbeziehung kämpfen, wenn diese zu zerbrechen droht. Einschlafstillen ist eben nicht einfach nur ein Ritual, sondern eine natürliche Begleitung auf dem Weg zur Eigenständigkeit. Diese entwickelt das Kind in seinem Tempo, ohne uns dabei schaden zu wollen. Und so lange unsere Babys noch auf dem Weg zu dieser Eigenständigkeit sind, sind wir Eltern dafür zuständig, sie beim Einschlafen zu unterstützen.

Aber wird es dann jemals ohne meine Brust einschlafen?

Diese Frage können wir aus Erfahrung ganz klar bejahen: Auch dein Baby wird ohne deine Brust einschlafen! Der Papa oder die Oma oder eine andere Bezugsperson wird sich eigene Strategien einfallen lassen – hier eignet sich ganz besonders das In-den-Schlaf-Tragen –, und auch in der Kita oder bei der Tagesmutter wird dein Baby ohne deine Brüste schlafen. Es wird dort auch Dinge essen, die es zu Hause nicht einmal ansehen, geschweige denn probieren würde. Einfach, weil wir in Gruppen anders agieren als zu Hause.

Ein Tipp für Eltern

Auch wir Eltern können durch Ernährung unseren Serotoninspiegel etwas anheben, was im hektischen Alltag durchaus hilfreich ist. Tryptophan ist in vielen Lebensmitteln enthalten, unter anderem in Kakao, weshalb Schokolade auch als Nervennahrung bezeichnet wird. Es geht aber auch gesünder! So sind zum Beispiel Käse, Fisch, Fleisch, Hülsenfrüchte, Getreide, Nüsse und Eier besonders reich an diesem Eiweißstoff. Greifen wir hier regelmäßig zu, bleibt der Serotoninspiegel auf einem höheren Niveau. Gepaart mit dem Oxytocin, das durch das Stillen und Tragen ausgeschüttet wird – je besser die Bindung, desto schneller und besser die Oxytocinausschüttung! –, gibt unser Körper uns viele Entspannungs- und Glückshormone für die anspruchsvolle Elternrolle mit.

Und wenn ich nicht mehr möchte?

Das Abstillen, egal, ob tagsüber oder in der Nacht, läuft in der Regel nicht ohne Protest, aber hier ist jedes Kind anders. Erfahrungsgemäß ist vor allem der Entschluss der Mutter ausschlaggebend. Wer wirklich, wirklich nicht mehr möchte und zu 100 Prozent hinter seiner Entscheidung steht, wird es in der Regel leichter haben. Unsicherheit macht Babys nämlich ebenfalls unsicher, und bei Unsicherheit hilft nun mal am besten das Stillen.

Das Abstillen in der Nacht sollte am besten am Tage eingeführt werden

Kinder brauchen Sicherheit zum Einschlafen. Viele Eltern kennen meist mindestens eine Situation, bei der das Baby auch ohne Stillen einschlafen kann, etwa beim Autofahren oder Tragen. Da wir am Tage viel mehr Kraft haben, können wir diese »Brücken« in den Schlaf, wie Nicola Schmidt vom Projekt »Artgerecht« sie so schön beschreibt, gut üben. Fällt es dem Kind leichter, auf diese Weise einzuschlafen – und da dürfen wir uns allen gerne zwei bis drei Wochen Zeit geben –, kann man die Brücken langsam auch in den Abend integrieren. Die Tatsache, dass wir wissen, dass unser Kind es schafft, hilft uns dabei, stark zu bleiben. Aber bitte nicht um jeden Preis.

Hör auf dein Bauchgefühl!

Wenn du merkst, dass dein Kind lange und lautstark protestiert und du gern nachgeben möchtest, dann tu das! Es ist dann noch nicht so weit. Gib euch beiden Zeit für diesen Prozess.

Wir Mütter halten viel aus für unsere Kinder, und das ist auch gut so. Findet euer eigenes Tempo und lasst euch von eurem Umfeld nicht unter Druck setzen. Jedes Kind ist anders – und somit auch jede Stillbeziehung. Besonders im ersten Lebensjahr ist das nächtliche Abstillen zudem gar nicht empfehlenswert, weil die Kalorien, die für das Hirnwachstum so wichtig sind, oft vermehrt nachts eingefordert werden. Der Tag ist zu spannend und dementsprechend mehr gibt es in der Nacht zu verarbeiten.

Ich würde so gerne mal wieder ausgehen

Bevor das Baby da ist, hat man in der Regel völlig andere Vorstellungen davon, wie es wirklich sein wird, wenn man abends mal wieder mit Freunden essen gehen oder gar einen Konzertbesuch wagen möchte. Unser Tipp ist der, dass man in der Schwangerschaft besser noch keine Tickets kaufen, sondern sich zunächst in seine neue Rolle einfinden sollte. Denn wenn das Baby erst einmal da ist, kann es gut sein, dass man gar nicht mehr das Bedürfnis hat, auszugehen. Und das ist auch völlig in Ordnung. Lass dich hier nicht aus der Ruhe bringen. Dein Gefühl sagt dir genau, wann du so weit bist, dein Baby auch mal für ein paar Stunden beim Papa oder der Oma zu lassen, um einfach mal wieder du zu sein. Und wenn es schon sehr früh der Fall ist, dass du das Gefühl hast, ausgehen zu wollen, dann darf das auch für eine Stillmama so sein. Denn was wäre die Alternative? Abstillen für die Autonomie? Dann doch lieber ab und an einen Kompromiss eingehen.

Wie wird dein Abend auswärts vermutlich nicht funktionieren?

Viele Eltern planen im Voraus und versuchen sich in Testläufen. Die Mama pumpt Milch ab, zahlreiche Fläschchen und Sauger werden gekauft, und der Papa probiert, das Baby ins Bett zu bringen, während Mama im Wohnzimmer sitzt und bei jedem Weinen sofort aufspringen möchte. Hier können wir euch sagen, dass das so gut wie nie funktioniert. Der Papa weiß, dass die Mama nebenan ist, das Baby spürt die Unsicherheit des Vaters, weint vermutlich noch lauter, weil es gar nicht verstehen kann, was hier eigentlich gerade los ist, und spätestens dann steht Mama in der Tür und übernimmt das Baby. Der Papa ist noch verunsicherter und geknickter, und die Mama denkt ab diesem Zeitpunkt, dass sie für die nächsten Jahrzehnte nicht mehr abkömmlich sein wird.

Aus eigener und auch der Erfahrung anderer können wir sagen, dass es meist harmloser ist, als vorher gedacht. Man pumpt literweise Milch ab, die dann gar nicht getrunken wird, und die Babys schlafen seelenruhig die zwei bis drei Stunden beim Papa in der Trage oder sind ein wenig quengelig. Das darf aber durchaus auch mal vorkommen, denn sie sind nicht allein. Sie sind bei dem Menschen, der sie liebt.

Wie kann es denn funktionieren?

Der Papa braucht im besten Falle eine eigene »Waffe«, die den Brüsten in ihrer Effektivität ähnelt. Das Tragen eignet sich hier hervorragend (siehe Kapitel »Das Tragen ist das Stillen der Väter«).

Der Rest ist recht einfach. Hat der Papa eine Methode für sich gefunden, das Baby am Tage zu beruhigen, darf die Mama sich ganz ohne weitere Vorbereitungen auf ein bis drei Stunden Zeit für sich freuen. Dabei ist es wichtig, das Baby vor der Verabschiedung ausgiebig zu stillen und es dann direkt, wenn man zurückgekehrt ist, wieder anzulegen. Es wird eine Wohltat sein, dem Baby die prallen Brüste anzubieten.

Für den Hinterkopf und das Gewissen kann es trotzdem hilfreich sein, wenn man ein paar Milliliter abgepumpte Milch zurücklässt. Auch wenn diese vermutlich nicht getrunken wird, hilft es allen Beteiligten sich angesichts des Kopfkinos, ob auch alles reibungslos läuft, zu beruhigen.

Und Alkohol?

Wie ist es mit einem gelegentlichen Schluck Bier oder Wein? Oder gar einem kleinen Gläschen? Die Antwort liegt in der Dosis. Denn beim Stillen verhält es sich anders als in der Schwangerschaft, in der kein einziger Tropfen erlaubt ist.

Bitte beachte auch hier ein paar Dinge:

- Am besten sollte man in der Stillzeit gar keinen Alkohol trinken.
- Erst dann, wenn man weiß, dass das Baby in den nächsten Stunden nicht stillen wird, wie zum Beispiel zwanzig Minuten nach dem abendlichen Einschlafen.
- Achtung: Bei ganz kleinen Babys kann man das noch nicht wirklich einschätzen – daher bitte hier noch den Alkohol ganz weglassen.
- Durch den Alkohol verändert sich der Geschmack der Milch – es kann sein, dass das Baby dann nicht mehr ausreichend trinkt.
- Du musst die Milch nicht abpumpen und entsorgen. Der Alkohol wird aus dem Blut im selben Tempo abgebaut wie aus der Brust.
- Bitte keinen regelmäßigen Alkoholkonsum!
- Bei größeren Babys oder Kleinkindern muss man nicht abstillen, wenn man gelegentlich mal ein bis zwei Gläser Wein trinken möchte.

Rauchen – Das musst du beachten!

Sogar bei Raucherinnen sagt man, dass die Kinder besser versorgt sind, wenn die Mutter raucht und stillt, als wenn sie raucht und nicht stillt. Denn den Giften ist das Kind auch ausgesetzt, wenn es nicht gestillt wird. Durch die Muttermilch bekommt das Kind jedoch wichtige Abwehrstoffe, lebendige Zellen, die für seine Gesundheit wichtig sind.

Noch zwei Stunden nach dem Rauchen einer Zigarette atmet der Raucher Giftstoffe aus. Daher ist es wichtig, dass gerade vor dem Schlafengehen mindestens zwei Stunden seit der letzten Zigarette vergangen sind. Auch die Haare der Mutter sollten gewaschen und ihre Kleidungsstücke außerhalb des Schlafzimmers gelagert werden. Diese Regeln sind auch im Hinblick auf SIDS von großer Bedeutung, zumal das Risiko des Plötzlichen Kindstods bei Kindern von rauchenden Eltern um 60 Prozent erhöht ist. Deshalb ist es hier besonders wichtig, auf die Hygiene zu achten – und das gilt auch für den rauchenden Partner.

Beeinflusst das Stillen die Vater-Kind-Beziehung?

Liebe Papas, ihr spielt eine ehr entscheidende Rolle in der Stillbeziehung. Im Grunde ist es meist so, dass die Dauer der Stillzeit allein von eurer Unterstützung abhängt.

Erst wenn Mann verstanden hat, wie wichtig und hilfreich das Stillen für die Entwicklung des Kindes ist, steigt auch die Motivation, die Mutter zu unterstützen.

Stillen ist keine Konkurrenz!

Das Stillen ist keine Konkurrenz und steht auch der Vater-Kind-Beziehung nicht im Weg. Jedoch kann eine eifersüchtige Sichtweise auf das Stillen gute Beziehungen zwischen allen Familienangehörigen verhindern. Wenn das Baby sich beim Papa nicht genau so schnell beruhigt wie bei der Mama, resignieren die Väter oftmals zu schnell und geben den Brüsten die Schuld.

Ja, tatsächlich ist es so, dass Babys sich fantastisch durch das Stillen beruhigen. Das bedeutet aber nicht automatisch, dass es er Papa leichter hat, wenn die Mama nicht mehr stillt. Im Gegenteil: Die Mama hat es nun genauso schwer. Verzichtet ihr also auf das Stillen zur Beruhigung, entledigt ihr euch einer Möglichkeit, die im Alltag unglaublich viel Ruhe schaffen kann.

Väter können eigene Strategien entwickeln, und dafür müssen wir Mütter den Vätern die Möglichkeit geben, in Verbindung mit dem Baby zu gehen. Hier ist etwas Durchhaltevermögen und Kreativität gefragt.

Tragen ist das Stillen der Väter

Am schnellsten geht es, wenn der Vater das Baby im Tuch oder in einer Tragehilfe trägt. Durch den Körperkontakt beim Tragen wird bei Vater und Kind das sogenannte Kuschelhormon Oxytocin ausgeschüttet, das dem Baby hilft, sich zu beruhigen. Das wiederum stärkt das Selbstbewusstsein des Papas, was sich dann wieder positiv auf die Bindung auswirkt. Wenn der Papa das Baby trägt, kann er dadurch Zeitoasen für die Mama schaffen, in denen sie sich kurz vom alltäglichen Stress erholen kann. Ein zweistündiger Spaziergang fühlt sich dann durchaus wie ein vierzehntägiger Wellnessurlaub an.

Happy wife, happy life! – Unterstützung, aber wie?

Liebe Papas, wenn eure Frauen entspannter, glücklicher und ruhiger sind, so kann sich dies sehr positiv auf die Gesamtsituation in der Familie auswirken. Eure Babys klinken sich in das zur Verfügung stehende Nervensystem ein, und wenn dieses ein gestresstes und wenig entspanntes ist, dann werden auch eure Babys diesen Zustand widerspiegeln. Wir empfehlen euch daher, euren Frauen zur Seite zu stehen und sie glücklich zu machen – sei es auch nur durch vermeintliche Kleinigkeiten, die im Babyalltag gerne mal die Welt bedeuten können.

- Bring deiner Frau etwas zu trinken, denn Stillen macht unfassbar durstig!
- Stehe hinter dem Stillen und deiner Frau, wenn immer wieder Sprüche und Ratschläge von Freunden und Verwandten kommen. Das tut auch der Paarbeziehung gut!
- Stillen fordert im Schnitt einige hundert Kilokalorien mehr pro Tag. Der Körper muss also einiges leisten. Unterstütze deine Frau im Haushalt, während sie das Kind stillt.
- Begleite deine Frau gegebenenfalls zur Stillberatung und informiere dich, um gegen Ammenmärchen gewappnet zu sein.
- Kommuniziert! Wenn es dir nicht gut geht oder du merkst, dass du eifersüchtig auf das Kind oder die Beziehung der beiden wirst, dann sprich darüber mit deiner Frau. Findet Möglichkeiten, um für Paarzeit zu sorgen.
- Geh mit zum BabySteps® Kurs. In diesen Babykursen geht es nicht nur um Bindungsspiele mit dem Baby, sondern auch um Aufklärung und Austausch. Hier kannst du deine Fragen und Unsicherheiten bei der Kursleiterin loswerden.

Hilfe! Habe ich einen Milchstau?

Es gibt Frauen, die dazu neigen, sehr häufig einen sogenannten Milchstau oder – im schlimmeren Fall – eine Mastitis (Brustentzündung) zu bekommen, was eine äußerst schmerzhafte Angelegenheit ist. Woher kommen Brustentzündungen oder ein Milchstau und was kann man dagegen tun?

Was ist ein Milchstau?

Zu einem Milchstau kommt es, wenn der Milchfluss in der Brust blockiert ist; die Milch fließt dann nicht mehr richtig, und das führt zu schmerzenden Verhärtungen in der Brust. Die Schmerzen sind in diesem Fall ausschließlich auf die Brust beschränkt.

Was ist eine Brustentzündung?

Bei den Mastitiden unterscheidet man zwischen zwei verschiedenen Arten:
Die Stauungsmastitis – hervorgerufen durch zu enge BHs oder Bügel-BHs, zu enge Kleidung, ein zu strammes Tragetuch, das über der Brust verläuft, durch den sogenannten Zigarettengriff (die Brust wird zwischen Zeige- und Mittelfinger gehalten wie eine Zigarette), verstopfte Milchausgänge (ein weißer Punkt wird auf der Brustwarze sichtbar) – also alles, was die Brust quetscht, klemmt oder einengt.
Die bakterielle Mastitis – sie entsteht durch Bakterien, die in die Brust eindringen konnten, etwa durch wunde Brustwarzen oder Pilzbefall.

Eine Brustentzündung ist sehr schmerzhaft, äußert sich durch »Erkältungszeichen« wie Fieber, Schüttelfrost, Kopf- und Gliederschmerzen. In der Regel lässt sich eine Stauung gut manuell behandeln: Vor dem Stillen sollte die Brust erwärmt werden (durch eine Dusche oder ein Kirschkernkissen), sodass die Milch besser fließt. Nach dem Stillen sollte sie gekühlt werden (gut dafür geeignet sind: Kühlpad, kalter Waschlappen, Quarkwickel), da dies die Milchbildung etwas hemmt und die Entzündung aus dem Körper zieht. Es ist ratsam, eine Stillberaterin zu kontaktieren.

Fieber bei einem Milchstau

Geht das Fieber bei einem Milchstau nach 24 Stunden nicht zurück, sollte unbedingt ein Arzt aufgesucht werden, um eine Brustentzündung zu vermeiden!
Wenn der Arzt wegen der Verabreichung von Medikamenten zum Abstillen rät, weise ihn unbedingt auf Embryotox hin – ein Berliner Institut, dass Informationen zur Verträglichkeit der wichtigsten Arzneimittel und zur Behandlung häufig vorkommender Krankheiten in Schwangerschaft und Stillzeit bereitstellt – oder frage noch einen anderen Arzt.[40]
Übrigens: Es gibt kostenlose Stillberatungs-Hotlines von der AFS und der LaLecheLiga, die in einem solchen Fall hilfreich sein können.

Haushaltstipp bei Milchstau

Bsssssssssss – Vibration! Halte deinen Vibrator, falls du einen solchen besitzen solltest, an die Stelle mit der Verhärtung. Manche Milchstaus lassen sich auf diesem Wege in Kombination mit Stillen, Stillen, Stillen sanft herausvibrieren. Diese Methode ist mittlerweile gängige Praxis auf informierten Wochenbettstationen.

Gibt es Lebensmittel, die man in der Stillzeit meiden sollte?

Es erscheint im ersten Moment durchaus plausibel, dass manche Lebensmittel für Babys nicht geeignet sind, und da wir in der Schwangerschaft auf einige Lebensmittel, Rauchen und Alkohol verzichten sollen, liegt der Gedanke nahe, dass sich dies in der Stillzeit fortsetzt. Daher geht es in diesem Kapitel um die Frage, ob und wenn ja, auf welche Nahrungsmittel wir in der Stillzeit verzichten müssen.

Iss, was dir schmeckt!

In der Stillzeit erhöht sich unser Energiebedarf im Schnitt um mehrere hundert Kilokalorien pro Tag. Wie wunderbar, das entspricht etwa einer Tafel Schokolade! Trotzdem sollten gerade stillende Mütter darauf achten, dass sie nicht nur Kalorien zu sich nehmen, sondern auch gesunde Nährstoffe. Unser Baby holt sich über die Muttermilch in der Regel alle wichtigen Bestandteile, daher ist es umso wichtiger für die Mama, dass sie für den notwendigen Nachschub an Vitaminen, Ballaststoffen und Mineralien sorgt.

Aber was ist mit blähenden Lebensmitteln und säurehaltigem Obst?

Es ist alles gut. Die Mutter darf alles essen, was sie mag, was ihr schmeckt und was ihr bekommt. Dass Babys von Zwiebeln und anderen Lebensmitteln indirekt durch die Muttermilch Blähungen bekommen, ist ein Ammenmärchen. Tatsächlich gelangen Darmgase oder auch Kohlensäure nicht durch die Brustdrüsen und somit auch nicht in die Muttermilch. Einfacher gesagt: Muttermilch wird nicht aus Nahrung, sondern aus dem Blut gebildet.

So wählerisch wie heute konnten wir nie sein!

Das Angebot an Nahrungsmitteln, aus dem wir wählen können, war noch nie so groß wie heute. Gerade Kohl wurde in Deutschland früher vom Herbst bis in den späten Winter fast täglich gegessen. Außerdem ist Kohl sehr gesund, Zitrusfrüchte ebenso. Try and Error ist auch hier das Mittel der Wahl. Man bekommt durch die schnelle Verdauung des Säuglings auch ein zeitnahes Feedback. Was nicht vertragen wird, kann Mama also immer noch weglassen, bevor sie unnötig prophylaktisch auf gutes Essen verzichtet.

Manchmal ist ein Pups auch Interpretationssache ...

Wir interpretieren eine aufkommende Unruhe beim Baby nach einer Kohlsuppe aber vielleicht auch nur in die falsche Richtung. Dies liegt meist daran, dass sich Ammenmärchen hartnäckig halten und uns verunsichern. Sobald uns klar ist, dass das Unwohlsein des Babys mit dem Essen nichts zu tun haben kann, machen wir uns ganz anders auf die Suche und finden vielleicht auch die richtige Ursache dafür. Viel zu schnell greift man heute zu Medikamenten, um das Kind zu behandeln.

Was bei Blähungen und Gebärmutterheimweh fantastisch hilft, ist das Tragen im Tuch oder der Tragehilfe!

Sauer macht lustig ...

Auch der Mythos, dass säurehaltiges Obst beim Baby einen wunden Po verursachen kann, ist mittlerweile widerlegt. Man weiß heute, dass sich der pH-Wert des Blutplasmas der Mutter nicht verändert, wenn sie stark säurehaltiges Obst zu sich genommen hat. Somit wird auch die Milch nicht »sauer«.

Abstillen: Wann, wie und warum (nicht)?

Irgendwann im Laufe der Stillzeit entscheiden meist wir Mütter, dass wir abstillen möchten. Selten stillen sich die Kinder vor dem Kleinkindalter selbst ab. Hier wird eher ein Stillstreik mit dem Abstillen verwechselt. Aber widmen wir uns dem Abstillen der Mama: Welche Dinge sollte ich wissen, wann ist der richtige Zeitpunkt und welche Möglichkeiten haben wir, unser Baby dabei zu begleiten?

Warum möchte ich abstillen?

Wir leben nicht mehr in einer Gruppe, in der jeder dem anderen unterstützend zur Seite steht. Als Mama der Neuzeit haben wir meist nicht einmal mehr (Groß-)Eltern, die in unserer Nähe leben. Dies führt nicht selten zu einer großen Überforderung. Babys sind einfach auch anstrengend, und das Fehlen der Unterstützung, die die Natur eigentlich für uns vorgesehen hatte, spüren wir sehr deutlich, wenn wir am Ende des Tages mit unseren Nerven am Ende sind. Und genau dann stellt sich die Frage vielleicht gar nicht, ob wir mit dem Stillen aufhören sollten, denn das Stillen erleichtert uns in vielerlei Hinsicht ja auch den Alltag. Vielmehr sollten wir uns fragen, wie wir mehr Unterstützung bekommen können. In erster Linie natürlich durch den Partner, der das Kind durch das Tragen fantastisch beruhigen kann. Oder auch durch Freundinnen, die uns andere Arbeiten abnehmen könnten, damit wir unsere Kräfte wieder für unser Baby haben.

Muttermilch durch Flaschenmilch ersetzen?

Im gesamten ersten Lebensjahr ist Muttermilch (oder Pre beziehungsweise 1er) eine der Hauptnährstoffquellen für ein Baby. Sollte die Mama abstillen wollen, wird Muttermilch durch die Gabe von künstlicher Säuglingsmilch ersetzt. Auch wenn die Beikosteinführung schon begonnen hat, sollte das Baby weiterhin Milch bekommen, um einen Nährstoffmangel zu vermeiden. Der Magen des Babys ist noch zu klein und nicht weit genug entwickelt, um all die wichtigen Nährstoffe durch Gemüse und Co aufnehmen zu können.

Für alle Beteiligten ist es hilfreich, wenn die Milchmahlzeiten langsam ausgetauscht werden. Am besten beginnt man mit einer Flaschenmahlzeit am Tag (oder sogar nur alle zwei Tage), um die Milchproduktion langsam herunterzufahren. So vermeiden wir auch einen Milchstau oder eine Brustentzündung, außerdem kann sich der empfindliche Magen-Darm-Trakt des Babys langsam und mit der Unterstützung von Muttermilch an die fremden Eiweiße gewöhnen.

Es ist daher ratsam, mit kleinen Mengen zu beginnen. Wenn das Baby diese gut verträgt, kann die Menge nach und nach gesteigert werden. Sollte tatsächlich viel zu wenig Muttermilch vorhanden sein, muss natürlich schneller ersetzt werden, damit das Baby genug Nahrung bekommt.

Der ökologische und praktische Gedanke, doch weiter zu stillen

Stillen ist »bio« – CO2-neutrale Milch, die keinen Verpackungsmüll verursacht. Muttermilch ist immer in der richtigen Menge, Temperatur und Zusammensetzung verfügbar und hygienisch einwandfrei. Bei großer Hitze oder im tiefsten Winter – frische Milch jederzeit. Somit ist Muttermilch also nicht nur die perfekte Nahrung, sondern auch noch die günstigste. Ein unschlagbares Preis-Leistungs-Verhältnis.

Mein Baby will die Flasche nicht!

Solange die Mama noch Milch hat, kann es gut sein, dass das Baby die Flasche nicht akzeptiert. In diesem Fall kann es helfen, wenn der Partner die Flaschenmahlzeiten übernimmt und die Mama nicht in der Nähe ist. Wird die künstliche Milch komplett verweigert, hilft es möglicherweise, wenn wir versuchen, das Baby mit abgepumpter Milch an die Flasche zu gewöhnen. Vielen Frauen ist schon damit geholfen, das Baby nur noch teilweise zu stillen. Auch das Baby hat von dieser Variante mehr Nähe und Abwehrstoffe, als wenn die Muttermilch komplett weggelassen wird.

Am Ende sollte aber jede Familie ihre eigene Lösung finden. Stillberaterinnen und fortgebildete Hebammen können hier gut unterstützen.

Muss man abstillen, wenn die Zähne kommen?

Nein, im Gegenteil. Die Muttermilch hilft in der Regel sehr gut gegen die Zahnungsschmerzen und den damit oft einhergehenden Durchfall und das Fieber.

Meist kommen die unteren Schneidezähnchen zuerst. Die Zunge liegt beim Stillen darüber, sodass man auch keine Angst haben muss, beim Stillen versehentlich gebissen zu werden. Wenn das Baby genügend Brustgewebe im Mund hat, sind auch die oberen Zähne kein Problem. Manche Babys bekommen schon mit wenigen Wochen die ersten Zähne, vereinzelt werden sie sogar schon mit Zähnchen geboren. In der Regel ist auch dann das Stillen unproblematisch. Ein gutes Stillmanagement ist angebracht. Manchmal spürt man bei größeren Babys die Zähnchen, weil sie gerade müde und unaufmerksam sind. In einigen Fällen gibt es durch die veränderte Speichelzusammensetzung Irritationen am Mamillen- oder Areolengewebe, also an der Brustwarze oder am Warzenhof. Zähne allein sind also kein Grund, um abzustillen oder zuzufüttern.

Übrigens heißen die Zähnchen, die jetzt kommen, nicht umsonst »Milchzähne«. Sie fallen in der Regel aus, wenn das natürliche Abstillalter auch erreicht ist – mit fünf bis sieben Jahren.

Muss man abstillen, wenn ein Geschwisterchen unterwegs ist?

Wann der erste Zyklus der Frau wieder einsetzt, ist individuell verschieden. Es gibt Frauen, die ihr Kind bis zu einem Alter von anderthalb bis zwei Jahren stillen, ohne dass der Zyklus sich wieder einstellt. Manche stillen ebenso viel und bekommen bereits nach vier Monaten wieder ihre Periode. Wichtig ist, dass die Mama bei einer erneuten Schwangerschaft beruhigt weiter stillen kann.

Stillen führt nicht zu vorzeitigen Wehen. Oxytocin, welches beim Stillen ausgeschüttet wird, findet erst zum Ende der Schwangerschaft die nötigen Rezeptoren zum »Andocken«, da diese erst dann vermehrt gebildet werden. Möglicherweise kann das Oxytocin später zur Geburtsauslösung beitragen, jedoch reicht in einer gesunden Schwangerschaft der Hormonspiegel nicht für eine Frühgeburt aus. Es kann allerdings sein, dass die Mutter das Stillen als unangenehm empfindet, weil die Brüste sehr empfindlich sein können.

Tandem-Stillen

Manche Frauen stillen dann nach der Geburt neben dem Neugeborenen auch das ältere Kind wie gewohnt weiter. Die Muttermilch stellt sich hier auf das jüngste (und bedürftigste) Kind ein. Zum Schwangerschaftsende hin, in den Tagen vor der Geburt, verändert sie sich bereits. Manche Groß-Kinder lehnen die Brust für ein paar Tage ab, weil der Geschmack fremd ist und sie ihn nicht mögen. Hormone steuern diese sinnvollen Vorgänge,

die Mutter muss dafür nichts unternehmen. Im Laufe der ersten Wochen bekommen also beide Kinder »frühe Muttermilch«, danach adaptiert sich die Milch wie gewohnt und beide Kinder trinken reife Milch.
Mütter von Zwillingen zeigen uns, dass die aufzubringende Milchmenge kein Problem darstellt, wenn das Stillen bisher problemlos verlief. Tandem-Kinder benötigen sogar weniger Milch als Zwillinge. Doch die meisten der Groß-Kinder (über 50 Prozent) stillen nach der Ankunft des Neugeborenen ab.

Medikamente und Abstillen

Es kommt natürlich darauf an, was für eine Erkrankung es zu behandeln gilt und wie es der Mutter geht. Jedoch ist es nicht günstig, in Zeiten des Unwohlseins (welcher Art auch immer) abzustillen. Zum einen, weil dies ein Prozess ist, der einige Zeit in Anspruch nimmt. Zum anderen, weil sich die Gefühle und Einstellungen der Mutter nach der Genesung häufig verändern und die Entscheidung eventuell später bereut wird.
Sollten Medikamente nötig sein, die nicht stillverträglich sind, kann man in dieser Zeit abpumpen und die Milch entsorgen. Das Kind erhält dann vorübergehend künstliche Säuglingsnahrung.
Bei Fragen zu Medikamenten in der Schwangerschaft und Stillzeit sollte man sich an Ärzte, Kinderärzte, Hebammen, Stillberaterinnen und Homöopathen wenden, die bei Embryotox Rückfragen stellen dürfen, welche Medikamente stillverträglich sind.
Auch pflanzliche Medikamente sind übrigens nicht unbedenklich. So können zum Beispiel bestimmte ätherische Öle bei Säuglingen zu akuter Atemnot führen! Aber auch bei Tees, Kräutern und Nahrungszusätzen, die zu Arzneien verarbeitet werden, ist Vorsicht geboten, denn hier handelt es sich per Definition um pharmazeutische Drogen.

Brauchen Kleinkinder noch Muttermilch?

Muttermilch ist für Kleinkinder in jedem Alter fabelhaft, denn sie entfaltet vor allem in Krisensituationen noch einmal ihr fantastisches Potenzial, etwa wenn ein Kind krank ist. Das Kind gibt über die Brust Informationen an die Mutter weiter, deren Immunsystem reagiert darauf und »baut« dem Kind die benötigten Abwehrstoffe. Diese erhält es dann bei den nächsten Stilleinheiten. Bei Infektionen und Kinderkrankheiten ist es ein Segen, wenn die Mutter noch stillt. Oft verweigern Kinder in dieser Zeit sämtliche Nahrung, wollen nur bei der Mama sein und trinken wenig. Stillen vereint ihre Bedürfnisse und ist die natürliche Medizin. Trotzdem sollten Kinderkrankheiten natürlich einem Kinderarzt vorgestellt werden.
Aber nicht nur bei Krankheiten sondern auch generell bei Wachstumsschüben, »Trotzanfällen«, kleinen Verletzungen – nichts tröstet so gut wie Muttermilch.

Aber wie lange stille ich denn nun?

Die Stilldauer ist eine Frage der persönlichen Einstellung; sie ist abhängig von Mutter und Kind und der jeweiligen Situation. Manchmal ist es für die Mutter nicht möglich, lange zu stillen, weil sie wieder voll berufstätig ist und die Milchmenge zurückgeht oder das Kind viel fremdbetreut werden muss. Manchen Frauen gelingt es trotzdem weiterzustillen, anderen nicht.

Eine klare Definition für »Langzeitstillen« gibt es nicht. Manche verstehen unter Langzeitstillen das erste Jahr, andere die ersten zwei oder gar drei Lebensjahre. Es ist eine individuelle Entscheidung, die oft anders ausfällt als ursprünglich erwartet. Fakt ist, dass keine Brust nach einem halben Jahr ihren Dienst einstellt! Die Milch fließt, solange sie verlangt wird. Jahre-, ja, sogar jahrzehntelang. Meist nehmen Frauen sich in der Schwangerschaft vor, sechs Monate lang zu stillen. Viele wachsen in diese neue Rolle erst noch hinein und stillen wider Erwarten länger – dann meist sogar länger als ein Jahr.

Bedauerlich ist, dass viele Frauen dies heimlich tun. Der Grund: Für das Stillen etwas größerer Kinder gibt es in der Öffentlichkeit wenig Verständnis, dafür umso mehr Ablehnung und Kritik. Es sollte immer feinfühlig mit diesem Thema umgegangen werden. Frauen sind verletzlich, wenn es um ihre Mutterrolle geht.

»Kalt«-Abstillen – von jetzt auf gleich nicht mehr stillen?

Abstillen ist eigentlich ein natürlicher Vorgang, der Zeit benötigt und keine Medikamente. Die bekannten »Abstilltabletten« sind mit solch starken Nebenwirkungen verbunden, dass es nicht selten zu Depressionen durch den plötzlichen Hormonabfall kommt. Vom »Kalt-Abstillen« – also von jetzt auf gleich die Brust nicht mehr zu geben – wird heute ganz klar abgeraten. Hier könnte auch das Baby, je nach Alter, im schlimmsten Fall einen psychischen Schaden erleiden, denn wir sind und bleiben Säugetiere. Unsere Kinder sind auf solche Interaktionen einfach nicht vorbereitet. Mit keiner ihrer Zellen.

Das Abstillen sollte im Idealfall im beiderseitigen Einvernehmen von Mutter und Kind erfolgen. Da auch das langsame Ersetzen von Mahlzeiten bei vielen Kindern nicht funktioniert, können Abstillberatungen helfen. Hier ist die Stillberaterin die erste Ansprechpartnerin.

Wie geht es meinem Baby, wenn ich abstille?

Würde man ein Baby fragen, so dürfen wir davon ausgehen, dass dieses sich für eine sehr ausgedehnte Stillzeit entscheiden würde.

Babys kämpfen um ihre liebgewonnene Brust. Affenbabys täuschen sogar Verletzungen vor, wenn die Affenmama das neugeborene Geschwisterchen stillt, um auch noch mal in den Genuss zu kommen. Sobald sie

getrunken haben, ist die Verletzung vergessen und sie hüpfen vergnügt davon. Zumindest kurzfristig, bis sie sich eine neue Möglichkeit haben einfallen lassen, um an die geliebte Milch zu gelangen.
Menschenbabys geht es ähnlich, und unzählige Mütter berichten uns von ihren Abstillversuchen und deren Scheitern. Es ist eben nicht leicht, einem vollkommen aufgelösten Baby die Milch vorzuenthalten – und so knickt man zum Glück des Babys doch immer wieder ein.

Grosse Brüste, kleine Brüste, Hängebrüste?

Die Größe der Brust hat mit der Milchmenge rein gar nichts zu tun. Entscheidend ist das Milchdrüsengewebe, und das sieht man von außen nicht. Wovon große Brüste einfach mehr haben, ist das Fettgewebe.
Bereits während der Schwangerschaft verändert sich die Brust. Durch die Hormone Östrogen und Progesteron wächst das Drüsengewebe in unseren Brüsten, und auch die Brustwarzen verändern sich. Sie werden in der Regel dunkler, damit das Baby, das anfangs noch nicht gut sehen kann und eher Kontraste wahrnimmt, die Milchquelle schneller findet.

Bekommt man vom Stillen Hängebrüste?

Wie schon beschrieben, verändert sich die Brust während der Schwangerschaft. Das Fettgewebe wird gegebenenfalls reduziert und das Milchdrüsengewebe aufgebaut. Nach etwa drei bis vier Monaten Stillzeit verändert sich die Brust erneut. Das Drüsengewebe hat sich dann auf das Trinkverhalten des Babys eingestellt und die Brüste werden wieder weicher und etwas kleiner. Dieses Abschwellen gibt auch unserer Haut die Möglichkeit, nach und nach der Volumenreduktion nachzukommen.
Wenn das Baby abgestillt wird und die Milchdrüsen sich langsam wieder zurückbilden, wirkt die eine oder andere Brust zunächst vielleicht schlaffer, was aber daran liegt, dass es noch einige Zeit dauert, bis das Fettgewebe wieder eingezogen ist. Brüste verändern sich eher mit dem Alter, das darf man nicht außer Acht lassen. Vielleicht verändert

sich auch manche Brust nach dem Abstillen nachhaltig, aber die Regel ist das definitiv nicht.
Wer keinen Hängebusen oder eine Brust mit Abwärtstendenz haben möchte, darf also weder schwanger werden noch alt. Denn irgendwann folgt jede Brust dem Gesetz der Schwerkraft.

Tipps zur Fütterung mit dem Fläschchen

Wir haben es nun schon oft geschrieben: Stillen bedeutet für ein Baby mehr, als dass nur Hunger oder Durst gestillt werden – es befriedigt nebenbei noch weitere elementare Bedürfnisse. Wie kann man diese Bedürfnisse bei der Fütterung mit dem Fläschchen berücksichtigen? Hier gibt es einige Dinge, die einem kaum jemand sagt, die aber für ein Baby essenziell wichtig sind. Genau darum soll es auf den folgenden Seiten gehen: Wie kann man die Bedürfnisse des Babys auch bei der Fütterung mit dem Fläschchen, ja, nun, eben: stillen?

Hunger und Durst stillen – mit welcher Milch?

Der Hauptaspekt der Milch ist natürlich die Nahrungszufuhr. Das Baby soll satt werden und alle wichtigen Nährstoffe zu sich nehmen. Doch wie oft darf oder muss ich die Flasche geben, wann steige ich auf 1er- oder 2er-Nahrung um? Und woher weiß ich, wie viel mein Baby benötigt?

Wichtige Infos zu Formulanahrung

Künstliche Säuglingsnahrung ist in den vergangenen Jahrzehnten immer besser verdaulich geworden, und das Ammenmärchen, dass neue Milch auf alte Bauchweh macht, können wir getrost aus unserem Hinterkopf streichen. Wichtig zu wissen ist, dass es sich bei Anfangsmilch/Anfangsnahrung um sogenannte Muttermilchersatznahrung handelt. Diese sind der natürlichen Menschenmilch nachempfunden und dürfen aus gutem Grund von der Industrie nicht beworben werden. Die Werbung, die wir im Fernseher zu sehen bekommen, ist immer für die sogenannte Folgemilch und suggeriert eine Art Etappensieg, als müssten wir darauf hinarbeiten, dass wir endlich nach dem Stillen damit anfangen dürfen. Das Gegenteil ist aber der Fall. Folgemilch und Kindermilch sind flüssige Beikost und einige Marken enthalten sogar verschiedene Zucker, auf die wir getrost verzichten können und sollten. Einzig und allein die Hersteller profitieren diesbezüglich von unserem Kauf.

Wie lange sollte ich Anfangsmilch/Anfangsnahrung füttern?

Die WHO empfiehlt zwei Jahre zu stillen und darüber hinaus, solange Mutter und Kind es wollen. Bei Anfangsmilch/Anfangsnahrung verhält es sich ähnlich. Die Inhaltsstoffe in Muttermilchersatznahrung sind auf die Bedürfnisse des Kindes abgestimmt und genau wie bei Muttermilch sollten etwa 300 ml täglich auch über den ersten Geburtstag bis mindestens zum vollendeten zweiten Lebensjahr gegeben werden. Auch wenn wir stillen und uns dazu entscheiden sollten, früher abzustillen, bedeutet das, dass wir ab dann bis zum zweiten Geburtstag durchaus auf Formula zurückgreifen können. Diese muss nicht über das Fläschchen gegeben, sondern kann auch getrunken oder untergerührt werden. So wie es das Kind am liebsten mag.

Darf ich nach Bedarf füttern oder muss ich mich an feste Zeiten halten?

Im Gegensatz zur Muttermilch gibt es bei der Formulanahrung eine maximale Tageshöchstmenge, die auf den jeweiligen Packungen angegeben wird. Diese ist abhängig vom Alter des Kindes und kann je nach Hersteller schwanken. In jedem Fall sollte die jeweilige Höchstmenge nicht überschritten werden. Um ein Baby möglichst natürlich zu ernähren, sind viele kleine Portionen sinnvoll, und wir empfehlen unbedingt, auf Rhythmen und feste Zeiten zu verzichten und unter Beachtung der Höchstmenge nach Bedarf zu füttern. Unser Kind kann sehr gut signalisieren, ob es seine Mahlzeit beendet hat oder ob die Mama gerne ein weiteres Fläschchen anrühren darf. Hier möchten wir dir einen Tipp aus unserer »Einfach zwanzig Tage – Die Challenge« für Eltern mitgeben: Ziehe einfach einen Strumpf über das Fläschchen, sodass du die Milliliterangaben nicht sehen kannst. So achtest du ganz automatisch mehr auf die Zeichen, die dein Baby dir gibt und nicht auf die Skala am Fläschchen. Zugegeben – für viele Eltern ist es am Anfang sehr schwer, die Kontrolle abzugeben und dem Baby zu vertrauen. Dies wird erfahrungsgemäß nach wenigen Tagen besser, und das beruhigende Gefühl, kompetent und der Experte oder die Expertin für unser Baby zu sein, stellt sich ein.

Bei den Bezeichnungen Pre und 1-er kommt es oft zu Unsicherheiten. Die Bezeichnungen weichen je nach Land ab und sind nur in Deutschland eine Garantie, dass in Pre neben Milchzucker kein anderes Kohlehydrat enthalten ist. Erfreulicherweise gibt es inzwischen sogar einige 1-er-Nahrungen, die ausschließlich Laktose enthalten.

Damit eine einheitliche Qualität der unterschiedlichen Produkte gewährleistet ist, wurde die Zusammensetzung der Anfangsmilch/Anfangsnahrung nach den Empfehlungen der europäischen Ernährungskommission ESPGHAN in einer EG-Richtlinie europaweit eindeutig definiert. Für Folgemilch gelten andere Nährwerte, die sich weniger am Vorbild der Muttermilch orientieren und aus Sicht von Experten überflüssig sind. Auch wir raten von den unterschiedlichen Folgemilch-Produkten eindeutig ab. Süße Säfte, Instant-Tees und andere gezuckerte Getränke sollten wir unseren Kinder im ersten Lebensjahr ebenfalls nicht anbieten.

An wen wende ich mich, wenn ich unsicher mit der Fläschchennahrung bin?

Es gibt mittlerweile wunderbar fortgebildete Fachkräfte für Formula ernährte Säuglinge. Diese kennen sich rund um die verschiedenen Nahrungen aus und können mit Rat und Tat individuell zur Seite stehen. Denn nicht jede Milch ist wie die andere. Es gibt unzählige auf dem Markt und nicht alle passen zu meinem Baby. Wenn dein Baby viel weint, sich windet und Bauchweh hat, kann es durchaus an der Wahl der Formulanahrung liegen. Hier ist kompetente Hilfe gefragt. Diese findest du unter https://fes-beratung.de im Internet.

Stillpositionen und Hautkontakt imitieren

Gestillte Kinder erhalten im ersten Lebenshalbjahr rund 600 Stunden mehr Körperkontakt als Flaschenkinder. Die durch das Stillen entstehende Nähe und ihre positiven Effekte können jedoch auch auf die Flaschenfütterung übertragen werden. Denn wir können auch das Fläschchen liebevoll und mit viel Körperkontakt geben, idealerweise sogar mit Hautkontakt. Diese Variante eignet sich perfekt für die Kuschel-Trink-Einheiten zu Hause. Wichtig ist auch der Blickkontakt zum Baby und die Kommunikation. Eine Flaschenmahlzeit sollte daher in Ruhe, ohne Stress angeboten werden und gerne ungefähr zehn bis zwanzig Minuten dauern.

Langanhaltendes Dauernuckeln an der Flasche (nicht beim Stillen!) führt schnell zu Karies. Hat ein Flaschenbaby also ein starkes Saugbedürfnis, ist ihm mit einem Schnuller besser gedient.

Mein Baby hält das Fläschchen schon selbst

Viele Eltern empfinden den Umstand, dass das Baby die Flasche schon selbst halten kann, in erster Linie als Entwicklungsschritt. Dabei sollte man wissen, dass diese neue Fähigkeit einige Gefahren birgt und auch die so wichtige Nähe und der Körperkontakt verloren gehen können. Wenn also das Baby die Flasche »selbst« halten soll oder man diese mit einer Handtuchrolle oder anderen Behelfsmitteln auf seiner Brust fixiert, kann sich der Säugling wesentlich leichter verschlucken. Zudem bekommt er die Flasche samt Inhalt aufgezwungen (keine Fütterung nach Bedarf), und empfindsame Babys fühlen sich durch diese Druckbetankung stark bedrängt, manche geraten dabei sogar in Panik. Idealerweise trinken Babys in einer leicht aufrechten Position. Das verringert die Gefahr des Verschluckens von Luft oder Nahrung.

Niemals sollte ein Kind mit seiner Nahrung allein gelassen werden! Weder mit dem Fläschchen in der Nacht noch im Auto – denn auch auf dem Rücksitz ist es »allein gelassen«, da wir nicht spontan reagieren können, falls sich das Baby verschlucken sollte.

Wer darf füttern?

Wir empfehlen, dass die Flasche nur von den zwei Hauptbezugspersonen (das sind in der Regel Mama und Papa) gegeben wird. Die Omas und andere Verwandte, Freunde und Bekannte würden das Baby ja auch nicht stillen. Es ist eine sehr intime Beziehung und diese magischen Momente gehören eben nur Mama und Papa. Auch wenn die Menschen in eurer Umgebung traurig sein sollten – wir möchten euch den Tipp ans Herz legen, für euch einzustehen.

Wie funktioniert Beziehungs-/Trockenstillen?

Hat man sich für die Flaschenfütterung entschieden, obwohl man lieber die Brust gegeben hätte, muss das Stillen nicht unbedingt zu Ende sein. Immer wieder berichten Mütter, dass sie ihrem Kind trotzdem die Brust anbieten, und oft kommt sogar eine kleine Menge Milch heraus. Der Druck, dass die Milch das Kind nicht ausreichend ernähren könnte, fällt hier weg. Das Beziehungsstillen dient also einzig und allein der Bindung, der Sicherheit und Geborgenheit, und es stärkt die Beziehung von Mutter und Kind. Auch kann das Saugbedürfnis mit der Brust statt mit dem Schnuller gestillt werden; häufig kann die mütterliche Brust ihre beruhigende Wirkung auch ohne den Nahrungsaspekt entfalten, wenn das Baby daneben nach Bedarf die Flasche bekommt.

Die Geschichte vom Stillen und Nichtstillen

Muttermilch passt sich seit unzähligen Jahrtausenden den Bedürfnissen unserer Kleinsten an. Durch ihre immunologischen und nährenden Eigenschaften ist sie der künstlichen Säuglingsnahrung (Formula) deutlich überlegen. Vom Altertum bis in die Nachkriegszeit des 20. Jahrhunderts hinein gab es Lohn-Ammen, die gegen Bezahlung fremde Kinder stillten. Heute kann man Muttermilch-Börsen im Internet finden.

Die Vorteile des Stillens wurden also durchaus gesehen und genutzt – und trotzdem sank die Stillrate seit der Zeit der Aufklärung und Industrialisierung erheblich. Um 1900 stillten nur noch etwa 30 Prozent der Mütter, wobei gleichzeitig die Säuglingssterblichkeit anstieg.

Strenge Stillabstände waren schon immer kontraproduktiv!

Während der beiden Weltkriege und auch in der Zeit danach veränderte sich das Stillverhalten. Damals wurde es allmählich als normal angesehen, sein Kind nur nach Zeitplan zu stillen, selten mit ihm zu kuscheln, es schreien und alleine zu lassen. Wer auf die Signale seines Kindes achtete, wurde kritisiert, weil er es »verwöhnte« und sich von ihm »auf der Nase rumtanzen ließ«. Nach der Geburt waren Mutter und Kind etwa zehn Tage in der Klinik, weit entfernt voneinander. Alle vier Stunden wurde das Baby der Mutter eingepuckt für 15 bis 20 Minuten zum Stillen gebracht – mehr Kontakt gab es nicht. Danach war wieder die Säuglingsschwester Herrin über Hunger und Durst. Das Zufüttern von Formula oder das Verabreichen von Tee war üblich, um die schreienden Babys während der vierstündigen Trennung von der Mutter hin und wieder zu beruhigen. Man wusste es in der Regel nicht besser, Bauchgefühle wurden überhört, galten sogar als Schwäche, für die man sich schämte. Nicht selten ließ die Milchbildung durch die starren Stillabstände nach, die Babys »wurden nicht satt« – oft der Anfang vom Ende der Stillbeziehung.

In den 1970er-Jahren dann war Stillen »out«. Emanzipierte Frauen, die es sich leisten konnten, mussten ihren vom BH befreiten Busen dafür nicht hergeben! Es schlug die große Stunde der industriellen Säuglingsnahrung. Viel, viel Geld wurde damals in eine unreglementierte, aggressive Werbung investiert. Formula sei so gesund, viel besser als die schadstoffbelastete Muttermilch. Heute wissen wir es zum Glück besser.

»Experten«-Bullshit:

Woher kommt's?

»Die ersten 12–24 Stunden braucht das Kind keine Nahrung. Es ist aus dem Mutterleibe noch ausreichend mit Nährstoffen versorgt und pflegt zu schlafen.«

»Zwischen den Mahlzeiten müssen unter allen Umständen regelmäßige und ausreichende Pausen eingehalten werden. Die Pausen betragen, wenn möglich 3, beim größeren Säugling 4 Stunden. So lang braucht nämlich der Magen des Kindes, um die Milch zu verdauen und sie in den Darm zu entleeren. Öfteres Anlegen führt leicht zu Verdauungsstörungen des Säuglings.«

»Wir geben auf keinen Fall die Mahlzeit früher, sonst lernt das Kind sehr rasch, dies durch Schreien immer wieder zu erzwingen, und sein geregelter Tagesablauf ist abermals in Gefahr.«

Johanna Haarer: *Die deutsche Mutter und ihr erstes Kind*, 1938

Schwester auf der Wochenbettstation bei Ablehnung der Flasche: »Ah, hier ist die Mutter, die ihr Kind verhungern lässt!«

Auf der Wochenbett-Station, als Schnuller und Fläschchen für das Neugeborene abgelehnt wurden: »Nur deutsche Frauen stellen sich so an!«

Oberärztinnen in der Humangenetik: »Wieso wird das Kind noch gestillt? Sie hätten mit sechs Monaten abstillen müssen. Zwei Jahre? Noch nie gehört, und wir sind schon dreißig Jahre Oberärztinnen. Das gilt vielleicht für Afrika, nicht für Deutschland.«

Kinderarzt bei der U6: »Sie können jetzt nachts abstillen. Das braucht der jetzt nicht mehr …«

Oder: »Muttermilch hat ab dem sechsten Lebensmonat zu wenig Eisen und Nährstoffe. Sie gefährden Ihr Kind, wenn Sie länger stillen.«

Oder: »Ihr Kind wird jetzt ein Jahr alt. Da ist Muttermilch ungesund. Geben Sie jetzt zwei Becher angewärmte Kuhmilch am Tag.«

Psychologin über das Stillen des anderthalbjährigen Kindes: »Sie wissen schon, dass das, was Sie da tun, Kindesmissbrauch ist?!«

Hebamme über die bläuliche Muttermilch beim Abpumpen: »Bloß nicht anlegen, die Milch ist nicht gut und abgestanden. Sie müssen erst ein paar Tage abpumpen, bis die gute Milch kommt.«

Auf der Wochenbettstation: »Nun bitte nicht so anstellen. Wenn Stillen weh tut, ist das dein Problem! Dann gibt's halt die Flasche.«

Baby Basics

- ★ Stillen will gelernt sein.
- ★ Nur zwei Prozent aller Mütter können aus anatomischen Gründen tatsächlich nicht stillen.
- ★ Dein Baby mit der Brust zu beruhigen, ist völlig in Ordnung.
- ★ Folgemilch hat keinen Einfluss auf das Schlafverhalten deines Babys.
- ★ Milch ist im gesamten ersten Lebensjahr das Hauptnahrungsmittel.
- ★ Du musst nicht abstillen, wenn dein Baby in die Kita kommt.
- ★ Du brauchst als Stillmama keine Lebensmittel zu meiden.
- ★ Bei Hitze lieber Milch als Wasser geben.
- ★ Auch Raucherinnen dürfen stillen.
- ★ Tragen ist das Stillen der Väter.
- ★ Wird die Brust nach drei Monaten wieder weicher, ist das ein Etappenziel und kein Hinweis auf den Rückgang der Milch. Ihr seid jetzt ein Team – weiter so!
- ★ Wenn dein Baby Zähne bekommt, kannst du problemlos weiter stillen.
- ★ Es ist nicht notwendig, dass du dein Baby nach einem genauen Zeitplan stillst oder fütterst.
- ★ Neue Milch auf alte Mich macht kein Bauchweh.
- ★ 2er-Milch ist keine Alternative zur Pre-Milch. Erhöhe maximal auf 1er-Milch, da in der 2er-Milch verschiedene Zucker enthalten sind.
- ★ Pre- und 1er-Nahrung kannst du nach Bedarf deines Babys – ohne Zeitpläne oder Rhythmen – geben.

Tja, ... und nun?

- ★ Versuche deine Umgebung und nicht dein Baby zu verändern.
- ★ Es ist durchaus sinnvoll, schon in der Schwangerschaft eine Stillgruppe oder Still-Workshops zu besuchen. Andere Mütter beim Stillen zu sehen, ist so hilfreich.
- ★ Lass dich nicht verunsichern! Auch Hebammen oder Kinderärzte sind oft nicht auf dem aktuellsten Stand. Hol dir bei Zweifeln immer auch weitere Meinungen ein.
- ★ Stille oder füttere dein Baby, wann immer du möchtest, es gibt keine Zeitpläne.
- ★ Wenn deine Brüste wehtun, weil sie so prall gefüllt sind, darfst du dein Baby jederzeit anlegen.
- ★ Übe das Stillen immer mal wieder im Liegen, so werden deine Nächte weniger anstrengend und das Baby entspannter.
- ★ Versuche in der Tragehilfe oder dem Tuch zu stillen, so kannst du deinen Tag viel autonomer gestalten, da dein Baby in der Trage schlafen und trinken kann.
- ★ Für die Nächte ist es sinnvoll, die jeweils erforderliche Menge Milchpulver vorab abzumessen und in kleine Milchpulverboxen zu füllen. Stell dir diese und warmes Wasser in einer Thermosflasche griffbereit zur Seite, dann geht alles schneller und reibungsloser.
- ★ Du solltest die Fläschchen nicht vorher schon trinkfertig vorbereiten, denn die warme Milch ist ein idealer Nährboden für Keime.
- ★ Besuche einen BabySteps-Kurs, tausche dich mit anderen Eltern aus und lasse dir Tipps von deiner Kursleiterin geben.

Einfach Essen – Beikost

Beikost – Ist es wirklich so kompliziert?

Kaum ein anderes Thema wird unter Müttern so häufig und ausführlich diskutiert, wie die Fähigkeit ihres Babys, andere Nahrung als die Muttermilch oder das Fläschchen zu sich zu nehmen. Es scheint eine ganze Wissenschaft dahinter zu stecken, mit zahllosen Do's und Don'ts, Tipps und Tricks und mit jeder Menge Ratschlägen aus allen Ecken.

Da gibt es Tabellen, wann ein Baby welche Sorte Gemüse, Obst oder Getreide und jedes beliebige andere Lebensmittel zu sich nehmen kann und sollte. Ja, es gibt regelrechte »Brei-Fahrpläne«, die Müttern helfen sollen, für jede Altersspanne ihres Babys die richtige Menge, Konsistenz und Geschmacksrichtung der sogenannten »Beikost« zu finden. Ganz egal, ob nun aus dem Supermarktregal geholt oder zu Hause, in der heimischen Küche, selbst hergestellt.

Die traditionelle, aber unnatürliche Beikosteinführung

Zwei Grundsätze scheinen im industriellen Europa und ganz besonders in Deutschland unumstößlich zu sein: Mit der Einführung der Beikost wird ein relativ zügiges Abstillen eingeläutet, und selbstverständlich braucht ein Baby als erste Mahlzeit Brei.

Darüber hinaus gibt es eine ganze Menge an Informationen, mehr oder weniger wissenschaftliche Forschungen und Gerüchte, die die Eltern so verunsichern, dass sie ihre eigenen Kompetenzen anzweifeln und mit den Fahrplänen lieber auf Nummer sicher gehen.

Wer hat etwas davon?

Der Markt an Babynahrung und Lebensmitteln speziell für Kinder boomt, denn schließlich wollen alle Mütter und Väter das Beste für ihr Kind, und es liegt auf der Hand, dass große Firmen ein Interesse daran haben, ihre Produkte an den Mann oder die Frau zu bringen. So erscheinen firmenfinanzierte Studien und »hilfreiche« Einlageblätter in Zeitschriften, die den Eltern den »Beikoststart erleichtern« und ihnen erklären, welches Gläschen als erstes gekauft werden sollte.

Auch die Groß- und Schwiegermütter sind meist keine große Hilfe und haben oftmals noch obskurere Tipps in petto, wie zum Beispiel, dass der Karottensaft in die Milch oder die Schmelzflocken ins Fläschchen gehören.

Selbstverständlich bekommt das Baby Brei – haben ja alle schon immer so gemacht.
Glaubt man der Babynahrungsindustrie, starten wir ab dem vierten Lebensmonat unserer Kinder mit der Beikost, weil dies auf den dafür vorgesehenen Gläschen steht, die man im Einzelhandel erwerben kann. Manche Eltern veranstalten nahezu wettbewerbsähnliche Brei-Koch-Aktionen und tauschen sich mit Gleichgesinnten darüber aus, wie man am besten welche Portionsgrößen des Breis einfrieren und, mit welchem Bio-Öl garniert, später dem Sprössling servieren kann.

»Entschuldigung, haben Sie Pastinaken?!«

Schauen wir in der Menschheitsgeschichte zurück, wird uns schnell klar, dass es dort weder einen Mixer noch Kühlschränke gab. Gegessen wurde, was man unterwegs fand. Kinder, die im Sommer geboren wurden, bekamen andere erste Nahrung als im Winter geborene.
Bis heute beginnen Eltern auf der ganzen Welt mit völlig unterschiedlichen Nahrungsmitteln, wenn sie ihre Kinder mit fester Nahrung vertraut machen wollen. In Frankreich beispielsweise startet man mit Artischocken, in Amerika mit Getreideflocken und in Deutschland erkennt man gerne die frischgebackenen Beikosteltern an der Frage im Supermarkt, was denn eine Pastinake sei?
Eigentlich war der Plan der Natur für das Kind, sich langsam an das Essen der Erwachsenen zu gewöhnen (eventuell mit etwas Hilfe wie dem Vorkauen) und nicht einen Umweg über eine ganz andere Kost zu nehmen. Was heutzutage stattfindet, ist keine Einführung von Beikost, sondern das Einführen einer völlig anderen Ernährungsform, bevor es dann an die eigentliche und richtige Ernährung geht. Was für ein Aufwand!
Die Sorge der Eltern, das Kind könnte bei all den Regeln, die die Industrie vorgibt, fehlernährt werden, spielt selbiger natürlich in die Hände. Wer greift da nicht lieber zum Gläschen oder kocht brav Karotte und Pastinake, um auf Nummer sicher zu gehen.

Beikost Global

- In Italien ist der erste Babybrei eine Gemüsesuppe, die mit Reismehl angedickt wird und der Fleisch und Parmesan zugefügt werden.
- In Schweden gibt es Kartoffelbrei. Dieser wird ergänzt durch Pastinake, Blumenkohl, grüne Bohnen oder anderes Gemüse.
- In Thailand startet man entweder mit einer Gemüsebrühe oder mit Reis, ergänzt durch gematschte Banane, Papaya oder Mango.
- In China ist die wichtigste Zutat der Reis, der zusammen mit Kohl, Möhren oder Spinat serviert wird.

Unsere kompetenten Esser

In den 1930er-Jahren wurde von Clara Davis eine Studie durchgeführt, die Kinder ihre Ernährung selbst in die Hand nehmen ließ. In einem Waisenhaus wurde Kindern zu den Essenszeiten jeweils ein Tablett mit den unterschiedlichsten Lebensmitteln gereicht. Die Kinder konnten sich frei bedienen und somit ihre Ernährung selbst steuern. Selbstverständlich waren es »gesunde« und unbehandelte Lebensmittel, die man ihnen anbot. Über eine lange Zeit wurde Protokoll über die Ernährungsgewohnheiten der Kinder geführt und in regelmäßigen Abständen ihr Gesundheitszustand untersucht und dokumentiert.

Fazit der Studie: Alle Kinder gediehen gut und waren gesund. Sie waren sogar gesünder als die Kontrollgruppe, die vom Fachpersonal auf der gleichen Station gefüttert wurde – auch wenn die Lebensmittelzusammenstellung der selbstständig essenden Kinder manchmal seltsam anmutete. Es schien also tatsächlich so zu sein, dass die Kinder spürten, was sie brauchten und wie viel davon, um gesund zu bleiben und sich zu entwickeln. Das Fachpersonal der Kontrollgruppe fühlte sich aber scheinbar bloßgestellt, und so wurde diese Studie kaum noch zitiert.[41] Kein Wunder, dass es Eltern heute schwerfällt, daran zu glauben, dass die Beikosteinführung eine ganz einfache Sache ist!

Ein Fazit

Es ist völlig egal, mit welchem Lebensmittel begonnen wird, und auch die Reihenfolge und die Zeitabstände, in denen neue Nahrungsmittel eingeführt werden, sind irrelevant. Es gilt allein die Regel, dass das Lebensmittel im »Originalzustand« sein sollte, also nicht mit Salz, Gewürzen, Zucker »verfeinert« wurde. Noch vor 100 Jahren war Beikost Bio, regional und saisonal. Gegessen wurde, was auf den Tisch kam, und in diesem Fall war das auch gut so.

Beikost = Breikost?

Um dieser Frage auf den Grund zu gehen, ist es mal wieder sinnvoll, den Blick zurück in die Geschichte der Menschheit zu richten. Nach allem, was wir heute wissen, war es üblich, seinem Baby vorgekautes Essen der Erwachsenen als »Nahrungsergänzung« und

»Zusatzfutter« in den Mund zu schieben. In der Zeit, als Jäger und Sammler noch über weite Felder streiften und nach Nahrung suchten, war es von Vorteil, wenn man dem Baby auf diese Weise ein paar wenige zusätzliche Kalorien verabreichen konnte. Es wäre Verschwendung gewesen, wenn ausnahmsweise ausreichend Nahrung vorhanden war, das Kind daran nicht teilhaben zu lassen. Schließlich ist das Stillen für die Mutter ein recht »teures« Unterfangen, da ihr Kalorienbedarf in der Stillzeit deutlich erhöht ist; daher war eine Entlastung von außen sinnvoll für das Überleben – von Mutter und Kind.

Gut vorgekaut ist halb verdaut!

Die Theorie, dass vorgekautes Essen leichter verdaut werden kann, wird dadurch untermauert, dass die Muttermilch Amylase enthält, ein Enzym, das für die Verdauung von Stärke notwendig ist. Stärke selbst ist aber in der Muttermilch gar nicht enthalten. Also muss die Evolution davon ausgegangen sein, dass Stärke von außen zugeführt werden wird. Wie könnte das ausgesehen haben?

Schauen wir zurück in die Steinzeit, können wir davon ausgehen, dass die Mutter dem Steinzeitbaby das vorkaute, was sie selbst aß – das Kind wurde also von Anfang an auf das Essen der Erwachsenen vorbereitet, noch dazu mit Geschmacksrichtungen, die es bereits aus der Muttermilch kannte. Es ist jedoch anzunehmen, dass diese Form des Zufütterns sich hinsichtlich der Nahrungsmenge und -konsistenz sowie der Systematik sehr deutlich von unseren heutigen Gepflogenheiten unterschied. Vielmehr wurde den Babys vermutlich ab und an und nach Bedarf zusätzliche Nahrung angeboten. Daraus können wir den Schluss ziehen, dass die systematische Breifütterung aus evolutionärer Sicht so nicht vorgesehen war.

Aber früher gab es doch auch Brei?!

Dass wir heute den Babys nur pürierte Nahrung geben, ist nicht natürlich und lässt sich auch nicht mit dem manchmal vorgebrachten Argument »aber früher haben die Mütter vorgekaut« begründen.

Vergleicht man das Vorkauen mit dem klassischen Brei, werden zahlreiche Unterschiede sichtbar:

- Die Konsistenz – ein Stück Fleisch wurde sicher nicht bis zur Breiform vorgekaut.
- Der Zeitaufwand bei der Herstellung von Brei ist viel höher. Das wäre für Steinzeiteltern wahrscheinlich nicht zu leisten gewesen.
- Die Menge Amylase (Enzym, das erforderlich ist, um Stärke zu verdauen), die in der Muttermilch vorhanden ist, reicht für zwei Handvoll Nahrungsmittel am Tag. Das ist weitaus weniger als die gängigen Mengenempfehlungen auf den Gläschen.

Warum lieber grob statt fein?

Hier sollte man zudem wissen, dass die Mundmuskulatur für die Ausbildung des Kiefers zuständig ist. Skelettfunde belegen, dass Kieferfehlstellungen beim Menschen heute wesentlich häufiger zu finden sind, was damit zusammenhängt, dass Babynahrung heute eher zum Schlürfen und Schlucken geeignet ist, ohne dass sie gekaut werden muss. Früher gab es für unsere Babys härtere und gröbere Kost, somit war die gesamte Mundmotorik eine andere. Dass es hier Zusammenhänge mit der Beikosteinführung gibt, ist kaum jemandem bewusst. Genau das ist auch eines der Hauptargumente, sich für Baby-led Weaning (BWL) zu entscheiden, das sich in der Beikosteinführung immer mehr durchsetzt. Hierzu mehr im Kapitel »Fingerfood fürs Baby«.

Beikoststart – Was ist zu beachten?

Der Beikoststart ist wesentlich unkomplizierter, als man annehmen würde; dennoch gibt es ein paar Hinweise, die wir euch gern mitgeben möchten. Ab dem vollendeten sechsten Lebensmonat sollten wir immer wieder gesunde Nahrungsmittel anbieten, die nicht denaturiert, also in ihrer ursprünglichen Form, sind – gegebenenfalls gedünstet. Die Beikostreifezeichen, insbesondere den Zungenstreckreflex, mit dem die Babys die angebotene Nahrung mit der Zunge wieder aus dem Mund schieben, sollten wir dabei unbedingt beachten.

(Un-)Geeignete Lebensmittel

Geeignet ist nahezu alles, was die Erwachsenen auch essen – allerdings bleibt die Nahrung für das Baby ungesalzen, ungezuckert und wenig gewürzt. Es soll die Möglichkeit bekommen, den ganz unverfälschten Geschmack kennenzulernen. Anfangs empfiehlt es sich, Gemüse zu garen (gut abkühlen lassen!). Das funktioniert auch bei hartem Obst, wie etwa Äpfeln. Die Nahrungsmittel sollten eine weiche Konsistenz haben, sodass das Baby sie am Gaumen zerdrücken kann.

Welche Lebensmittel sind ungeeignet?

- Nüsse (Aspirationsgefahr bis zum Schulalter!)
- Andere harte Lebensmittel, wie Karotte oder Apfel, die nicht durch den Speichel weich werden. Diese nur gedünstet anbieten!
- Honig (im ersten Lebensjahr meiden)
- Rohkost/Salat (bleibt am Gaumen kleben)
- Süßigkeiten (Kariesgefahr)
- Tiermilch und Tiermilchprodukte eher zurückhaltend anbieten!

Wenn das Baby satt ist

Auch wenn dein Baby noch nicht sagen kann, wenn es satt ist, so zeigt es dir diesen Umstand ziemlich deutlich. Man muss diese Zeichen nur zu deuten wissen und vor allem annehmen. Ein Kind, das satt ist, sollte man nicht dazu nötigen, weiter zu essen. Ein natürliches Sättigungsgefühl ist auch für das spätere Erwachsenenalter ein guter Begleiter.

Das Baby zeigt mit unterschiedlichen Signalen, dass es satt ist:

- Erste Stufe: Schließen des Mundes, Wegdrehen des Kopfes
- Zweite Stufe: Mund öffnen, aber nicht schlucken
- Dritte Stufe: Erbrechen

Auch die kleinen Selber-Esser geben deutliche Zeichen:

- Nahrungsmittel auf den Boden werfen
- Nahrungsmittel zerkleinern
- Teller, Schüssel wegschieben
- Kopfschütteln

Kann ich Lebensmittel durcheinander anbieten?

Absolut! Kinder wählen, wenn sie eine Auswahl angeboten bekommen, in der Regel sehr kompetent das Lebensmittel, das ihnen guttut. Wenn das Baby einen wunden Po bekommt, ist es immer noch früh genug, zu überlegen, an welchem der Lebensmittel es gelegen haben könnte. Bei der Beikosteinführung empfiehlt sich ein nachträgliches Ausschlussverfahren, falls das Kind auf ein Nahrungsmittel reagieren sollte. Wir sollten uns dann die Frage stellen, ob es zum Beispiel Erdbeeren, Kohl oder Orangen gab und beim nächsten Mal genauer hinschauen. Aus unserer eigenen Erfahrung wissen wir, dass es einige Inhaltsstoffe gibt, auf die wir Menschen eher reagieren als auf andere, und können daher im Nachhinein einfach herausfinden, welches Lebensmittel wir unserem Kind zunächst nicht mehr anbieten.

Karotten stopfen

Kaum jemand weiß, dass Karotten zu massiven Verstopfungen führen können. Gerade bei Stillkindern, die manchmal mehrere Tage am Stück keinen Stuhlgang haben, sollte man möglichst keine Karotten füttern. Seltsamerweise haben sie sich in Deutschland gemeinsam mit der Pastinake als erstes Beikostlebensmittel eingebürgert. Wir können nur dazu raten, sie zwar durchaus gedünstet und in Stiftform anzubieten, aber das Baby zu beobachten, ob es nach dem Verzehr Schwierigkeiten mit Bauchweh bekommt.

Getränke und »Trinken lernen«

Heutzutage bekommen die meisten Babys zum Beikoststart einen der unzähligen, speziellen Trinklernbecher, oder es wird ein Trinklernsauger auf die Nuckelflasche aufgesetzt. Viel später dürfen sie dann aus einem Glas trinken – lieber natürlich aus einem Kunststoffbecher, und dann sowieso aus dem Strohhalm. So »saugt« man sich durch die ersten Jahre des Lebens. Doch Trinken ist dies leider nicht. Es empfiehlt sich, stattdessen Kindern früh den Umgang mit dem Becher zu ermöglichen. Wasserfeste Kleidung oder ein Lätzchen und eine Unterlage sind anfangs hilfreich. Flaschen mit »Sauger« sind etwas für unterwegs und müssen nicht speziell für das Kind zu Hause angeschafft werden. Babys haben Spaß daran, das Trinken aus dem Becher zu lernen und genauso zu trinken wie die Großen!

Beikost und Wasser?

Wenn du deinem Baby Milch gibst, egal ob aus der Brust oder der Flasche, braucht es in den ersten Monaten keine zusätzlichen Getränke. Wenn du mit der Beikost startest, kannst du zum ersten Mal auch Wasser anbieten. Es gibt zwar spezielle Trinklernbecher, aber deinem Baby wird es Spaß machen, direkt aus einem richtigen Becher oder Glas zu trinken. Das sieht am Anfang sehr lustig aus, und es wird bestimmt auch einiges daneben gehen. Aber warum Spezial-Becher nehmen, wenn die Kinder auch aus normalen Gefäßen das Trinken üben können? Unterwegs ist es sicherlich trotzdem praktischer, einen Becher dabeizuhaben, bei dem nichts ausläuft. Säfte sollte man meiden, da sie sehr viel Zucker enthalten, den Kinder unter einem Jahr generell nicht bekommen sollten. Solange sie den süßen Geschmack nicht kennen, werden sie ihn nicht vermissen. Jeder Tag zählt! Auch Tees sind nicht zum Durstlöschen geeignet, sondern sollten – wenn überhaupt – therapeutisch bei Krankheiten eingesetzt werden.

Wie viel Wasser sollte mein Baby trinken?

Die Milch stillt den Flüssigkeitsbedarf, wenn du nach Bedarf des Babys stillst oder das Fläschchen gibst. Darüber hinaus kannst du dich entspannen und deinem Baby überlassen, wie viel Wasser es trinken möchte. Stelle es ihm immer bei den Mahlzeiten zur Verfügung und sei gespannt, wie viel dein Kind trinken möchte. Unsere Babys sind auch hier sehr kompetent und wissen instinktiv, wie viel sie brauchen. Wichtig ist, dass dein Baby seinen Durst mit Milch löscht und nicht mit Wasser (siehe auch Kapitel »Stillen – Wasservergiftung«).

Muss ich einen Rhythmus einhalten?

Auch hier gibt es eine klare Antwort: Nein! Kaum zu glauben, aber es gibt so viel weniger Regeln, als man uns glauben machen möchte. Kinder essen, wenn sie Hunger haben und der Großteil des Kalorienbedarfs wird durch die Milchmahlzeiten gedeckt. Bei jeder Familienmahlzeit entscheidet das Kind, welches Lebensmittel in welcher Menge in den Bauch gelangt. Auch wir haben zu verschiedenen Zeiten in unterschiedlicher Intensität Hunger. Rhythmen beim Essen wirken sich sehr negativ auf das natürliche Sättigungsgefühl aus und sind nicht zuletzt auch der Grund für die zahlreichen Essstörungen und Diäten heutzutage.

Brauchen Babys Fleisch?

Hier gehen die Meinungen stark auseinander. Fakt ist, dass auch bei rein vegan (aber ausgewogen!) ernährten Babys eigentlich nur das Vitamin B12 fehlt, welches nur in tierischen Produkten enthalten ist und somit bei vegan lebenden Menschen nicht durch Nahrungsmittel aufgenommen werden kann. Hier gibt es die Möglichkeit, es in Form von Nahrungsergänzungsmitteln zuzuführen. Eine ausgewogene Ernährung ist sowohl vegan, vegetarisch oder auch mit tierischen Produkten möglich. Natürlich muss man sich hier ausreichend informieren, da aber die pflanzliche Ernährung immer mehr zum Trend wird, ist dies heute einfacher denn je.

Ein Nährstoffmangel ist das Problem der Lebensmittelindustrie, die unsere Nahrung denaturiert und mit viel Zucker verfeinert. Der zudem vorherrschende Irrglaube, dass Babys, Kinder und auch Erwachsene durch Fleisch ihren Eisenbedarf decken, hält sich seit Jahren. Dabei gibt es zahlreiche vegetarische Nahrungsmittel, mit denen man seinen Eisenspeicher füllen kann, wie beispielsweise alle Hülsenfrüchte oder Quinoa.

Die Nährstoffe

Durch Gemüse, Obst, Getreide, Nüsse und Samen können wir in der Regel alle wichtigen Nährstoffe zu uns nehmen. Linsen, Kichererbsen und andere Hülsenfrüchte enthalten sehr viel Eisen und auch pflanzliches Eiweiß (Proteine), sodass wir durchaus auf Fleisch verzichten können.

Wer lange stillt, ist hier zusätzlich auf der sicheren Seite, denn die Nährstoffe in der Muttermilch sind optimal auf die Bedürfnisse des Kindes eingestellt, und auch der unreife Darm kann die zugeführten Nährstoffe mit Muttermilch umspült besser aufspalten und verarbeiten.

Frage Experten!

Es gibt natürlich auch Spezialisten und zahlreiche spezielle Bücher zu diesen Themen.[42] Da nicht jeder Kinderarzt oder jede Hebamme in diesem Bereich auf dem neuesten Stand sein können, empfehlen wir auch in diesem Zusammenhang, sich an Personen zu wenden, die sich einem Gebiet mit Herz und Seele verschrieben haben. Bei Unsicherheiten empfehlen wir, ein Blutbild erstellen zu lassen, anhand dessen man dann erkennen kann, ob Mangelerscheinungen vorliegen. Solange das Baby nicht apathisch und immer müde ist, besteht zunächst kein Grund zur Sorge.

Fingerfood fürs Baby: Baby-led Weaning

Es ist deutlich geworden, dass der ganze Wirbel, der um das Thema Brei betrieben wird, völlig unnötig und in unserem »Jungen-Aufzucht-Programm« in der derzeitigen Form überhaupt nicht vorgesehen ist. Er bedeutet für die Eltern einen erheblichen Aufwand, sowohl technisch als auch finanziell, und macht die Elternschaft unnötig kompliziert.

Die einfachere, entspanntere und vor allem auch günstigere Variante ist das Baby-led Weaning (BLW), ein »neues«, evolutionär betrachtet aber eigentlich altes Konzept, das von der englischen Krankenschwester Gill Rapley (wieder)entdeckt wurde.[43]

Was ist Baby-led Weaning?

Baby-led Weaning (BLW) bedeutet übersetzt so viel wie »Vom Baby ausgehendes Entwöhnen« und meint eigentlich: Das Baby nimmt einen wesentlichen Part bei der Einführung der festen Nahrung ein und bestimmt den Zeitpunkt des Abstillens mit. Es wird nicht »belöffelt« und mit Brei versorgt, sondern nimmt sein Essen sprichwörtlich selbst in die Hand. Genauso, wie es von der Natur gedacht war. Diese »Methode« birgt gewaltige Vorteile gegenüber dem traditionellen Füttern mit Brei.

BLW – Vorteile für die Eltern

BLW bedeutet eine durchaus nennenswerte finanzielle Entlastung, denn ein Gläschen Babynahrung kostet zwischen €0,80 und €1,25. Wenn man anfangs von einem und dann bis zu vier Gläschen pro Tag ausgeht, kann man die Kosten schnell hochrechnen. Die Eltern, die selbst Brei kochen und extra pürieren müssen, sparen sich die zusätzliche Arbeit in der Küche. Ganz nebenbei entsteht zeitliche Freiheit, denn das Baby ist nicht auf Breimahlzeiten festgelegt. Es muss nicht zu einem bestimmten Zeitpunkt gefüttert werden, sondern is(s)t einfach am Familientisch mit und dabei. Das Schönste daran ist, dass wir unser Baby in der Zeit, in der wir essen, nicht anderweitig beschäftigen müssen. Wir selbst können in Ruhe essen, während unser Baby all die spannenden Nahrungsmittel begutachtet und kostet.

BLW – Vorteile für die Kinder

Die Babys lernen das Essen mit allen Sinnen kennen, sie können Konsistenz und Geschmack eines Lebensmittels genau erfahren. Das erhält und fördert ihre Experimentierfreudigkeit und die Lust darauf, Neues zu probieren, denn viele Eltern bemängeln, dass ihre Kinder mäkelig sind, nur eine kleine Auswahl an Nahrungsmitteln akzeptieren und nicht bereit sind, Neues zu testen.

Die Zähne (bzw. die potenziellen Zähne) werden wirklich zum Kauen benutzt – nicht zum Schlürfen. Das fördert die Entwicklung der Mund- und Kiefermuskulatur und hilft nebenbei beim Durchbrechen der Zähne. Durch das frühe Kauen können wir zudem Kieferverformungen vorbeugen. Auch für den späteren Spracherwerb ist es nur von Vorteil, wenn Babys die Erfahrung machen dürfen, Stücke in ihrem Mund hin und her zu jonglieren.

Die Babys nähern sich der Aufnahme von fester Nahrung in ihrem eigenen Tempo, vertrauen ihrem Instinkt und ihren Fähigkeiten. Sie fühlen sich kompetent und selbstwirksam. So erhalten sie sich ihr natürliches Gefühl für »satt«.

Wenn das Baby genug hat, beendet es das Essen von selbst – und nicht die Eltern entscheiden, dass es satt ist, wenn das 200-Gramm-Gläschen leer ist.

Das Baby darf sich als Teil der Familie fühlen, wenn es mit am Familientisch sitzt und die gleichen Nahrungsmittel bekommt wie die anderen Mitglieder der Gemeinschaft. Es kann durch Nachahmung lernen und oft schon früher Besteck benutzen, als wir denken.

Feste Nahrung ohne Zähne?

Das geht! Die Zähne sind ja bereits vorhanden – zwar nicht an der Oberfläche, aber in den Kauleisten. Und wer schon einmal einen Finger zwischen die Kauleisten seines Babys bekommen hat, der weiß, wie hart diese sind. Den Kindern gelingt es auch ohne sichtbare Zähne sehr gut, Lebensmittel grob zu zerkleinern und Stücke »abzuknapsen«. Der Umgang mit harten Lebensmitteln hilft nebenbei beim Zahnen und bei der Entwicklung der Mundmuskulatur.

Was ist denn am einfachsten?

Die Methode des Baby-led Weaning nach Gill Rapley ist die natürlichste und vermutlich auch einfachste Art, das Baby an feste Nahrung am Familientisch heranzuführen. In den meisten Fällen sind die Babys zwischen dem sechsten und achten Monat in der Lage, sich selbstständig und ohne den Umweg über den Brei an das Familienessen heranzutasten. Dieser Weg ist für alle Beteiligten einfacher und stressfreier und wird – unter Beachtung der hier beschriebenen Regeln – den Bedürfnissen des Babys weitaus gerechter, als »belöffelt« zu werden.

BLW für alle Babys?

BLW ist natürlich auch für Flaschenkinder geeignet, wenn du die Flasche weiterhin nach Bedarf gibst.

Bei »besonderen« Kindern, Kindern mit Kauschwäche, frühgeborenen Kindern oder bei Kindern mit Verdacht auf Allergien und Unverträglichkeiten, solltest du mit den jeweiligen Experten abklären, ob BLW für dein Kind möglich ist.

Wie funktioniert BLW?

BLW ist nicht kompliziert, das ist das Schöne bei der Beikost ohne Brei. Dennoch haben wir für dich einige Anhaltspunkte zusammengetragen, die auf einen Blick zeigen, wie es funktioniert:

- Das Baby isst das, was die Eltern oder großen Geschwister auch essen, und zwar in der natürlichen Konsistenz der Lebensmittel (kein Brei, kein Pürieren).
- Das Baby sitzt immer in aufrechter Position und benötigt dabei nur minimale Unterstützung (zum Beispiel die Lehnen des Hochstuhls).
- Für guten Fußkontakt bitte immer einen Hochstuhl mit Abstellmöglichkeit für die Füßchen nutzen. Wenn diese baumeln, muss das Baby zum Ausgleich den Bauch anspannen. Damit kann es nicht gut essen. Wir kennen das, wenn wir auf einem Barhocker ohne Tritt für unsere Füße so unbequem sitzen, dass wir maximal ein Getränk zu uns nehmen können.
- Das Baby hat die Gelegenheit, an den Mahlzeiten der Familie teilzunehmen.
- Das Baby ist beim Essen niemals allein.
- Für den Anfang eignet sich Nahrung in »Stiftform«. Sie kann gut festgehalten, untersucht und zum Mund geführt werden.
- Eine breite Palette von Lebensmitteln anbieten! Außer bei Allergieverdacht gibt es keinen Grund, die Auswahl einzuschränken. Bei BLW nutzt man die natürliche Neugier des Babys auf dieses neue, große Experimentierfeld Essen.
- Das Baby bestimmt das Tempo, in dem es probiert oder isst, und wird nicht gedrängt. Die Nahrungsaufnahme steht dabei nicht so sehr im Vordergrund wie das Ausprobieren und freudige Entdecken.
- Nicht erwarten, dass das Baby am Anfang viel isst – das kommt mit der Zeit.
- Lebensmittel, die abgelehnt werden, immer mal wieder anbieten. Es kann sein, dass das Baby seine Meinung ändert.
- Wasser in einer Tasse oder Becher anbieten, aber bitte nicht erwarten, dass das Baby sich stark dafür interessiert. Es wird seinen Flüssigkeitsbedarf noch lange über die Milch decken.
- Die Wohnung so vorbereiten, dass heruntergefallene Nahrung kein Problem darstellt (es empfiehlt sich zum Beispiel, eine Plastikplane unter den Stuhl zu legen!).
- Bei Reis und anderen kleinen, klebrigen Lebensmitteln vor dem Staubsaugen erst warten, bis alles getrocknet ist.
- Wenn das Baby das Essen entdeckt, wird es im ersten Moment so aussehen, als spiele es damit. Das ist völlig normal und wichtig.
- Die Konsistenz muss so weich sein, dass das Kind die Nahrung mit der Zunge am Gaumen zerdrücken kann. Ansonsten besteht die Gefahr, dass das Baby sich an kleinen, festen Stückchen verschluckt. Harte Gemüse und Obstsorten wie Apfel, Karotte, Brokkoli müssen gedünstet werden.
- Keine unverarbeiteten, kleinen, runden Lebensmittel anbieten (Maiskörner, Weintrauben, Wurst in Pelle) – Aspirationsgefahr! Wenn das Baby aber Erbsen selbst gut greifen kann, wird es sie auf dem Weg zum Mund automatisch ein wenig zerquetschen und schon sind auch sie geeignet.
- Stillen oder Flasche weiterhin nach Bedarf.

Also brauchen Babys keinen Brei?

Die Zwischenlösung »Brei« wurde deshalb als Babynahrung eingeführt, weil es Zeiten gab, in denen schon im Alter von zwei bis drei Monaten beigefüttert wurde. In diesem Alter sind die Kinder zu Kau- und Schluckbewegungen aber noch nicht fähig. Alles in ihnen ist noch auf Milch programmiert, deshalb saugen die Kinder die Nahrung eher ein als sie zu essen. Da bietet sich Brei natürlich an. Beginnt man allerdings erst mit der Beikost, wenn alle Reifezeichen vorhanden sind (also mit ungefähr sechs bis acht Monaten), ist auch die Mundmotorik entsprechend entwickelt und das Kind kann am Familientisch seine Fähigkeiten trainieren.

Es gibt also überhaupt gar keinen Grund, das Kind ausschließlich mit Brei zu füttern.

Ade Selbstständigkeit

Während der ersten Monate seines Lebens sind wir komplett für unser Kind verantwortlich. Wir Mütter sind entweder selbst die Nahrungsquelle oder geben das Fläschchen. Doch spätestens ab der Beikostreife geht es los – die Babys wollen selbst aktiv werden. Sie möchten nachahmen und mitgestalten. Unser Gefühl, zuständig zu sein, hat sich jedoch mittlerweile tief eingebrannt und wir hinterfragen unser Rolle oft gar nicht, sondern füttern einfach munter weiter. Nur eben jetzt zusätzlich mit einem Löffel – einerlei, ob unser Kind das gut findet oder nicht.

Im Grunde ist es ein Herzenswunsch, dass unsere Kinder selbstständig werden. Und doch verhalten wir uns gerade bei diesem Thema unfassbar ambivalent: Auf der einen Seite soll das Kind ganz früh lernen, sich selbst zu beruhigen, und wir hinterfragen nicht, ob es das überhaupt schon kann. Auf der anderen Seite belöffeln wir unsere Kinder, obwohl sie ganz deutlich zeigen, dass sie aktiv mitgestalten und üben wollen. Dadurch verhindern wir, dass sie neue Erfahrungen machen und mit uns gemeinsam in die Kultur des Essens eintauchen können. Wir klemmen Ärmchen ein, um zu verhindern, dass das Baby in den Brei greift, und bringen sie dazu, brav den Schnabel zu öffnen, während sie so gern den Löffel selbst in die Hand nehmen wollen. Wir bremsen ihren natürlichen Entwicklungsdrang künstlich aus.

Ein Löffelchen für Papa ...

Ein weiteres Problem des Fütterns ist, dass Babys sich mit jedem Happen überraschen lassen müssen, was den Geschmack und die Konsistenz der Nahrung betrifft. Wenn wir Erwachsenen etwas essen, wissen wir genau, ob sich Apfelmus oder Müsli auf dem Löffel befindet. Unsere Augen registrieren die Nahrung und deren Konsistenz, unser Mund weiß sofort, was er zu erwarten hat und wie er mit der Nahrung umgehen muss. Kinder sehen aber oft gar nicht wirklich, was sich auf dem Löffel befindet und können sich somit nicht darauf vorbereiten. Auch dies erhöht die Gefahr, dass das Kind sich verschluckt.

Kinder erleben in ihrem Alltag nicht, dass Menschen um sie herum gefüttert werden. Sie sehen lediglich, dass alle Familienmitglieder mit Fingern oder Besteck selbstständig das Essen zum Mund führen, es kauen und herunterschlucken. Mit Babys wird völlig anders verfahren, und oft sind sie dabei auch isoliert, weil niemand sonst sich an dieser Mahlzeit beteiligt.

Ein Experiment: Den Löffel abgeben

Lass dich von deinem Partner mit einem Überraschungsbrei füttern. Du weißt nicht, was es ist und auch nicht, welche Konsistenz es hat. Deine Hände bleiben an deinem Körper und du öffnest einfach nur den Mund. Sollte etwas daneben gehen, darf dein Partner den Speisebrei liebevoll mit dem Löffel von deinem Mund kratzen und dich weiter damit füttern ... Wie fühlt sich das an?

Aber mein Baby hat noch keine Zähne?!

Babys haben ziemlich viel Kraft im Kiefer, und unter der Kauleiste warten schon die ersten Zähne. Wer einmal von seinem zahnlosen Stillbaby gebissen wurde, weiß, wie viel Kraft dahinter steckt.

Es ist natürlich wichtig, dass gewisse harte Nahrungsmittel, wie etwa Karotten, Kohlrabi und Äpfel, gedünstet oder gekocht werden. Das Essen sollte am Gaumen zerdrückt werden können, mehr braucht es nicht. Selbst Nudeln können die Kleinen mit acht bis neun Monaten meist sehr gut zerkauen.

Vorteile von breifreier Beikost

- BLW macht Spaß, die Mahlzeiten sind einfach und unkompliziert.
- Bei BLW lernt das Baby die Lebensmittel wirklich kennen.
- BLW fördert die sensomotorische Entwicklung.
- BLW stärkt die Selbstwirksamkeit und das Vertrauen ins Essen.
- BLW macht Babys weniger wählerisch.
- Bei BLW isst das Baby am Familientisch mit.
- BLW fördert die Appetitkontrolle.
- BLW fördert eine gesunde Ernährung, ist auch langfristig gesünder.
- Mit BLW lernt das Baby zu kauen und mit unterschiedlichen Konsistenzen umzugehen.
- BLW vermittelt eine positive Einstellung zum Essen.
- Bei BLW gibt es keine Machtkämpfe, Tricks und Spiele.
- BLW fördert die Sprachentwicklung.
- Der Würgreflex wird früher integriert.
- Durch BLW entsteht weniger Erstickungsgefahr.
- Alle können gemeinsam warm essen.

Kann das Baby an stückigem Essen ersticken?

Die Angst davor, dass unser Kind beim Essen ersticken könnte, ist ganz natürlich, aber in der Regel unbegründet. Es gibt einige wenige Dinge, die man beachten sollte, um einen entspannten Umgang mit der ersten festeren Nahrung zu bekommen.

Wie Kinder essen lernen

Kinder bringen ein natürliches Entwicklungsprogramm inklusive eingebauter Schutzmechanismen mit auf die Welt. Das Essenlernen ist quasi solch ein Programm: In den ersten sechs Monaten ist der Darm für die Beikost noch nicht ausreichend ausgereift, also greift das Baby gar nicht nach Nahrung. Geben wir ihm jetzt schon Brei, tricksen wir damit einen wichtigen Schutzmechanismus aus. Die nächste notwendige Fähigkeit für die Nahrungsaufnahme ist die Hand-Mund-Koordination. Solange ein Kind sein Essen nicht selbst in den Mund nehmen kann, sollte es das auch nicht tun.

Was das Baby greifen kann, darf es auch essen?

Die Art, wie, und auch die Frage, welche Dinge das Baby greifen kann, ist ebenfalls ein integrierter Schutzmechanismus. Zunächst kann es nur grob mit der ganzen Hand zupacken – hier würden eher recht große Dinge in der Hand landen, an denen es lutschen könnte. Erbsen und andere kleine Lebensmittel würden einfach durchfallen und stellen daher in dieser Entwicklungsphase keine Gefahr für das Baby dar.

Der Zangengriff

Das Greifen wird von Monat zu Monat durch viel Übung immer mehr perfektioniert. Babys trainieren erst den groben Zangengriff, mit dem man gut auch schon mal eine Nudel erwischen kann. Der Daumen und der Zeigefinger arbeiten hier der Länge nach noch recht grob zusammen, ohne Einsatz der Fingerspitzen. Mit dieser Greif-Variante würde das Baby die kleine Erbse erst zerquetschen, bevor es sie zum Mund führt. Und schon wieder stellt die Erbse keine Gefahr mehr dar.

Der Pinzettengriff

Jetzt wird es spannend: Nach und nach beherrscht das Baby den Pinzettengriff für kleine Stücke immer besser. Daumen und Zeigefinger greifen mit den Fingerspitzen, wie eine Pinzette, und selbst Erbsen sind jetzt nicht mehr problematisch.

In der gleichen Zeit hat sich das Baby auch in anderen Beziehungen so weit entwickelt, dass sowohl der Darm als auch die Mundmotorik mit den neuen Herausforderungen perfekt umgehen können.

Brei macht inkompetent

Im Grunde macht das Füttern von Brei unsere Kinder inkompetenter, denn es hält sie von ihrem Training ab. Viele Kinder verschlucken sich stark, wenn der Brei unerwartet plötzlich Stücke enthält. Sie konnten ja bislang nicht lernen zu kauen, sondern haben den Brei eher eingesaugt oder geschlürft. Wir nehmen ihnen dadurch die Möglichkeit, Stücke im Mund zu koordinieren und selbst zu Brei zu kauen.

Das Kauen ist ein wichtiger Prozess

Durch das Kauen wird die Nahrung im Mund vorverarbeitet und aufgespalten. Dadurch kann sie im gesamten Verdauungssystem besser weiterverarbeitet werden. Nur bei gründlichem Kauen haben die Speicheldrüsen ausreichend Zeit, wichtige Enzyme zu produzieren, welche den Verdauungsprozess bereits im Mund starten. Und nur wenn wir ausführlich und gut kauen, empfinden wir zur rechten Zeit ein Sättigungsgefühl. Schlingt man seine Nahrung ohne Kauen herunter, setzt das Sättigungsgefühl viel zu spät ein. Die Folge ist, dass wir mehr essen, als wir eigentlich benötigen. Geben wir unserem Baby breiige Nahrung, die es nicht kauen muss, umgehen wir einen wichtigen Prozess und nehmen dem Baby die Möglichkeit, sich artgerecht zu entwickeln.

Kompakt zusammengefasst

Ein Baby lernt zuerst, nach Gegenständen zu greifen, dann entwickelt es das Kauen, und erst danach bildet sich die Fähigkeit aus, kleine Bissen von den Zahnleisten in den hinteren Mundraum zu transportieren – die Natur hat auch hier gut vorgesorgt. Wir müssen bei der Beikosteinführung also eigentlich nichts weiter tun, als auf die Beikostreifezeichen zu warten – und zwar auf alle! Sind diese vorhanden, legen wir zu jeder Mahlzeit auch dem Baby etwas Geeignetes hin und essen alle gemeinsam! Dem Baby wird dabei nicht so langweilig, wie wenn wir nach der Belöffelung auch endlich essen. Das sogenannte Fingerfood beschäftigt das Baby, trainiert die Sinne und die Mundmotorik. Wie wunderbar einfach!

Verschlucken, Husten, Würgen?

Der Körper hat zwei Schutzmechanismen, um sich vor dem Ersticken zu schützen. Diese werden häufig verwechselt oder den falschen Nahrungsmitteln zugeordnet. Die meisten Eltern haben Angst, dass sich ihr Baby an stückiger Nahrung verschlucken könnte. Was aber würgt und was hustet unser Körper heraus?

Der Würgereflex

Jeder von uns kennt ihn, und besonders in der Schwangerschaft machen wir beim Zähneputzen immer mal wieder Bekanntschaft mit dem Würgereflex. Kommt ein zu großes Teilchen der Luftröhre zu nahe, sorgt unser Würgereflex dafür, dass wir dieses schnellstmöglich wieder herausbefördern. Bei uns Erwachsenen hat sich dieser Reflex bereits gut integriert und liegt im hinteren Bereich der Zunge. Bei Babys ist das aber noch ganz anders! Bei ihnen liegt der Würgereflex noch auf der vorderen Zungenhälfte, um einen möglichst großen Abstand zur Luftröhre zu wahren.

Bitte nicht (r)eingreifen

Es sieht anfangs durchaus dramatisch aus, wenn unser Baby beginnt, mit stückigem Essen zu üben. Doch wenn wir uns trauen, genau zu beobachten, können wir sehen, dass es ausschließlich im vorderen Mundraum übt. Sobald die Nahrung die Mitte der Zunge passieren will, beginnt das Baby fürchterlich zu würgen. Sein Schutzmechanismus arbeitet einwandfrei. Wir Eltern neigen genau in dem Moment dazu, helfen zu wollen, damit unser Kind nicht erstickt. Doch diese Hilfe ist kontraproduktiv und gefährlich – nicht umsonst wird davor gewarnt, Stücke mit dem Finger aus dem Mund zu fischen. Da das Stückchen so weit vorn auf der Zunge liegt, laufen wir eher Gefahr, es noch tiefer in den Rachen zu schieben. Im schlimmsten Fall erreichen wir genau das, was wir verhindern wollten.

Vertrauen und zurücklehnen – aber nicht allein lassen

Isst ein Baby seinen ersten gedünsteten Apfel, muss es üben, dieses kleine Stück mithilfe seiner Zunge auf die Kauleisten zu befördern, es hin und her zu manövrieren und später herunterzuschlucken. Rutscht der Apfel dabei über die mittlere Zungenhälfte – der Auslöser für den Würgereflex –, beginnt das Baby den Apfel wieder herauszubefördern. Schieben wir unsere Angst beiseite, können wir fasziniert beobachten, wie kompetent das Baby den kleinen Apfel hin und her bewegt, ihn gegebenenfalls ausspuckt und es – zwar mit Tränchen in den Augen von dem vielen Würgen, aber dennoch mit einem breiten Lächeln – direkt erneut versucht. So beängstigend der Anblick sein mag, unsere Kinder stört dieser Vorgang überhaupt nicht. Er ist ein natürlicher Bestandteil der Beikosteinführung. In der Regel lernen die Kleinen den Umgang mit stückiger Nahrung auf diese Art und Weise recht schnell und werden zu kompetenten kleinen Essern. Durch das stetige Üben verlagert sich der Würgereflex dabei nach und nach immer weiter nach hinten.

Verschlucken – Der Hustenreflex

Gelangt doch mal ein Stückchen in die Luftröhre, wird das Baby dieses durch den Hustenreflex wieder hinausbefördern. Viele Eltern haben Angst davor, dass sich das Kind verschlucken könnte, und halten den Brei für die sicherere Methode, um dies zu verhindern. Allerdings bedenken sie nicht, dass so der Würgereflex umgangen wird, der auf dem vorderen Teil der Zunge ausgelöst wird. Beim Füttern mit Brei wird dieser eher vom Löffel gesaugt und gelangt ohne Kauen in den hinteren Mund. Die Gefahr des Verschluckens ist damit wesentlich größer. Unabhängig von der Methode der Beikosteinführung sollten Eltern ihr Kind beim Essen nie unbeobachtet lassen und sich mit der Ersten Hilfe durch die Rückenklopf-Methode oder das Heimlich-Manöver vertraut machen. Eine Anleitung dazu findet sich auf YouTube[44] oder in dem Buch *Einmal breifrei, bitte!*.[45]

Ab wann ist das Baby beikostreif?

In den verschiedenen Kulturen weltweit grassieren die unterschiedlichsten Angaben zum perfekten Zeitpunkt der Beikosteinführung: Von der Meinung »vom dritten Lebenstag an« über die typisch deutsche Aussage »ab dem vierten Lebensmonat« bis hin zu einem wenig spezifischen »irgendwann, wenn das Kind will«, ist alles vertreten.

Bis 1974 existierten in Deutschland keine offiziellen Empfehlungen zur Einführung von Beikost, von diesem Zeitpunkt an gab es sie, aber sie veränderten sich ständig. So ist es ein stetes Hin und Her: Während hierzulande Anfang des 20. Jahrhunderts acht bis neun Monate als das richtige Alter angesehen wurden, wurde in den 1960ern teilweise schon ab zwei bis drei Monaten zugefüttert, ab den 1990ern dann ab dem vierten Monat.

Was ist denn jetzt richtig?

Die Natur hat es so vorgesehen, dass die Beikost auf jeden Fall mit Muttermilch umspült eingeführt wird. Wissenschaftler haben herausgefunden, dass beispielsweise das Enzym Amylase, das wir benötigen, um Kohlehydrate aufspalten und verdauen zu können, so lange in der Muttermilch enthalten ist, bis das Baby dieses Enzym nach einigen Monaten selbst herstellen kann.[46] Dann nimmt der Amylase-Anteil in der Muttermilch ab, und das Baby übernimmt die Aufgabe selbstständig.

Wenn man bedenkt, dass Amylase von Beginn an in der Muttermilch enthalten ist, können wir davon ausgehen, dass es in der Natur schon immer vorgekommen ist, dass Mütter ihren Babys ab und an auch mal ein paar vorgekaute Früchte oder Ähnliches in den Mund gesteckt haben. Hier wurden aber keine Mahlzeiten ersetzt. Das Baby bekam etwas von der selten zu findenden Nahrung ab, die Mutter konnte Kraft tanken für die weiteren Milchmahlzeiten, und der kleine Babykörper hatte die Chance, sich langsam an die elterliche Kost zu gewöhnen.

Die Kombination aus Milch und anderen Nahrungsmitteln macht es dem Verdauungstrakt des Babys leichter, mit den neuen Stoffen umzugehen.

Was kann passieren, wenn ich zu früh mit der Beikost beginne?

Die Dosis ist entscheidend. Wie bereits beschrieben, sind Babys durchaus in der Lage, auch schon früh ab und an mal etwas in den Mund geschoben zu bekommen. Ignorieren wir jedoch die Beikostreifezeichen und zwingen dem Baby quasi die Nahrung indirekt auf, ohne dass es körperlich bereits dazu in der Lage ist, kann dies zu Verdauungsbeschwerden und Nährstoffmangel führen. Dem Baby würden wichtige Inhaltsstoffe aus der Milch fehlen, die Entwicklung des Verdauungstraktes und des Immunsystems ist noch nicht ausreichend vorangeschritten.

Was für die Beikost am wichtigsten ist

Beikost sollte großzügig von Muttermilch umspült gegeben werden. Das noch unreife System des Babys hat so die besten Chancen, die neuen Nahrungsmittel gut zu vertragen.

Weg von starren Altersangaben!

Wann ein Baby beikostreif ist, hängt nicht vom Alter, sondern vom Entwicklungsstand ab, und auch hier ist wieder jedes Baby anders. Das Verdauungs- und Immunsystem muss ausreichend entwickelt sein, und auch die Entwicklung der Mundmotorik spielt eine Rolle. Wir sollten es unbedingt dem Kind überlassen, uns sehr deutlich zu zeigen, dass es bereit für die Familiennahrung ist.

Die Beikostreifezeichen

Hierzulande hört man nicht selten: »Unser Baby ist jetzt sechs Monate alt und wir beginnen Samstag mit der Beikost.« Warum Samstag? Weil der Papa zu Hause ist und natürlich unbedingt dabei sein möchte. Solch einen Meilenstein möchte niemand verpassen. Doch hier wird die Rechnung ohne den Wirt gemacht, denn die Beikostreife geht vom Kind aus – und ob dein Kind bereits beikostreif ist, kannst du an den folgenden Anzeichen erkennen, die übrigens alle vorhanden sein sollten. Eines allein reicht nicht aus.

Der Zungenstreckreflex hat sich integriert

Dieses ist das aussagekräftigste und wichtigste Zeichen. Denn wenn dein Baby noch nicht so weit ist, schiebt es das angebotene Essen mit der Zunge einfach direkt wieder heraus. Der sogenannte Zungenstreckreflex verhindert dadurch sehr effektiv, dass bei dem Baby zu früh feste Nahrung in den hinteren Mundraum gelangen kann. Es sei denn, es ist startklar. Dann wird es die angebotene Nahrung im Mund behalten und erkunden.

Das Baby kann sich mit wenig Unterstützung aufrecht halten

Während des Essens sitzt das Baby am besten auf dem Schoß oder gut gestützt im Hochstuhl (nur für die Dauer der Mahlzeit). Sackt das Baby noch in sich zusammen, ist es definitiv noch zu jung. Die allgemeine Empfehlung, ab dem sechsten Monat langsam mit der Beikost zu beginnen, ist daher schon recht treffend.

Das Baby greift nach Essbarem und führt es sich selbst in den Mund

Beikostreife Babys sind von Beginn an in der Lage, selbst zu essen. Diese Fähigkeit werden sie dann unter unserer Beobachtung bestenfalls nach und nach perfektionieren. Hierzu gehört also nicht nur das Selbst-Essen, sondern auch das Handling der Nahrung im Mundraum und das damit einhergehende Training der Mundmotorik, die auch für den Spracherwerb wichtig ist.

Das Baby kann sich vom Rücken auf den Bauch drehen

Das klingt vielleicht erst mal ein wenig komisch – was hat das Drehen von der Rücken- in die Bauchlage mit dem Essen zu tun …? Das Baby soll während der Mahlzeit doch nicht liegen?! Hintergrund dieses Beikostreifezeichens ist die Tatsache, dass die Entwicklung der Zungenmotorik parallel zur Körpermotorik läuft. Wenn das Baby sich selbstständig drehen kann, ist auch die Zunge in der Lage, im Mund seitliche Bewegungen auszuführen, was für die Bewältigung von fester Nahrung sehr wichtig ist.

Neugierde – Aufmerksames Beobachten der Eltern beim Essen

Sobald das Baby die Eltern am Familientisch nicht mehr aus den Augen lässt und die Nahrungsaufnahme beobachtet, sind die Eltern überzeugt, dass es jetzt beikostreif ist. Allerdings würden sich Kinder in diesem Alter auch eine Schuhsohle und einen Schlüsselbund in den Mund stecken. Es ist nicht unbedingt der Hunger, der die Babys antreibt, denn dieser sollte vor allem noch über die Milch gestillt werden; vielmehr ist es die Neugierde.

Babys wollen nachmachen, mitmachen und selbstwirksam sein. Das ist das natürliche Explorationsverhalten – ein in unser Betriebssystem integriertes Entwicklungsprogramm, das wir Eltern besonders in der Autonomiephase und während der Pubertät zu spüren bekommen. Die Entwicklung ist nicht aufzuhalten. Kinder interessieren sich für uns und fangen daher auch an, uns genau zu beobachten und zu imitieren. Sie haben anfangs wesentlich mehr Interesse an dem Prozess des Essens als an der Nahrung an sich. Durch die Belöffelung wird dieser Entdeckungsprozess künstlich unterbrochen und das Kind wird in seiner Entwicklung durch Imitation gestört.

Wir empfehlen daher, dass du deinem Baby von Beginn an vertraust und es selbst in seinem ganz eigenen Tempo das Essen entdecken lässt. Diese Vorgehensweise ist in unserer Kultur noch relativ unbekannt und wird gern als neumodisch abgestempelt. Eigentlich ist dies aber die natürlichste Form der Beikosteinführung. Mit Brei belöffelt zu werden trägt lediglich den Stempel der scheinbaren kulturellen Normiertheit und wird von uns daher nicht mehr hinterfragt. Doch es lohnt sich!

Ein wichtiges Zeitfenster für die Beikosteinführung

Entscheidend für den Beikoststart ist also nicht das Alter des Babys oder die Anwesenheit des Papas.

In erster Linie lohnt sich der genaue Blick auf das Baby und seine Entwicklungsschritte, aber dennoch gibt es ein wichtiges Zeitfenster zwischen dem sechsten und dem neunten Lebensmonat, in dem wir dem Baby immer wieder verschiedene, gesunde Nahrungsmittel anbieten sollten. Greift es zu, dann ist das ganz wunderbar; verweigert das Baby das Essen und spielt augenscheinlich nur damit, dann ist es ganz eindeutig noch nicht der richtige Zeitpunkt für dieses Kind. Nur Geduld – es wird irgendwann essen! Und zwar zu seinem eigenen und dann richtigen Zeitpunkt.

Müssen ab dem sechsten Monat Milchmahlzeiten ersetzt werden?

Wenn man der Gläschenindustrie glauben möchte, dann empfiehlt diese durch ihre Fahrpläne indirekt das Abstillen vor dem ersten Geburtstag, denn bis dahin sind laut den meisten Beikostfahrplänen die Milchmahlzeiten ersetzt. Da wir aber ja wissen, dass die WHO weltweit die Empfehlung ausspricht, zwei Jahre zu stillen, sollte uns klar werden, dass diese Fahrpläne unter anderem eine Idee derer sind, die damit Geld verdienen.

Es heißt Bei- und nicht Anstattkost

In der heutigen Zeit scheint es gängige Praxis zu sein, Stillmahlzeiten relativ schnell zu ersetzen. Es ist nicht selten der Fall, dass ein sechs oder sieben Monate altes Kind bereits komplett abgestillt und in der nächsten Zeit von mehr oder weniger stückigem Brei ernährt wird. Dabei handelt es sich doch um Beikost und nicht um »Anstattkost«. Schon dieser Name beschreibt sehr deutlich, dass die feste Nahrung nebenbei gegeben wird – zusätzlich zur Hauptnährstoffquelle, der Milch. Das Kind darf die Beikost in seinem eigenen Tempo kennenlernen, während wir weiter nach Bedarf die Milch geben. Wichtig ist, dass um den ersten Geburtstag bereits um die 40 Prozent der Nährstoffe über die Beikost aufgenommen werden.

Ein Umweg über eine Zwischennahrung?

Mal abgesehen von der fehlenden Kauleistung, die mit dem Füttern von Brei einhergeht, ist dies nicht der Weg, den die Evolution für Menschenbabys vorgesehen hat. Der eigentliche Plan für ein Kind, das sich an das Essen der Erwachsenen gewöhnen soll, war ganz sicher nicht der Umweg über eine völlig andere Ernährungsform. Was heutzutage stattfindet, ist nicht die Einführung einer Beikost, sondern das Einführen einer anderen Zwischen-Ernährungsform, bevor das Kind dann endlich auch unser Essen essen darf. Was für ein Aufwand!

Reicht Muttermilch im ersten Lebensjahr aus?

Ganz klar: nein! Die (Mutter-)Milch ist eine der Hauptnährstoffquellen und das bleibt sie auch bis über den ersten Geburtstag hinaus. Allerdings sollte das Nährstoffangebot ab dem vollendeten sechsten Lebensmonat des Kindes zunehmend durch die Beikost abgedeckt werden. Anfangs in kleinen Häppchen, von reichlich Milch umspült, sodass der kleine Körper mit Partikeln der verschiedensten Nahrungsmittel in Berührung kommen und sich langsam an diese gewöhnen kann. Die Milch hat währenddessen die ideale Zusammensetzung, um einer Mangelernährung vorzubeugen und den empfindlichen Magen-Darm-Trakt optimal zu schützen. Feste Nahrung hingegen kann von Säuglingen noch gar nicht so verwertet werden wie von uns Erwachsenen. Daher ist es wichtig, die Beikost als das einzuführen, was sie ist: eine Beilage, um bis zum ersten Geburtstag 40 Prozent der Nährstoffe zu liefern. Dabei wird bemerkenswerterweise die Milchmenge nicht weniger, die Gesamtkalorienaufnahme aber mehr.

Müssen nun Mahlzeiten ersetzt werden?

Die Aussage, dass Milchmahlzeiten ersetzt werden sollten, passt im Alltag so gar nicht zu der Empfehlung, dass Babys nach Bedarf gefüttert und gestillt werden sollten. Mütter, die nach Bedarf stillen, sind regelmäßig verunsichert, weil es schon ein Problem ist die Frühstücks- oder Mittagsmahlzeit ausfindig zu machen. Es gibt eben Tage, da möchte das Baby stündlich oder noch öfter an die Brust.

Also ganz ohne Fahrplan?

Fernab von irgendwelchen Plänen, legen wir ab dem sechsten Monat bei unserem Frühstück, Mittag- und Abendessen einfach auch Nahrung für das Baby bereit, die es testen darf – und zwar selbstständig, mit den Händen oder dem Löffel. Danach und zwischendurch trinkt das Baby Milch. Irgendwann wird das Baby immer mehr essen und die Milchmahlzeiten werden automatisch etwas weniger. Ab dem ersten Geburtstag kann bei

Flaschenkindern die Pre-Milch auch durch Kuh-, Hafer-, Mandel- oder andere Pflanzenmilch ersetzt werden. Beim Stillen verhält es sich anders – hier kannst du einfach weiterstillen und deine »Waffen« noch ein paar Jahre nutzen. Die Vorteile wurden im Kapitel »Stillen« ja bereits erläutert.

Mein Kind will nicht essen

Vielen Eltern fällt es schwer, die Kontrolle abzugeben, wenn es um die Ernährung des Kindes geht. Für sie erscheint es auf den ersten Blick sicherer, wenn sie wissen, wie viel ihr Kind gegessen hat – und das ist natürlich einfacher zu erkennen, wenn man Brei aus einem 200-Gramm-Glas füttert, als wenn man nur ein paar Lebensmittel vom Familientisch anbietet, ohne zu wissen, wie viel das Kind nun wirklich davon gegessen hat.

Und wenn mein Kind nur ein oder zwei verschiedene Lebensmittel isst?

Ängste, ob das Kind unterversorgt ist oder gar einen »Eisenmangel« bekommen könnte, tauchen häufig in dem Zusammenhang auf, wenn das Kind eine Zeit lang nur ein ganz bestimmtes Lebensmittel bevorzugt. Doch auch hier gilt: Kinder erspüren, was sie brauchen und was gut für sie ist. Manche Lebensmittel werden ganz abgelehnt, weil vielleicht eine Unverträglichkeit vorliegt – andere werden in rauen Mengen verzehrt. Denken wir an uns, wird schnell deutlich, dass auch wir die Angewohnheit haben, mehrere Tage hintereinander Lust auf ein ganz bestimmtes Gericht zu verspüren. Dem nachzugeben, ist eine ganz natürliche, instinktive Verhaltensweise, die dafür sorgt, dass wir etwaige Mängel an Nährstoffen verhindern.

Die Milch macht's möglich

Die Kinder decken ihren Bedarf lange über die Muttermilch und sind deshalb gut versorgt – denn Milch ist eine der Hauptnährstoffquellen im ersten Lebensjahr, und auch im zweiten Lebensjahr decken Kinder teilweise noch immer über 20 Prozent ihres Nährstoffbedarfs über (Mutter-)Milch. Hier dürfen wir gerne auf unser Kind vertrauen und dennoch einen Blick darauf behalten, dass unser Kind ausgewogen zusätzliche Nahrungsmittel erhält und auch wirklich isst. Falls unser Kind mit neun Monaten immer noch wirklich gar nicht isst, sollten wir unbedingt einen Arzt konsultieren, um den Grund abzuklären.

Warum isst es nicht?

»Mein Kind will nicht essen« – das ist eine häufige Sorge von Eltern, da die Fahrpläne der Babynahrungsindustrie einem an jeder Ecke suggerieren, man könne eine Mahlzeit nach der anderen einfach ersetzen. Wer sein Baby nach Bedarf und nicht nach einem bestimmten Rhythmus stillt oder füttert, weiß oft gar nicht, welche Mahlzeit denn nun ersetzt werden soll, denn manchmal liegen nur zehn Minuten dazwischen, da es sich möglicherweise nicht um Hunger, sondern um Durst oder eine Kuscheleinheit handelte, die das Baby gerade benötigte. Das kann einen durchaus aus der Fassung bringen und nervös machen. Denn niemand möchte, dass sein Baby verhungert oder zu wenig isst. Carlos Gonzales, ein spanischer Kinderarzt und Autor, benennt vier Gründe, warum ein Kind nicht essen will:[47]

- Das Kind ist satt und hat keinen Hunger/Appetit (der häufigste Grund),
- das Kind ist krank,
- es ist nicht genug Essen da, welches dem Baby schmeckt oder
- das Kind ist noch nicht beikostreif (das Alter, in dem die Beikostreife erreicht ist, schwankt zwischen vier und 18 Monaten!).

Gonzales beschreibt anschaulich, dass Kinder im ersten Lebensjahr sehr viel wachsen und dementsprechend viel stillen oder auch essen. Im zweiten Lebensjahr scheint damit plötzlich Schluss zu sein. Das Kind wächst einfach nicht mehr so rasant wie in den ersten Monaten und muss deshalb auch nicht mehr so viel essen. Gesunde Kinder regulieren ihre Nahrungsaufnahme erstaunlich gut selbst. Sie sind kompetent und man kann ihnen vertrauen. Ihr könnt uns ruhig glauben, dass die »Jeden-Tag-Nudeln-Phase« vorbeigeht.

Zwang beim Essen

Ein Kind darf niemals zum Essen gezwungen werden, es darf nicht unter Druck gesetzt oder mit Essen bestraft werden. Solche Maßnahmen können zu Essstörungen und seelischen Schäden führen. Schnell etwas in den Mund stopfen, wenn das Kind gähnt, typische Überredungstaktiken wie etwa »Ein Löffelchen für Mama« oder gar das Näschen zuhalten, damit das Baby den Mund öffnet – das alles ist absolut tabu, egal, wie gut es gemeint ist. Entspanne dich, denn dein Baby bekommt alles, was es braucht, über seine Milch. Alles andere darf und sollte Spaß machen.

Wird mein Kind in der Kita essen?

Die Sorge, dass Stillkinder in der Kita quasi verhungern könnten, ist groß. Denn wenn das Kind mit zehn Monaten noch sechsmal am Tag stillt und kaum feste Nahrung zu sich nimmt, ist das für viele Eltern ein Grund zur Panik. Wie soll der Kita-Start reibungslos ablaufen, wenn das Kind nichts isst außer Milch? Und wie soll das Kind ohne Stillen in der Kita einschlafen, zu Hause geht es auch nur so? Diese Bedenken schüren zusätzlich die Angst, dass das Kind in der Krippe hoffnungslos verloren sein wird. Viele Eltern planen somit extra für den Kita-Beginn, das Abstillen einzuläuten. Passt es doch auch so fabelhaft zu all den Beikostfahrplänen.

Die gute Nachricht

Wir sind Herdentiere, und auch unsere Kinder gucken sich in Gruppen sehr viel ab. Diese Gruppendynamik bringt in der Regel alle dazu, in der Kita zu essen und sogar ohne Stillen einschlafen zu können. Mit einer liebevollen Eingewöhnung gibt es hier nur selten Schwierigkeiten; und wenn es doch Probleme geben sollte, dann haben diese in der Regel nichts mit dem Stillen zu tun, sondern mit dem Wohlfühlfaktor in der Kita.

Die schlechte Nachricht

Nur, weil die Kinder in der Kita alles probieren und viele Gerichte sogar gern essen, heißt das nicht, dass sie das zu Hause auch tun. Hier werden wir vermutlich weiterhin immer die gleichen Gerichte zubereiten, weil die Experimentierfreude in den eigenen vier Wänden endet. Auch das Einschlafen ohne zu stillen wird zu Hause vermutlich weiterhin nicht funktionieren. Es fehlt die Gruppendynamik – und natürlich eine große Portion Kooperation. Denn zu Hause darf das Baby sein, wie es ist. Es muss nicht kooperieren und sich unterordnen. Wie gut, dass es bei dir all das bekommt, was ihm in der Kita den ganzen Tag fehlt. Nämlich Mama!

Das dürfen wir gern persönlich nehmen!

Aber bitte im positiven Sinne. Kinder kooperieren in der Kita sehr viel. Sie müssen sich an zahlreiche Gemeinschaftsregeln halten, haben immer wieder Streit mit anderen Kindern, die Erzieher sind auch meist überfordert, und langes Trösten ist oft gar nicht möglich. Der Kita-Alltag ist ein Arbeitstag, und das spürt man häufig, wenn die Kinder beim Abholen in der Garderobe völlig »frei drehen«.

Nichts hilft unserem Baby dann so gut und effektiv wie das Stillen, um mit all den Neuerungen in seinem Leben und der Trennung von uns Eltern besser umgehen zu können.

Das Kind kann viel schneller wieder in Beziehung gehen, den Stress und die Ängste aus dem Kita-Alltag abbauen und sich wieder fallen lassen.

Und dann auch noch der Entwicklungsschub!

Um den ersten Geburtstag herum kämpfen unsere Kinder in der Regel wieder mit einem sehr intensiven Schub. Sie lernen Laufen und Sprechen und gleiten langsam in die Autonomiephase hinüber. Diese neuen Fähigkeiten verunsichern die Kinder und machen im ersten Moment sogar etwas Angst – die Welt sieht in der Aufrechten noch mal ganz anders aus. Und wie wir bereits aus Erfahrung wissen, hilft in solchen Momenten nichts so gut wie Mama, Papa, warme Milch und Kuscheln.

Ausgerechnet jetzt in die Kita?

In dieser Phase auch noch eine Eingewöhnung zu starten, ist eigentlich nicht besonders klug. Oft ist es aber leider nicht anders möglich, da die meisten Eltern das Elterngeld nur für zwölf Monate beantragen. Hier kann man gut erkennen, dass die Verantwortlichen nicht auf den Entwicklungsstand der Kinder, sondern nur auf Zahlen geschaut haben. Sonst hätten sie die maximale Bezugsdauer des Elterngeldes auf achtzehn Monate ausgedehnt. Denn in diesem Alter beginnen Kinder ungefähr ein Zeitverständnis zu entwickeln, das ihnen hilft, zu verstehen, dass Mama nach einiger, fühlbarer Zeit wiederkommt.

Eine Eingewöhnung kann eine unfassbar schwere Zeit für alle Beteiligten sein. Hat man in der Schwangerschaft noch gedacht, dass ein Jahr ja lang sei, merkt man plötzlich, wie schnell es dann doch vergeht und wie klein diese Wesen noch sind, wenn wir sie abgeben. Auch das Kind muss mit dieser Trennung erst einmal fertig werden, und ihm jetzt, kurz vor der Eingewöhnung in der Kita, auch noch die Burst zu nehmen, ist absolut kontraproduktiv. Denn sie kann so sehr helfen.

Und dann wird die Brust beim Abholen begrüßt

Wenn du erwartest, dass dein Baby dein Gesicht anstrahlt, könntest du enttäuscht werden. Seine Blicke werden in der Abholsituation gerne in die Richtung deines Ausschnittes wandern. Dabei wird dein Kind vermutlich so sehr strahlen, dass du dich darüber mitfreuen kannst. Ein herrlicher Anblick, der dein Kind den ganzen Stress des Tages in deinen Armen wieder vergessen lässt!

»Experten«-Bullshit:

Woher kommt's?

»Die Unsitte, dem Kinde kleine Brocken vom Essen der Erwachsenen zu geben, sobald dieses Essen sieht, fange man gar nicht erst an. Schnell wird das Kind gewissermaßen zum ›Betteln‹ erzogen und gibt dann keine Ruhe mehr, sobald in seiner Gegenwart gegessen wird.«

Johanna Haarer: *Die deutsche Mutter und ihr erstes Kind*, 1938, S. 248

»Alle Gemüse-, Milch- und Obstbreie werden mit dem Löffel gefüttert (man nimmt einen Kaffeelöffel halb voll und drückt die Nahrung sachte an den Gaumen, um ein Ausspucken zu vermeiden). Sollten die Kinder dabei Schwierigkeiten machen, darf man das nicht beachten, weil sie das Essen vom Löffel später noch schlechter erlernen.«

Helene Howad: *Mutter und Säugling in gesunden und kranken Tagen*, Wien 1954

»Mit Beginn des fünften Monats gibt man mittags eine Gemüsemahlzeit und abends Grießbrei. Man beginnt mit Karottenbrei. Nehmen Kinder diesen nicht gerne, so füttert man in den ersten fünf bis sechs Tagen nur 100 g (6 Eßlöffel voll) und 6 Eßlöffel voll Grießbrei. Nach dieser Übergangszeit füttert man mittags nur Karottenbrei (200 g = 12 Eßlöffel), am Abend Grießbrei, die anderen

Mahlzeiten bleiben wie bisher. Erst wenn Karottenbrei von den Kindern gerne genommen wird, geben wir anstatt diesem Spinat- dann Kochsalat-, Tomaten-, Kartoffel, Karfiolbrei usw.«

Helene Howad: *Mutter und Säugling in gesunden und kranken Tagen*, Wien 1954

Was wir uns noch heute anhören dürfen

Kinderärztin und Ernährungsberaterin: »Wie, Sie vermeiden Industriezucker? Dann ist ja klar, dass die Kleine so schlecht zunimmt. Immer rein mit dem Pudding!«

Kinderarzt: »Ihre Muttermilch gibt nun nicht mehr genug Eisen weiter, bitte füttern Sie Rind dazu.«

Kinderärztin: »Sie müssen dringend härter durchgreifen! Bieten Sie ihr den Brei an, und wenn sie ihn ablehnt oder ausspuckt, legen Sie sie fünf Minuten auf die kalten Fliesen. Danach bieten Sie wieder Brei an, so lange, bis sie ihn isst.«

Kinderarzt: »... dann lassen Sie Ihr Kind doch mal so lange hungern, bis es den Brei isst!«

Hebamme: »Das ist normal, dass der Brei immer wieder rauskommt. Einfach feste üben, das hat noch jedes Kind gelernt.«

Baby Basics

- Du kannst deinem Baby alle Gemüsesorten durcheinander anbieten, achte aber auf die richtige Konsistenz.
- Dein Baby bekommt über die Muttermilch alle Nährstoffe, die es braucht – auch Eisen.
- Dein Baby braucht keine Extranahrung und darf gern bei euch mitessen, sobald es alle Beikostreifezeichen zeigt.
- Gemüse hat weniger Kalorien als Muttermilch.
- Stückiges Essen im Mund zu transportieren ist wichtig für den späteren Spracherwerb.
- Du solltest deinem Baby ab dem sechsten Lebensmonat immer wieder Beikost anbieten.
- Babys wollen selbst essen – mit den Händen oder auch mit Besteck.
- Dein Baby wird sich an Stückigem nicht verschlucken, wenn es die Stücke am Gaumen zerdrücken kann.
- Brei kann Babys zu inkompetenten Essern machen. Sie haben keine Möglichkeit, das Kauen und Greifen zu üben.
- Beikosteinführung und Abstillen haben nichts miteinander zu tun.
- Der Darm deines Babys ist noch unausgereift. Er kann noch nicht alle Vitamine und Nährstoffe aus den Nahrungsmitteln verwerten. Aus der Milch aber schon!

Tja, ... und nun?

- Lass dein Baby ab dem sechsten Monat einfach vom Familientisch mitessen. Ist die Mahlzeit ungeeignet, kann immer noch etwas anderes angeboten werden.
- Fingerfood bedeutet zwar mehr Dreck, aber weniger Stress!
- Wenn dein Baby selbst isst, kannst auch du gleichzeitig essen. Die Kultur des gemeinsamen Essens wird so ganz nebenbei gefördert, und das ist ja unser Ziel.
- Lege eine Schreibtischstuhlunterlage unter den Hochstuhl. So wird der Boden nicht verschmutzt.
- Reis und Nudeln lassen sich viel besser beseitigen, wenn sie trocken sind. Einfach abwarten oder einen Hund anschaffen ;-)
- Milch ist im ersten Lebensjahr die Hauptnahrungsquelle, besonders im Hinblick auf die Nährstoffe. Dein Baby darf sich also gern langsam an feste Nahrung wagen.
- Beikost heißt auch ein Stück weit »loslassen«! Dein Baby möchte selbstständiger werden. Wann bist du bereit für die Beikost?
- Besuche einen BabySteps-Kurs, tausche dich mit anderen Eltern aus und lasse dir Tipps von deiner Kursleiterin geben.

Talk to me – Kommunikation

Wie Babys kommunizieren

Kommt ein Baby auf die Welt, kann es noch nicht sprechen, sondern ausschließlich über Geräusche – meist Weinen –, Mimik und Körpersprache ausdrücken, dass etwas nicht in Ordnung ist. Das hat durchaus Sinn und mehrere Funktionen.

Wie hat die Natur sich das mit dem Weinen gedacht?

Die Natur hat das Weinen der Babys fantastisch auf die Versorger abgestimmt. Es ist nervig genug, um direkt reagieren zu wollen. Aber nicht so nervig, als dass man das Baby verlassen würde. Das Weinen sorgt dafür, dass das Baby engen Kontakt zu seinen Versorgern hält. Dadurch, dass die Babys in der Regel direkt mit dem Weinen aufhören, sobald die Bezugsperson sich kümmert, wird – durch die Freude darüber, dass das Baby so reagiert – die Bindung weiter aufgebaut. Die prompte Reaktion der Mama auf das Weinen ist für das Baby quasi wie eine Antwort. Je häufiger du antwortest, desto besser wird eure Kommunikation und Bindung.

Die Zeichen vor dem Weinen

Weinen ist die Alarmanlage deines Babys, die »anschlägt«, wenn plötzlich etwas passiert, das nicht zu seinem Sicherheitsschema passt. Wenn du es beispielsweise ablegst und es dabei wach wird, wird es vermutlich direkt weinen, damit du es sofort wieder hochnimmst. Dies ist ein überlebenswichtiger Reflex. Wenn dein Baby aber Hunger hat, wird es dir das schon viel früher und durch andere Zeichen mitteilen als durch sein Weinen. Aus dem Kapitel über das Stillen kennst du bereits die frühen Hungerzeichen.[48] Dein Baby wird damit beginnen, unruhiger zu werden, das Köpfchen hin und her zu drehen (es sucht nach der Brust), den Mund zu öffnen und die Zunge zu zeigen. Die mittleren Hungerzeichen sind noch deutlicher. Dein Baby wird sich strecken, noch unruhiger werden und damit beginnen, an seinen Händchen lutschen. Erst wenn wir dann noch nicht reagieren, wird es beginnen zu weinen.

Frühe Müdigkeitszeichen

Gähnen ist das vermutlich deutlichste Zeichen, das unser Baby geben kann, da wir selbst auch gähnen, wenn wir müde sind. Unsere Babys teilen uns dies noch auf viele andere Arten mit. Ein erstes Zeichen ist ihre Mimik: Ändert sich der Gesichtsausdruck häufiger, sodass schon fast der Eindruck entsteht, als schneide das Baby Grimassen, dann kann das ein Zeichen dafür sein, dass es versucht, wach zu bleiben, obwohl es müde ist. Ein erhöhter Saugbedarf an Schnuller, Fäustchen oder der Brust ist ebenso ein eindeutiges Zeichen, außerdem natürlich die Stimmung. Viele Babys und Kinder reiben sich nicht nur die Augen, sondern auch die Öhrchen. Wenn dein Baby sehr unzufrieden erscheint, wäre dies ein guter Zeitpunkt, es in den Schlaf zu stillen oder anderweitig ins Land der Träume zu begleiten.

Es muss mal

Babys möchten instinktiv ihr Nest nicht beschmutzen. Das merken wir ziemlich gut daran, dass die meisten Babys gerne dann lospieseln, wenn die Windel geöffnet wird. Eltern von kleinen Jungs können durchaus nass aus einer Wickelsituation wieder herauskommen.

Wenn Babys ihr Geschäft verrichten müssen, zeigen die meisten Babys dies durch verschiedene Signale an. Ein kurzes aufschreien und sich winden, die Beinchen strecken, in der Tragehilfe wippen sind typische Beispiele dafür. Und doch ist auch hier wieder jedes Kind und jedes Baby anders.

Das Wort »Mutterprache« kommt nicht von ungefähr

Unsere Babys lieben die menschliche Stimme und entwickeln bereits im Mutterleib ein Gefühl für Sprache. So können sie schon kurz nach der Geburt unterscheiden, ob es sich um die menschliche Sprache oder um andere Laute handelt. Ungefähr im siebten Schwangerschaftsmonat ist die Grundstruktur des Innenohrs angelegt. Ab jetzt kann das Baby Geräusche – vor allem die Stimme seiner Mutter – wahrnehmen, allerdings in einer ganz abgeschwächten und anderen Form, als es sie dann außerhalb des Mutterleibs hören wird. Zum einen nimmt es die Stimme der Mutter über das Mitschwingen des Skelettes wahr, welches wie eine Art Resonanzkörper fungiert, zum anderen über die Bauchdecke und durch das Fruchtwasser hindurch. Stimmfarben, -melodien und die jeweiligen Gefühle der Mutter spürt das Baby und macht immer wieder auch die Erfahrung, wie sich die Stimme dabei verändert.

Französisch, spanisch oder deutsch?

Neugeborene Babys zeigen ihre Vorliebe für ihre Muttersprache ganz deutlich und erkennen offensichtlich den Unterschied zu anderen Sprachen, wenn diese gesprochen werden. Versuche zeigen, dass die Babys eindeutig reagieren, wenn eine Person in ihrer

Muttersprache spricht.[49] Ein englisches Baby wird daher eher keine Reaktion zeigen, wenn sich jemand auf Spanisch oder Deutsch unterhält.

Genetik oder Umwelt?

Die Muttersprache wird tatsächlich nicht durch die Gene mitgegeben, sondern ausschließlich durch die Umgebung geprägt, in der sich unser Baby während der dafür wichtigen Phase des Spracherwerbs befindet. Es gibt ein Zeitfenster, in dem es gelingt, akzentfrei Sprachen zu erwerben, da in den ersten Jahren nach der Geburt im Gehirn diesbezüglich noch viel »gebaut« wird. Die sprachrelevanten Bereiche entwickeln sich langsam, und erst wenn alle Arbeiten an dieser Baustelle abgeschlossen sind, schließt sich das Fenster des akzentfreien Spracherwerbs. Dann ist unser Gehirn durch die deutsche oder entsprechend der Sprachumgebung eine andere Sprache geprägt; fortan verarbeiten zwei verschiedene Hirnregionen die Mutter- und die Fremdsprache.

Dunstan Baby Language

Die Australierin Priscilla Dunstan[50] wurde mit einem absoluten Gehör geboren, was bedeutet, dass sie in der Lage ist, einen beliebigen Ton zu bestimmen, ohne dazu einen zweiten Bezugston zu benötigen. Sie hört also jeden falschen Ton sofort heraus. Die meisten Menschen, die diese Fähigkeit besitzen, spielen nicht selten bereits mit drei Jahren ein erstes Instrument.

Solch ein Kind war auch Priscilla. Ihre Mutter spielte ein Lied auf einem Instrument, und Priscilla war in der Lage, es nachzuspielen.

Und was hat das mit Babys zu tun?

Priscilla selbst sagt, dass sie eine phonographische Erinnerung an Klänge hat, und als sie selbst Mutter wurde, hat sie bereits nach kurzer Zeit herausgehört, dass ihr Kind unterschiedlich weint, abhängig von den jeweiligen unterschiedlichen Bedürfnissen. Als sie das bemerkte, wurde sie aufmerksam, beobachtete andere Babys und fand heraus, dass auch diese Babys immer anders, aber eben auch immer gleich klingen, je nach Situation.

Es sind die Reflexe

Die unterschiedlichen Arten, in denen Babys weinen, basieren auf Reflexen. Reagieren wir nicht adäquat, verschwinden die hörbaren Weinunterschiede nach zwei bis vier Monaten. Gelingt es uns jedoch, die unterschiedlichen Laute zu verstehen und entsprechend auf unser Baby zu reagieren, behält es diese bis zu ein Jahr bei. Das genaue Hinhören hilft uns also dabei, uns in unsere neue Rolle als Eltern einzufinden und uns im Umgang mit unserem Baby zu entspannen. Denn wenn wir wissen, was unser Kind braucht, können wir prompt reagieren, es weint weniger und wir sind gelassener. Für alle eine Win-win-Situation!

Welche Arten des Weinens kann man denn unterscheiden?

- **Hunger: »Neh«**
  Einer der eindrucksvollsten Laute ist der für Hunger. Diese Art zu weinen basiert auf dem Saugreflex. Die Zunge geht zum Gaumen und das Baby weint mit einen »Neh«-Laut.
  Höre auf das ausgeprägte »N« im Klang und beobachte, ob dein Baby Suchbewegungen mit dem Kopf macht, vielleicht die Zunge zeigt. Spannend ist zudem, dass dieser Laut ausreicht, um den Milchspendereflex in unserer Brust sofort auszulösen. Er wird nicht erst durch das Saugen selbst ausgelöst. Auch hier arbeitet die Natur wieder in Symbiose.

- **Müdigkeit: »Owh«**
  Der Laut, der anzeigt, dass dein Baby müde ist, begründet sich in dem Gähnreflex. Der Mund wird groß und eher oval, die Zunge liegt unten. Andere Müdigkeitszeichen sind zudem ruckartige Bewegungen, Augenreiben, die Babys ziehen an den Ohren oder sie wölben den Rücken und winden sich. Der »Owh«-Laut kommt aber meist als erstes, vor all den anderen Anzeichen, und ist nicht selten auch eine Mischform aus Hunger und Müdigkeit. Deshalb funktioniert hier das Einschlafstillen meist auch hervorragend.

- **Bäuerchen: »Eh«**
  Dieser Laut wird dadurch erzeugt, dass das Baby die Brust strafft, um Luft herauszudrücken. Es folgt eine Reihe von »Eh, Eh, Eh«-Lauten. Da im Bauchraum des Babys also Luft ist, die befreit werden möchte, empfiehlt es sich, das Baby über die Schulter zu legen, um das Bäuerchen zu erleichtern. Stillt man in diesem Moment oder gibt die Flasche, kann das eher zu Bauchweh führen und sollte daher erst nach dem Bäuerchen erfolgen.

- **Unwohlsein: »Heh«**
  Der »Heh«-Laut wird durch den Hautreflex ausgelöst. Das kann beispielsweise der Fall sein, wenn deinem Baby zu warm oder zu kalt ist, eine Falte im Pullover drückt, die Windel nass ist oder es einfach einen Positionswechsel benötigt. Wenn dein Baby »Heh« weint, hört sich das

meist schon sehr verzweifelt an. Auch hier ist das Stillen nicht das erste Mittel der Wahl, auch wenn es vielleicht hilft, weil es eine beruhigende Wirkung hat. Besser wäre es aber, sich auf die Suche zu machen, was dem Baby Unbehagen bereitet.

- **Blähungen und Bauchweh: »Eairh«**
  Dieses Weinen wird durch den Unterbauch und den damit verbundenen Blähungsschmerz »produziert«. Das »Eairh« wirkt eindringlich und gestresst. In unseren Ohren klingt es wirklich so, als wäre dies der letzte Versuch des Babys vor der Resignation. Man möchte jedes derart weinende Baby sofort dringend auf den Arm nehmen und trösten. Massagen, eine angehockte Stellung, windelfrei, Tragen und der Fliegergriff können helfen.

- **Herzschmerz**
  Da dieses Weinen sehr schmerzerfüllt klingt, stellen wir aber hier auch die Theorie auf, dass alle Arten des Weinens am Ende in diesem »Eairh«-Weinen enden. Man weiß heute außerdem, dass seelischer Schmerz die gleichen Hirnareale aktiviert wie physischer Schmerz. Eine Erkenntnis, die jeder bestätigen kann, der einmal Liebeskummer hatte. Wenn Babys also noch nicht verstehen, dass die Eltern nicht verschwunden sind, wenn sie aus dem Blickfeld geraten (Objektpermanenz), und in Panik geraten, dann ist es nicht unwahrscheinlich, dass dieses Erlebnis für die Kleinen ebenso schmerzhaft ist wie Koliken. Jedoch kann in diesem Fall kein Medikament, sondern nur Anwesenheit und Nähe Abhilfe schaffen.

Kann ich mir die Laute auch anhören?

Es gibt einige Videos bei YouTube und auch eine App, die sich je nach Anbieter anders nennt, mit deren Hilfe man die einzelnen Laute ansehen und verstehen üben kann. Hier werden mehrere Babys gezeigt, die auf unterschiedliche Arten weinen – aber eben immer dieselben Babys, um zu verdeutlichen, dass je nach vorliegendem Bedürfnis ein anderes Weinen verwendet wird.
Es ist unfassbar faszinierend und erleichtert immens den Alltag, wenn du weißt, was dein Baby gerade braucht.

Und in der Praxis?

Am besten kann man die charakteristischen Laute hören, bevor das Kind richtig weint. Es ist also nicht nötig, es erst so richtig in Rage zu bringen, um das Bedürfnis zu erkennen. Im Gegenteil! Das Baby macht in der Regel erst die Laute, die dann kurz darauf geweint werden. Es braucht natürlich etwas Übung, und – wie sollte es auch anders sein – es gibt Mischformen, die es ein wenig erschweren, die Laute richtig zuzuordnen. So kann ein Baby hungrig und müde sein oder es ist durstig und es schwitzt fürchterlich, weil es im Kinderwagen mit Teddyanzug im Einkaufszentrum einfach gerade zu warm ist.

Gebärden mit Babys

Wer einmal erlebt hat, wie wundervoll es ist, wenn ein Baby mit seinen kleinen Händen zeigt, was es gerade erlebt, der kann sich dieser Welt vermutlich nicht mehr entziehen.

Weil es Spaß macht

Wenn dein Baby das erste Mal winkt, wenn es die Ärmchen nach dir ausstreckt, weil es auf den Arm genommen werden möchte, sind es seine Hände und Augen, die mit dir sprechen. Kinder lieben es, wenn man dann zurückwinkt oder sie prompt und verlässlich hochhebt. In diesem Moment machen sie eine ganz wichtige Erfahrung: die Selbstwirksamkeit. Sie merken, dass sie mit ihrer Handlung etwas damit bewirken können und dass sie verstanden werden. Da sowohl Autonomie als auch Bindung ein Grundbedürfnis sind, schlagen wir hier quasi zwei Fliegen mit einer Klappe. Bei unserem Baby, weil es sich gut anfühlt, verstanden zu werden, aber auch bei uns, weil es sich mindestens genauso gut anfühlt, wenn wir realisieren, dass wir unser Baby wirklich verstehen. Und auch wir Erwachsenen kennen ähnliche Situationen, in denen wir uns ebenso über diese verbindende Kommunikation freuen wie unsere Babys es tun – und das, obwohl wir so viel weiter entwickelt sind.

Im Ausland

Stell dir vor, du bist seit einiger Zeit in China oder einem anderen Land, dessen Sprache du nicht sprichst, und plötzlich ist da jemand, der dich versteht. Der dich nicht nur versteht, sondern auch noch liebevoll und wertschätzend auf dich reagiert. Endlich kannst du dich mitteilen, zeigen, was dir etwas bedeutet, was dich beschäftigt. Dieser Mensch ist für dich sofort jemand ganz besonderes.

Allein auf Reisen oder im Kino

Die wenigsten Menschen sind gerne alleine, wenn sie besondere Momente erleben. Sei es eine Szene in einem Kinofilm, die man wenigstens durch kurzen Blickkontakt »besprechen« kann oder auch ein atemberaubendes Panorama, inklusive des weltschönsten Sonnenaufgangs. Gemeinsam mit einem Menschen, der uns versteht und den wir lieben, sind diese Momente noch einzigartiger und vor allem verbindend.

In der Paarbeziehung

Es ist gut vorstellbar, dass wir mit dem Menschen glücklicher werden, der uns versteht. Mit einem Menschen, der sich für uns interessiert, der unsere Stimmungen ernst nimmt und der uns von den Augen ablesen kann, was wir gerade brauchen. Okay, bleiben wir auf dem Teppich, niemand muss zum Hellseher werden. Schon das Verständnis, das jemand äußert, wenn wir einen Wunsch oder ein Bedürfnis haben, ist unbezahlbar. Einen solchen Menschen würden wir vermutlich nie wieder gehen lassen wollen. Ein Partner hingegen, dem wir immer wieder von Neuem erklären müssen, was wir brauchen und fühlen und der uns dann immer noch nicht versteht, wird vermutlich nicht lange unser Partner sein – oder wir sind nicht wirklich glücklich in unserer Beziehung. Auch innige Freundschaften führen wir eher mit den Menschen, die uns verstehen, denn Verständnis wünscht sich jeder.

Was speichert dein Baby ab?

Dein Baby zeigt dir durch Gesten, Mimik, seine Augen und auch durch seine Geräusche, was es möchte. Wenn du es verstehst und richtig reagierst, dann speichert dein Baby im Unterbewusstsein ab, dass es von dir verstanden wird. Deine Reaktion ist deine Antwort und die einzige »Sprache«, die es fühlen kann. Wenn wir immer falsch oder gar nicht reagieren, weil wir unser Baby nicht verstehen, kann dies durchaus negativ abgespeichert werden.

Frustration, weil das Werkzeug fehlt

Unsere Babys sind oft schon mit wenigen Monaten kognitiv so viel weiter, als wir es uns vorstellen können. Sie haben eine ziemlich genaue Vorstellung von dem, was sie gerade brauchen, aber kaum Möglichkeiten, uns dies adäquat mitzuteilen. Wir erleben vergleichbare Situationen im Ausland, wenn wir versuchen, mit Händen und Füßen etwas zu erklären und unser Gegenüber zwar immer freundlich lächelt, uns aber beim besten Willen nicht versteht. Das macht uns dann schier wahnsinnig. Nichts ist frustrierender für ein Baby oder Kind, als nicht verstanden zu werden. Und für uns Eltern ist es ebenso frustrierend, ständig rätseln zu müssen, was unser Baby denn gerade wirklich meint.

Das Werkzeug

Babys und Kinder besitzen bereits, bevor sie im klassischen Sinne sprechen können, die Fähigkeit, ihre Hände und Finger einzusetzen, um mit ihrem Gegenüber zu kommunizieren. Wenn sie zum Beispiel auf den Arm wollen, reißen sie die Hände hoch; sie zeigen mit einem Finger auf Gegenstände oder klatschen mit beiden Händen zur Musik. Diese motorischen Fertigkeiten können Eltern sich zunutze machen und den Kindern die Möglichkeit geben, ihre Bedürfnisse auszudrücken, lange bevor sie zu sprechen beginnen. Die Kinder machen so die Erfahrung, dass sie mit Gebärden einzelne Dinge benennen können und auf diesem Wege eventuell das bekommen, was sie möchten.

Es ist keine neue Sprache!

Es gibt mehrere Anbieter, bei denen Eltern in Kursen oder durch Bücher die Babygebärden erlernen können, um sie dann in ihren Alltag zu integrieren. Hier spielt es eigentlich keine Rolle, welchen Anbieter man wählt. Genau genommen könnte man sich auch eigene Gebärden zu den einzelnen Worten ausdenken. Bei unserem MiniSigns®-Konzept haben wir uns dazu entschlossen, die Gebärden der deutschen Gebärdensprache zu verwenden, da unsere Ausbilderinnen diese studiert haben und auch privat verwenden. Wie großartig muss es für einen Gehörlosen sein, wenn die eigene Sprache endlich auch von Hörenden verstanden wird. Und seien es nur wenige Worte. Bezüglich der praktischen Umsetzung sollte man wissen, dass die Babygebärden keines unserer Worte ersetzen. Parallel zu unseren gesprochenen Worten picken wir uns einzelne, für uns oder das Baby wichtige Worte heraus, die wir gleichzeitig mit unseren Händen zeigen. In dem Moment lassen wir nicht das Wort weg, sondern sprechen und zeigen es gleichzeitig. Tatsächlich werden die gleichen Areale im Hirn angesprochen wie beim Sprechen der Sprache. Da Kinder aber anatomisch bedingt erst viel später über Sprache kommunizieren können als mit den Händen, wird dieses Wort also nicht ersetzt, sondern trainiert und dessen Bedeutung früher eingeübt.

Ich verstehe mein Baby aber auch ohne Gebärden!?

Das ist super! Doch kehren wir noch mal zurück zu dem Beispiel mit dem Urlaub in einem fremden Land, so ist es natürlich schön, wenn wir im Restaurant auch bekommen, was wir wollen, nachdem wir unsere Bestellung aufgegeben haben – der Kellner hat uns also verstanden. Trotzdem hätten wir vielleicht auch noch Änderungen mitteilen oder Fragen stellen wollen, zu denen wir aber nicht fähig sind, weil wir die Sprache nicht beherrschen. Den Kellner (Empfänger) wird es nicht stören, denn er weiß ja nicht, was noch alles in uns rumort und gesagt werden will. Wir (Sender) sind also frustriert, und genau das kann man unseren Kindern ein wenig ersparen, wenn man ihnen Babygebärden als Überbrückungswerkzeug gibt.

Eichhörnchen und Schmetterling

Bis Kinder diese Worte sagen können, kann es durchaus ein paar Jahre dauern. Mit ihren Händen sind sie bereits vor dem ersten Geburtstag dazu in der Lage. Sie kennen Tiere aus dem Garten, dem Park oder aus ihren Bilderbüchern. Um mit uns darüber zu sprechen, können sie ihre kleinen Hände nutzen. Der Anblick eines Babys, das das Wort »Eichhörnchen« zeigt, und die Art, wie es sich darüber freut, wenn du als Mama oder Papa darauf antwortest und einfach sagst: »Oh, du hast ein Eichhörnchen gesehen, wo ist es denn?«, ist unbeschreiblich.

Aber lernt mein Baby dann nicht später sprechen?

Babys wollen und werden sprechen – genauso, wie sie laufen werden, auch wenn man sie viel trägt. Sie sind dazu gemacht und es ist ein Teil ihrer Entwicklung. Wie bereits erwähnt, unterstützen Babygebärden das Verinnerlichen von Worten und die Kommunikationsfreude, da im Gehirn derselbe Bereich aktiv wird, einerlei, ob man das Wort spricht, schreibt oder gebärdet. Nehmen wir das Beispielwort »Hase«. Wenn wir mit unserem Baby ein Buch ansehen, in dem ein Hase vorkommt, dann zeigt das Baby vielleicht darauf, wir benennen das Bild und sagen: »Oh, das ist ein Hase!« Das Baby sieht den Hasen und hört von uns die dazugehörige Bezeichnung. Bei der ersten Begegnung mit dem Bild und dem Begriff gehen wir einen ersten zarten Schritt durch den »Hasen-Neuschnee«.

Kein Umweg, sondern eine Abkürzung

Wenn wir nun immer wieder in anderen Büchern einen Hasen finden und dabei das Wort »Hase« sagen, verfestigt sich der »Hasenpfad«. Der passive Wortschatz verfestigt sich ebenso, und auf die Frage, wo denn der Hase ist, werden die meisten Kinder mit dem Finger darauf zeigen. Nutzen wir zusätzlich noch die Gebärde für das Wort Hase, so tritt sich dieser Weg nochmals fester. Wir können unser Kind durch die Gebärden also auch fragen: »Was für ein Tier ist das?«. Und wenn der Hase bereits zu den erlernten Gebärden gehört, wird das Kind sie mit Freude zeigen. Du brauchst keine Sorgen zu haben, dass die Gebärden die normale Sprachentwicklung verlangsamen. Unsere Babys lernen sprechen, wenn man mit ihnen spricht. Da müssen wir nicht weiterhelfen, denn das passiert von ganz allein und nebenbei.

Wird mein Baby die Gebärden beibehalten, wenn es älter ist?

Tatsächlich ist es so, dass dein Kind die Gebärde nicht mehr nutzen wird, sobald es das Wort sprechen kann. Das ist für uns Eltern oftmals etwas schade, weil es so unfassbar niedlich ist, wenn Kinder mit ihren Händen die Worte formulieren. Der Übergang ist schleichend, sodass wir kaum bewusst mitbekommen, wenn eine Gebärde wegfällt und durch die Sprache besetzt wird.

Gebärden oder Gesten – ist das nicht das gleiche?

Instinktiv reden wir mit Händen und Füßen, sobald uns jemand nicht versteht. Wir zeigen auf Dinge oder ahmen eine Bewegung nach. Italiener etwa sind dafür bekannt, sehr intensiv zur gesprochenen Sprache mit ihren Händen zu gestikulieren.
Gebärden sind mit den Händen gezeigte, festgelegte Bewegungen. Zudem gibt es keine international gültige Gebärdensprache. Sie ist von Land zu Land unterschiedlich, ja es gibt sogar Dialekte und in Nord- und Süddeutschland verschiedene Vokabeln. Gesten sind daher eher untermalende, unterstreichende Handbewegungen, während Gebärden wie Vokabeln zu verstehen sind.

Zweisprachig aufwachsende Kinder und Gebärden

Spricht der Papa deutsch und die Mama französisch mit ihrem Kind, aber sie einigen sich auf die gleiche Gebärde für ein bestimmtes Wort, so berichten viele Eltern, dass es für die Kinder oftmals leichter ist, sich zu behelfen. Zur Not nimmt das Kind die Gebärde zu Hilfe, um Mama oder Papa zu zeigen, was gerade wichtig ist. Es kann enorm erleichternd sein, die Gebärden in den Alltag einzubauen, um Frustration zu vermeiden.

Späte Sprecher

Auch bei den Kindern, die erst spät zu sprechen beginnen, bedeuten Gebärden eine enorme Erleichterung. Die ersten Worte sprechen die meisten Kinder um den ersten Geburtstag herum. Noch sind es eher einzelne Worte, die dann nach einem weiteren halben Jahr in Zwei-Wort-Sätze übergehen. Die sogenannten Late-Talker sind Kinder, die um den zweiten Geburtstag herum noch weniger als fünfzig Worte verwenden, was aber nicht bedeutet, dass sie die Begriffe nicht kennen. Für diese Kinder können die Gebärden die Welt bedeuten. Sind sie es doch, mit deren Hilfe sich das Kind jetzt verständigen kann.

Wie verläuft solch ein Kurs ab und wann macht es Sinn, ihn zu besuchen?

Wie bereits geschildert, gibt es Kurse verschiedener Anbieter für Eltern mit ihren Babys. Als wir den Babygebärden-Kurs bei einer unserer BabySteps-Kursleiterinnen besucht haben, waren unsere Babys ungefähr acht Monate alt, also noch etwas zu klein, als dass sie direkt die Gebärden wiederholt hätten. Den Kurs haben wir in erster Linie besucht, damit wir selbst die Gebärden in netter Atmosphäre erlernen konnten, um diese dann in unseren Alltag zu integrieren. Die Kursleiterin hat Gegenstände aus ihrer Tasche gezaubert, wie etwa verschiedene Kuscheltiere, für die wir dann die entsprechenden Gebärden erlernt haben. Hier konnten auch die Babys das Tier sehen, das Wort hören und die Gebärde kennenlernen. Es gab Gebärden für den Alltag, Gebärden, die für uns Eltern wichtig sind, wie zum Beispiel »Warte!«, »Essen«, »Trinken«, »Schlafen«. Aber es gab auch Gebärden, die unsere Kinder großartig und spannend finden. »An«, »Aus«, »noch mal«, »weg« und natürlich »Hund«, »Katze« und alle anderen Tiere sind Beispiele dafür.

MiniSigns

Für das Üben zu Hause empfehlen wir unser Buch *MiniSigns®-Bindungsorientiert gebärden.* Hier wird die deutsche Gebärdensprache für die Babys genutzt. Dieses Wissen kann uns also auch ohne Baby im Alltag mit Sicherheit weiterhelfen.[52]

Kritische Stimmen und positive Erfahrungen

Es gibt durchaus kritische Stimmen zu dem Thema Babygebärden, da sie im ersten Moment so wirken, als würde man schon Babys eine neue Sprache beibringen wollen. Das hört sich dann etwa so an:

- Babygebärden sind doch auch nichts anderes als eine neue Art von Frühförderung. Das ist wie Chinesisch im Kindergarten. Es bringt überhaupt nichts, außer Druck auf das Kind, möglichst viel können zu müssen.

- Wenn Sie Ihrem Kind Gebärden beibringen, konditionieren Sie es doch bloß. Es macht Ihnen die Dinge einfach nach. Mit diesem Drill ist niemandem geholfen. Das Baby weiß doch gar nicht, was es da tut.

- Man muss aufpassen, dass das Kind dann nicht das Sprechen verweigert. Schließlich nimmt es über die Gebärden ja einen Umweg. Es könnte eine »Sprachverwirrung« erleiden und erst spät das Sprechen lernen. Die Folgen sind mühsame Termine bei Ärzten und Logopäden.

- Ich brauche diesen neumodischem Kram nicht. Mein Baby versteht mich auch so. Schließlich bin ich seine Mutter und weiß genau, was es braucht und was gut für es ist. Wozu soll das denn gut sein?

Positive Erfahrungen

Nina: »Die Gebärde ›Abwechseln‹ hatte meine jüngere Tochter ganz schnell drauf. Sie stand am Bobbycar, auf dem ihre Schwester saß, und gebärdete: Abwechseln, abwechseln … Und ohne Geschubse wurde gewechselt.«

Patrycja: »Für uns waren die Gebärden super hilfreich, vor allem auch in der Kita, als meine Tochter noch nicht sagen konnte, was sie wollte.«

Ni Ma: »Zuerst waren meine Mutter und mein Freund sehr skeptisch, weil ja anfangs nur ich gebärdet habe. Aber schnell kamen von meiner Tochter auch Gebärden zurück (Trinken, Essen, Stillen, verschiedene Tiere), und spätestens da fanden sie es auch ganz toll! So konnte man schon richtig mit dem Kind kommunizieren, obwohl es noch nicht sprechen konnte!«

Christine: »Von unserem Sohn kam erst monatelang nichts zurück und dann ging es auf einmal los!! Zeichen für Trinken, Essen, Licht an … Ganz besonders viel und mit großer Begeisterung von ihm eingesetzt: Das Zeichen für Noch mal/Mehr, vor allem beim Essen! Er hat sehr früh und sehr, sehr gut gesprochen. Ob das damit zu tun hatte, weiß man natürlich nicht. Kritik haben wir nie gehört, es fanden alle eher interessant.«

Saskia: »Die ganze Familie gebärdet bei uns fleißig, dadurch kann unsere Jüngste schon richtig viel. Meine Lieblingsgebärden sind die Tiere, besonders das Eichhörnchen. Uns erleichtert das immens den Alltag; wenn Sia müde ist, dann gebärdet sie es mir, wir gehen ins Bett und es dauert nicht lange, bis sie schläft. Die Gebärde ›Stopp‹ hat schon oft bei Gefahrensituationen geholfen. Ich fühle mich durch die Gebärden sehr stark mit meinem Kind verbunden, und ich bin sehr froh, dass ich das gelernt habe.«

Hanna (Minisigns®-Kursleiterin): »Ein Kursbaby, acht Monate alt, möchte gerne gestillt werden und kann seiner Mutter das durch die Gebärde ›Stillen‹ ganz deutlich mitteilen. Die Mutter möchte aber in dem Moment nicht stillen und teilt das dem Baby ganz freundlich mit. Das Baby schaut die Mutter nachdenklich an und gebärdet dann ›Essen‹. Diesen Wunsch konnte ihr die Mutter erfüllen. Beide waren glücklich. Das Kind wurde in seiner Selbstwirksamkeit verstanden und die Mutter war glücklich und stolz, weil sie mit ihrem Baby so gut im Kontakt war.«

Baby Basics

- Wenn dein Baby weint, hat das immer etwas zu bedeuten.
- Ohne Kommunikation, ob verbal oder nonverbal, kann Bindung nicht entstehen.
- Dein Baby weint in den ersten drei bis vier Monaten unterschiedlich, was auf Reflexen basiert.
- Weinen ist nicht die einzige Möglichkeit des Babys, sich auszudrücken. Es zeigt uns durch Mimik und Gestik oft schon viel eher, wie es ihm geht.
- Dein Baby lernt trotz Babygebärden genauso schnell das Sprechen, wenn nicht sogar schneller.
- Dein Baby kann sich mit seinen Händen viel eher mitteilen als durch Sprache.
- Dein Baby wird weniger frustriert sein, wenn du es durch Gebärden besser verstehen kannst.
- Babygebärden machen Spaß und erleichtern euren Alltag.
- Dein Baby liebt deine Stimme und wird es leichter haben, sprechen zu lernen, wenn du viel mit ihm sprichst.

Tja, ... und nun?

- Lass dich von anderen Menschen nicht verunsichern und reagiere auf das Weinen deines Babys, damit stärkst du es für sein ganzes Leben.
- Sprich mit deinem Baby, lies ihm Bücher vor und überschütte es mit Liebe.
- Dunstan Baby Language kann dir dabei helfen, dein Baby in den ersten drei bis vier Monaten besser zu verstehen.
- Integriere Babygebärden in euren Alltag.
- Es gibt viele verschiedene Anbieter für Kurse, bei denen die Eltern die Babygebärden/-zeichen lernen können.
- Auch wenn dein Baby schon etwas älter ist, lohnt es sich noch, Babygebärden zu lernen.
- Besuche einen BabySteps-Kurs, tausche dich mit anderen Eltern aus und lasse dir Tipps von deiner Kursleiterin geben.

Ein Wort zum Schluss

Wir hoffen, dass dir dieses Buch gutgetan hat. Dass es dir geholfen hat, dein Baby und vielleicht auch dich etwas besser zu verstehen.

Uns hat es bei unseren ersten Töchtern sehr entlastet zu sehen, dass wir mit all den Themen nicht allein waren, sondern dass es anderen Eltern auch so ging wie uns. Dass auch deren Babys sich nicht einfach ablegen ließen. Dass auch andere Schwiegereltern »fantastische« Tipps parat hatten und auch andere sich durch Fachleute verunsichert fühlten. Wenn wir merken, dass wir nicht allein sind, ist das schon ein wichtiger Schritt in die richtige Richtung. Dass wir uns nicht unfähig im Umgang mit unserem Baby fühlen müssen, sondern durchaus kompetent fühlen dürfen, denn anderen geht es schließlich ähnlich.

Wir möchten dich daher herzlich einladen, Teil unserer Facebook-Community *Einfach Eltern® – die Gruppe für Eltern* zu werden und dich dort mit anderen auszutauschen. Dort wirst du auf viele Menschen treffen, die gerade Eltern geworden sind oder schon auf ein paar Jahre Erfahrung zurückblicken können. Wie wunderbar, an diesem Kenntnisschatz teilhaben zu dürfen. Denn so war es ursprünglich gedacht. Die ursprüngliche Sippe wohnt heutzutage vielleicht nicht mehr mit uns, aber die sozialen Netzwerke ermöglichen uns den notwendigen Austausch. Ein gutes Bauchgefühl und zweite oder dritte Meinungen helfen sicherlich zusätzlich, den für euch richtigen Weg einzuschlagen.

Eine wundervolle Möglichkeit des direkten Austauschs bieten unsere BabySteps® Kurse, denn genau dazu sind sie konzipiert. In gemütlicher Atmosphäre und mit Sinnesanregungen für dein Baby gibt es in den Kursen viel Zeit für all deine Fragen. Auf unserer Seite www.einfach-eltern.de findest du in deiner Nähe eine Kursleiterin und deren Termine.

Da eines unserer liebsten Medien das Video ist, haben wir auch einen YouTube-Kanal, https://www.youtube.com/c/EinfachEltern WISSENSCHAFFTBINDUNG. Zu den meisten Themen dieses Buches findest du dort ein kleines Video, das man durchaus auch mal seiner Schwiegermutter oder welchem Skeptiker auch immer teilen kann.

Wir hatten sehr viel Freude daran, dieses Buch zu schreiben, denn es gibt nichts Schöneres, als Eltern darin zu bestärken, liebevoll und wertschätzend mit ihrem Baby zu leben. Wir lieben unsere Arbeit und wir können immer noch gar nicht glauben, dass du dieses Buch in deinen Händen hältst. Es ist für uns sehr besonders und außergewöhnlich. Danke, dass du es gelesen hast und wir vielleicht beitragen konnten, dass euer Familienleben eventuell jetzt etwas einfacher wird. Ganz im Sinne von Einfach Eltern.

Alles Liebe für euch wünschen
Diana und Frauke

Anhang

Erlebe selbst, wie es ist! Einfach zwanzig Tage – Die Challenge

Im Oktober 2012 hatten wir die Idee für ein Experiment. Wir wollten wissen, ob man einen Unterschied merkt, wenn man plötzlich, von einem Tag auf den anderen, »Attachment Parenting« bzw. bindungs- und bedürfnisorientiert lebt. Wie fühlt es sich an, einfach zwanzig Tage auf den Kinderwagen zu verzichten, auf jedes Weinen ohne Sorge vor dem Verwöhnen reagieren zu dürfen und nach Bedarf statt nach Uhr und Milliliter-Angaben die Milch zu füttern?

Mit dieser Idee im Gepäck sprachen wir Nora Imlau an, mit der wir schon zu diesem Zeitpunkt über ein gemeinsames Forum vernetzt waren. Wir fragten sie, ob die Zeitschrift Eltern dieses Experiment mit uns gemeinsam durchführen wollte, sollten doch Eltern daran teilnehmen, die den bedürfnis- und bindungsorientierten Umgang mit ihren Babys noch nicht lebten. Diese Eltern wollten wir mithilfe der Zeitschrift und über regionale Facebook-Gruppen finden, was letztendlich auch glückte, da die damalige Chefredakteurin Marie-Luise Lewicki direkt von der ersten Sekunde an begeistert von der Idee war und die an dem Experiment teilnehmenden Eltern einer so großen, renommierten Zeitschrift vertrauten. Als wissenschaftlichen Experten haben wir den Kinderarzt Herbert Renz-Polster, der EinfachEltern® schon damals 2012 als Teil unseres Beirates unterstützte, gebeten, diese Challenge zu begleiten. Und auch er war sofort Feuer und Flamme. Das Ergebnis der Challenge ist bis heute als die größte Titelstory der Zeitschrift ELTERN nachzulesen[53] oder als filmischer Zusammenschnitt bei YouTube zu finden.[54]

Die Bedingungen der Challenge sahen so aus[55]:

1. Auf jedes Weinen SOFORT reagieren. Überschütte dein Baby mit Aufmerksamkeit und Liebe.
2. Füttern nach Bedarf – egal, ob Stillen oder Fläschchen (bitte eine Socke über das Fläschchen stülpen).
3. Co-Sleeping und Schlafbegleitung: Das Baby schläft im Beistell- oder Familienbett und du bleibst in seiner Nähe, bis es eingeschlafen ist.
4. Dein Baby wird getragen; der Kinderwagen darf durchaus als Transportmittel von Einkäufen genutzt werden. Gönn dir eine Trageberatung, um bequem zu tragen.
5. Der Autositz bleibt im Auto. Nimm dein Baby einfach in die Trage, ein RingSling ist hier eine tolle zusätzliche Möglichkeit für das Tragen, wenn Du oft Auto fährst.

Wenn du dir während der Challenge Begleitung wünscht, empfehlen wir dir, einen Baby Steps-Kurs oder einen Einfach Eltern®-Treff zu besuchen. Unsere Kursleiterinnen haben gute Tipps für deinen Alltag parat und können Unsicherheiten und offene Fragen direkt aus dem Weg räumen.

Gib uns bitte ein Feedback, wie es euch ergangen ist, denn die Rückmeldungen der letzten Jahre waren immer so berührend. Wir hoffen, dass noch viele Eltern diesen so wichtigen Weg für ihre Kinder ausprobieren und vielleicht sogar weitergehen, ohne zu sehr von ihm abzukommen.

www.einfach20tage.de

Diana sagt danke

Der erste Dank geht raus an meine kleine Johanna, die mir mit ihrer Willensstärke und ihren starken Bedürfnissen die Augen geöffnet hat. Du hast mich zu einem anderen Menschen gemacht, zu einem Muttertier! Aber vor allem hast du meinen Blick auf Kinder und das Kind in mir stark verändert und mir so den Weg zu einem Beruf geebnet, den ich heute mit so viel Liebe und Leidenschaft ausüben darf.

Mein weiterer Dank geht an meine Tochter Charlotte, die mit mir all die neuen Erkenntnisse, die ich mir über die Jahre angelesen hatte, tapfer erprobt hat. Es hat so viel Spaß gemacht, mit dir die ersten Jahre das Konzept »Erziehung« auf den Kopf zu stellen.

Ich danke außerdem meiner weltbesten Kollegin Frauke, ohne die ich niemals so weit gekommen wäre und mit der ich auch jeden weiteren Schritt gemeinsam machen werde.

Danke an meine Familie, die immer versucht hat, hinter mir zu stehen, auch wenn lange Zeit nicht klar war, was ich da überhaupt mache. Danke, Mama, dass du mit all deiner Kraft immer dein Bestes gegeben hast und ich jede Kleinigkeit mit dir ausdiskutieren konnte. Danke an dich, Thomas, dass du mich so liebevoll angenommen hast, obwohl ich mit großen Schritten in die Pubertät gerannt bin und es euch nie so ganz leicht gemacht habe.

Besonders danke ich meinen Großeltern, die tatsächlich voller Begeisterung das ganze Manuskript gelesen und schönes Feedback gegeben haben.

Danke an alle meine Freundinnen, die mich so nehmen können wie ich bin; auch wenn ich oft so wenig Zeit für euch habe, denke ich so viel an euch!

Zu guter Letzt danke ich dir, Sören, meinem Partner und Herzensmenschen. Mit deiner endlosen Liebe, deinem Vertrauen und deiner Unterstützung bist du das Fundament meines Lebens – meine Familie – geworden. Mich durch deine Augen zu betrachten, heilt so viele alte Wunden. Ohne dich und deine unglaubliche Unterstützung mit den Kindern wäre ich niemals so weit gekommen. Ich liebe dich – für immer plus zwei Jahre!

Frauke sagt danke

Von Herzen möchte ich meinen beiden wundervollen Mädchen Marlene und Pauline danken, denn ihr macht mich jeden Tag mehr zu dem Menschen, der ich heute bin. Ohne dich, Marlene, hätte ich all dieses Wissen über Menschenkinder nicht erlangt, und ohne dich, Pauli, hätte ich all das nicht verfestigen und leben können. Ich platze vor lauter Liebe zu euch und kann gar nicht sagen, wie gespannt ich darauf bin, euch weiter begleiten zu dürfen. Ihr seid die tollsten Kinder, die man sich nur vorstellen kann.

Diana, danke, danke, danke! Ohne dich wäre dies hier gar nicht möglich, und ich bin so neugierig auf alles, was wir noch zusammen anstellen, denn ich weiß, dass es gut sein und Spaß machen wird. Vom ersten Moment unseres Blind-Dates an der Handelskammer bis heute war jeder Tag und jeder Moment besonders. Es ist ein Geschenk und alles andere als alltäglich, jemanden wie dich zu finden. Danke für uns!

Ein ganz besonderer Dank gilt meiner Mama und meinem Bonus-Vater Andreas, der mich seit meinem dritten Lebensjahr begleitet hat. Mama, mir war nicht bewusst, was für ein riesiges Glück ich hatte, bei dir und Andreas aufwachsen zu dürfen. Ihr habt mich mit Liebe überschüttet, mich jahrelang im Familienbett einschlafbegleitet, mich immer unterstützt, mir aus jeder Patsche geholfen, mich ernst genommen, und hr seid bis heute mein emotionales Sicherheitsnetz mit doppeltem Boden. Meine Güte, hatte ich eine fantastische Kindheit, und ich weiß das heute mehr zu schätzen als je zuvor.

Jonas, du allerwundervollster Ehemann der Welt. Du bist so besonders, und ich danke dir für all dein unermüdliches Verständnis und deine Unterstützung. Für deinen Rückhalt, jedes Abholen und jedes geschmierte Frühstücksbrot der beiden kleinen Damen. Für jeden Kaffee, den du mir ungefragt bringst, und jedes wissende Lächeln, wenn ich schon wieder mein Handy in die Hand nehme, um selbst am Sonntagabend nur noch mal eben schnell zu arbeiten. Du bist mein Lieblingsmensch, den deine beiden Bonuskinder mindestens genau so lieben wie ich dich. Es ist sicherlich ziemlich schräg, eine Frau kennenzulernen, die Trageberaterinnen und Baby-Steps-Kursleiterinnen ausbildet, Kongresse organisiert und deren Kinder mit ihr in einem großen Bett schlafen. Eine Frau, die gefühlt rund um die Uhr arbeitet und ihren Job so sehr lebt. Danke, dass ich bei dir ich sein darf, und danke, dass du bist, wie du bist. Du bist einzigartig und ich liebe dich!

Was wäre ich ohne meine Freundinnen – die Frauen in meinem Leben, die mich schon so viele Jahre begleiten. Nana, dich habe ich seit deinem zweiten Geburtstag, und ich werde es nicht müde, immer wieder zu berichten, wie lange wir uns schon kennen. Du bist so eine unglaublich schlaue, geistreiche, witzige, schräge Frau, und ich danke dir für un-

sere Zeit und deinen – für mich auf Maus-Niveau heruntergebrochenen – politischen Input, damit ich trotz der vielen Arbeit noch weiß, was um mich herum passiert.
Sveni, du Löwenmama, du Herzensfrau, dein Philip ist der allerwichtigste Mensch für dich, und obwohl du gerade ganz andere Sorgen hast und eigentlich ausschließlich für ihn da bist, hast du dir für mich und dieses Buch die Zeit genommen, jede Zeile zu lesen. Du weißt gar nicht, was mir dein Feedback bedeutet hat. Seit über zwanzig Jahren bist du meine Freundin, die vermutlich jeden Millimeter meiner Seele kennt. Ich danke dir von ganzem Herzen, so wie auch deinem Mann Sascha, der immer sofort da ist, wenn ich mal wieder verrückten Rechtsbeistand oder einfach einen Rat brauche. Sveni, mit dir kann ich lachen und weinen, feiern und ernste Gespräche führen. Du bist für mich so unglaublich wichtig, und ich bin so froh, dass es dich gibt!
Hupsy, du bist eh die Tollste von uns. Und die netteste, und überhaupt! Wenn wir dich nicht hätten, wären wir aufgeschmissen. Du kümmerst dich um uns, tauschst Wein gegen Wasser aus, wenn der richtige Zeitpunkt gekommen ist, und bringst uns immer heile nach Hause. Du hast immer ein offenes Ohr und bist einfach besonders. Danke für dein Mitfiebern und Da-Sein.
Wem ich auch unbedingt danken möchte, ist der Vater meiner Töchter. Hannes, ich danke dir dafür, dass du zwar nicht immer genau weißt, was ich eigentlich tue, aber dass du immer all die verrückten Dinge mitgetragen hast. Das Tragen, das ständige Stillen, das Familienbett, das Nicht-weinen-Lassen, die Hausgeburt von Pauli und all die anderen verrückten Ideen, die ich immer hatte. Danke auch, dass du mit Anna und ihrer Tochter Olesya so wundervolle Frauen in unser Patchworksystem gebracht hast.
Danke auch an meinen leiblichen Papa, der seit der Schwangerschaft mit Marlene im Himmel ist, aber alles beobachtet und überall ganz sicher am liebsten dabei wäre. An meine Schwestern Hannah, Lena und Berta, diese starken, tollen, besonderen Frauen, und meinen verrückten, einzigartigen Bruder Tim, an Omi und Opi, Anja und Chester, Mone und Jackie. Ihr seid alle so wichtige Menschen für mich.

Gemeinsamer Dank

Gemeinsam danken wir zunächst all den Damen und Herren, die wir in den letzten Jahren ausbilden durften, sei es bei der Trageschule Hamburg® oder auch bei Einfach

Eltern®. Ohne euch könnten wir diesen wundervollen Beruf nicht ausüben, daher danken wir euch für euer Vertrauen und dass ihr diesen Traum so lebt wie wir. Ihr begleitet Eltern in diesem meist schwierigsten ersten Jahr mit so viel Herzblut – ihr seid so wundervoll!

Ein ganz besonderer Dank gilt Jennifer Straßburg, Silke Christen-Eisheuer und Hanna Meyerding. Ohne euch wären wir aufgeschmissen, euch tollen, starken, außergewöhnlichen Frauen. Ihr unterstützt und entlastet uns schon so lange Zeit an immer tatkräftig und aus vollem Herzen. Danke für jede Mail, jede Nachricht, jedes verschickte Paket und jedes so wichtige Wort von euch.

Christina Hinderlich, wir feiern immer noch jeden Tag, dass du damals vor Jahren die Zeitschrift ELTERN mit unserer Challenge gelesen hast und daher die Ausbildung bei uns machen wolltest. In deiner Funktion bei der wundervollen Firma *Weleda*, die uns seit diser Zeit bei vielen unserer Projekte unterstützt und die seit 2016 gemeinsam mit uns den Attachment-Parenting-Kongress ausrichtet, hast du uns schon so oft mit Tipps geholfen. Viel wichtiger aber ist, dass du eine Herzensfreundin geworden bist. Danke, dass du bist, wie du bist.

Ein ganz großes Dankeschön gilt Silke Foos vom Kösel-Verlag. Silke, du hattest es nicht leicht mit uns, und allein die Coverfrage war ein Krimi. Du wundervoll geduldige Frau, die uns chaotischen Tanten so zu nehmen und gleichzeitig zu schätzen weißt. Danke für dieses Projekt und seine Umsetzung. Imke Oldenburg, was für eine krasse Arbeit eine Redakteurin hat und wie wertschätzend deine Kommentare, kleinen Änderungen und Anmerkungen waren, das wissen wir jetzt. Danke an dich und deine einfühlsame, aber nachbohrende Art. Wir haben viel gelernt!

Wir danken allen Firmen und Kooperationspartnern für das Vertrauen, das ihr in uns habt und welches unsere Arbeit immer wieder so bereichert. Besonders danken wir an dieser Stelle *Weleda*, *Cybex* und *BabyOne*, die unsere Potenziale sofort erkannt und uns ins Boot geholt haben.

Danke an Marga Bielesch, Inke Hummel, Lisa Harmann, Gundula Göbel, Elke Gulden, Tatje Bartig-Prang, Lucia Cramer, Katia Saalfrank, Nora Imlau, Herbert Renz-Polster, Susanne Mierau, Anja Gaca, Nicola Schmidt und Julia Dibbern, Karin Bergstermann (*Geschichte der Säuglingspflege*) und allen anderen, die mit ihren Blogs und Büchern die Erziehungswelt so viel liebevoller gestalten und die immer wieder gern gesehene Gäste und Referent:innen auf unserem Attachment-Parenting-Kongress sind. Danke an unsere weltbesten Kolleginnen der Trageschule Hamburg, Steffi, Liz, Kim, Vicky, Helena und Iris. Ihr fabelhaften Frauen verändert die Welt. Es ist ein Geschenk, euch zu kennen. Danke auch an alle Hersteller der Trageszene – ihr seid fantastisch und macht diesen Planeten zu einem besseren Ort durch eure Produkte. Denn jedes getragene Baby zählt!

Anmerkungen

1 Zum Beispiel: Sunderland, Margot, *Die neue Elternschule. Kinder richtig verstehen und liebevoll erziehen.* München (Dorling Kindersley) 2017; Schmidt, Nicola, *artgerecht – Das andere Baby-Buch. Natürliche Bedürfnisse stillen, Gesunde Entwicklung fördern, Naturnah erziehen.* München (Kösel) 7. Auflage 2017; Renz-Polster, Herbert, *Kinder verstehen. Born to be wild: Wie die Evolution unsere Kinder prägt.* München (Kösel) 9. Aufl. 2016

2 Küstenmacher, Werner Tiki, *Limbi*. Der Weg zum Glück führt durchs Gehirn, München (Campus) 2016. Kapitel: »Das Problem in unserem Kopf«

3 Dami Charf: https://www.traumaheilung.de/trauma-begehren-und-sexualitaet/ (01.09.2018)

4 Foss, B. M. (Hrsg.), *The development of affectional patterns in infant monkeys. Determinants of infant behavior*, London 1961

5 https://www.brgdomath.com/psychologie/was-ist-psychologie-tk1/methoden-experiment-harlows-rhesusäffchen/(01.09.2018)

6 Kauai-Studie: Werner, E./Schmidt, R., *Overcoming the odds. High risk children from birth to adulthood*, Ithaca 1992

7 Die Idee zu diesem Vergleich stammt von Christiane Puscas.

8 http://www.sueddeutsche.de/panorama/studie-zur-jugendkriminalitaet-mehr-liebe-weniger-hiebe-1.3811190 (01.09.2018)

9 *Strengthening Causal Estimates for Links Between Spanking and Children's Externalizing Behavior Problems,* http://journals.sagepub.com/doi/10.1177/0956797617729816

10 Die Zitate stammen aus dem Blog *Geschichte der Säuglingspflege* von Karin Bergstermann. https://saeuglingspflege-blog.de

11 Bernhard Hassenstein, *Tierjunges und Menschenkind im Blick der vergleichenden Verhaltensforschung.* Stuttgart (A.W. Gentner) 1970.
Bernhard Hassenstein, *Verhaltensbiologie des Kindes*. München (Piper) 1973, 4. Aufl. 1987.

12 https://de.wikipedia.org/wiki/Adolf_Portmann

13 Zum Beispiel: Becker-Stoll, Fabienne / Beckh, Kathrin / Berkic, Julia, *Bindung – eine sichere Basis fürs Leben. Das große Elternbuch für die ersten sechs Jahre.* München (Kösel) 2018

14 Evelin Kirkilionis: http://www.verhaltensbiologie.com/publizieren/fachartikel/PDF/T7.pdf (01.09.2018)

15 Spork, Peter, *Das Schlafbuch*, Reinbek bei Hamburg (Rowohlt) 2007

16 Siehe dazu: Lüpold, Sybille, *Ich will bei euch schlafen! (Ein-)Schlafen lernen mit Co-Sleeping*. Freiburg (Herder), 2014

17 McKenna James J./McDade, Thomas (1982), *Why Babies Should Never Sleep Alone: A Review of the Cosleeping Controversy*. In: Relationship to SIDS, Breast Feeding and Bedsharing. Peadiatric Respiratory Reviews 6, 134-152
McKenna, James J. (1982), *Primate Field Studies: The Evolution of Behavior and Its Socioecology*. In: Primate Behavior, 53-83. New York: Academic Press
McKenna, James J. (1982), *The Evolution of Primate Societies, Reproduction and Parenting.* In: Primate Behavior, 87-133. New York: Academic Press
McKenna, James J. (1981), *Primate Infant Care-giving Behavior: Origins, Consequences, and Variability with Emphasis on the Common Indian Langur Monkey*. In: D. Gubernick/P. Klopfer (eds.), Parental Care in Mammals, 389-416. Plenum Publishing Corporation

18 https://www.lungenaerzte-im-netz.de/krankheiten/schlafstoerungen/besonderheiten-bei-kindern/ (01.09.2018)

19 Kast-Zahn, Annette/Morgenroth, Hartmut, *Jedes Kind kann schlafen lernen*, München (Gräfe und Unzer) 5. Aufl. 2013

20 http://www.psychologie-heute.de/archiv/detailansicht/news/wie_stress_uns_krank_macht/ (01.09.2018)

21 https://www.kinder-verstehen.de/mein-werk/blog/neues-zum-plotzlichen-kindstod-sids/ (01.09.2018)
http://journals.plos.org/plosone/article?id=10.1371/journal.pone.0107799 (01.09.2018)

22 Diesen Ausdruck hat die wundervolle Nicola Schmidt vom »artgerecht-Projekt« in einem Workshop geprägt.

23 Alle Zitate stammen aus dem Blog Säuglingspflege: https://saeuglingspflege-blog.de/blog/wie-die-kinder-aus-dem-elternbett-verschwanden-1832-1995/

24 http://www.bdl-stillen.de/ammenmaerchen-uebers-stillen.html (01.09.2018)

25 https://www.pressetext.com/news/20110616004 (01.09.2018)
https://www.ploetzlicher-kindstod.com/stillen-gut-fuer-mutter-und-kind/ (01.09.2018)
Duration of Breastfeeding and Risk of SIDS: An Individual Participant Data Meta-analysis

John M.D. Thompson / Kawai Tanabe / Rachel Y. Moon / Edwin A. Mitchell / Cliona McGarvey / David Tappin / Peter S. Blair / Fern R. Hauck, *Pediatrics* Nov 2017, 140 (5) e20171324; DOI: 10.1542/peds.2017-1324

26 http://www.dr-hintermueller.at/stillen.htm (01.09.2018)

27 Masaracchia, Regina, *Wie, du stillst nicht? Das Praxisbuch für Mütter, die nicht stillen wollen oder können*, München (Kösel) 2012

28 Regine Gresens, https://www.stillkinder.de/zeigen-wiegeproben-babys-trinkmenge/ (01.09.2018)

29 Bensel, Joachim, *Was sagt mir mein Baby, wenn es schreit?*, München (Oberstebrink) 2003, S. 40

30 https://www.babyfreundlich.org/fileadmin/user_upload/download/info_material/Empfehlungen/Empfehlung_Stilldauer.pdf (01.09.2018)

31 https://www.stillkinder.de/haeufige-fragen-zum-langzeitstillen/ (01.09.2018)

32 http://pediatrics.aappublications.org/content/pediatrics/early/2012/02/22/peds.2011-3552.full.pdf, S. 832 (01.09.2018)
http://www.who.int/nutrition/publications/guiding_principles_compfeeding_breastfed.pdf, S. 12ff. (01.09.2018)

33 Leboyer, Frédérick, *Sanfte Hände. Die traditionelle Kunst der indischen Baby-Massage*, München (Kösel) 16. Aufl. 2014
Meyer, Andreas, *Sanfte Schmetterlings-Babymassage: Die Entwicklung der Lebenskräfte und ihre physiologischen Grundlagen*, Frankfurt a.M. (Info Drei) 2015

34 http://www.drfischeronline.com/220/baby-beikost-die-wahrheit-uber-eisenmangel-bei-stillkindern/ (01.09.2018)

35 https://www.aerzteblatt.de/nachrichten/48087/Geburtshilfe-Verzoegerte-Abnabelung-vermeidet-Eisenmangel (01.09.2018)

36 https://www.stillkinder.de/haeufige-fragen-zum-langzeitstillen/ (01.09.2018)

37 https://www.stillkinder.de/brauchen-stillbabys-im-sommer-extra-wasser/ (01.09.2018)

38 https://presseportal.zdf.de/pressemitteilung/mitteilung/zdf-magazin-wiso-krebserregende-stoffe-in-bio-babytees/ (01.09.2018)

39 https://www.focus.de/gesundheit/ernaehrung/gesundessen/von-wegen-gesund-obstluege-warum-obst-nicht-besser-ist-als-schokolade-und-alkohol_id_6657563.html (01.09.2018)

40 https://www.embryotox.de/ (01.09.2018)

41 https://www.sciencedirect.com/science/article/pii/S1048636434140099 (01.09.2018)

42 Stern, Loretta / Gaca, Anja Constance / Moschinski, Björn, *Breifrei! Das Veggie-Kochbuch*, München (Kösel) 2017

43 Rapley, Gill / Murkett, Tracey, Baby-led Weaning. Das Grundlagenbuch, München (Kösel) 2013

44 https://www.youtube.com/watch?v=9_6OrH1OMHI (01.09.2018)

45 Stern, Loretta / Nagy, Eva, *Einmal breifrei, bitte! Die etwas andere Beikost*. München (Kösel) 7. Aufl. 2017

46 http://www.faz.net/aktuell/feuilleton/buecher/rezensionen/sachbuch/herbert-renz-polster-kinder-verstehen-die-fitness-der-mutter-ist-nicht-verhandelbar-1893403.html (01.09.2018)
https://www.gewuenschtestes-wunschkind.de/2013/03/beikost-ab-wann-kann-und-ab-wann-soll.html?m=1 (01.09.2018)

47 Gonzales, Carlos, *Mein Kind will nicht essen. Ein Löffelchen für Mama*. (La Leche Liga) 7. Aufl. 2018

48 Hilfreiche Darstellungen findest du zum Beispiel auch hier: http://www.happybabys-bindung.de/wp-content/uploads/2016/03/hungerzeichen.jpg (01.09.2018)

49 https://med.stanford.edu/news/all-news/2016/05/moms-voice-activates-different-regions-in-children-brains.html

50 http://www.dunstanbaby.com. Hier gibt es auch Informationen zu der zugehörigen App.

51 https://www.minisigns.de

52 Schwarz, Diana/Ludwig, Frauke/Christen-Eisheuer, Silke/Meyerding, Hanna/Oeker, Marisa (Illustrationen), *MiniSigns® - Bindungsorientiert gebärden*, Hamburg (Einfach Eltern Verlag) 2021

53 http://www.einfach-eltern.de/media/EL_04_23_Titelthema_LT.pdf (01.09.2018)

54 https://www.youtube.com/watch?v=lJu_UTeZemE&t=118s (01.09.2018)

55 http://www.einfach20tage.de

Bildnachweis

Alle Bilder shutterstock.com: S. 17, 189 (Lopolo); S. 54, 94, 130, 184, 218, 236 (EvgeniiAnd); S. 56, 96, 132, 186, 220, 238, 241 (DONOT6_STUDIO); S. 57, 97, 133, 187, 221, 239, 242 (Zdorov Kirill Vladimirovich); S. 59 (Halfpoint); S. 99 (Olesia Bilkei); S. 135 (GO); S. 223 (Angela Luchianiuc).